The Greeks: A Portrait of Self and Others

古代ギリシア人

自己と他者の肖像

Paul Cartledge

ポール・カートリッジ

橋場弦
［訳］

白水社

古代ギリシア人　自己と他者の肖像

装丁　奥定泰之

ロンドン・セントポールスクール
およびケンブリッジ大学古典学部に献ぐ

謝辞

まず第一に感謝を捧ぐべきは、本書執筆という課題を与えてくださったオクスフォード大学出版部、とくにオクスフォード・ペーパーバック大学叢書（ＯＰＵＳ）学術編集委員諸兄および編集局長キャサリン・クラーク氏である。第二に私は、ブラウン大学のデイヴィッド・コンスタンおよびケンブリッジ大学チャーチル・コレッジのレネ・ルビンスタイン両氏の恩義に謝したい。両氏は普段のお仕事の合間をぬって、私の最終から二番目の原稿および最終原稿にそれぞれ目をお通しくださり、この上なく厳密で有意義な校閲をしてくださった。また第三には、ことのほか鋭くまた目配りのよい多くの御指摘を賜った、オクスフォード大学出版部の匿名審査委員からも恩恵をこうむったと信ずる。

だが本書が世に出るのは誰よりも、一九八九年から一九九三年まで「古代ギリシア人と『他者』」と題した私の講義を辛抱強く聴講してくれたケンブリッジ大学の学部生諸君、ならびに私がこの講義をするにあたって助力を惜しまれなかった友人同僚諸氏、すなわちピーター・ガーンジー、ペニ・グレア、サイモン・ゴールドヒル、イーディス・ホール、ジョナサン・ホール、ジョン・ヘンダーソン、ジェフリ・ロイド、ポール・ミレット、ネヴィル・モーリー、ジッタ・フォン・レーデン、ドロシー・トムソン、そして（なかんずく）ジョナサン・ウォルターズ各氏のおかげである。これら学生同僚諸兄が所属し、あるいはかつて所属していたケンブリッジ大学古典学部に、疎隔の感ではなく、志を同じくする者どうしの愛着の念をこめて、本書を献げる。それとともに、私が教職を奉じるもう一つの重要な職場、セントポールスクールにも、同様の感謝の念をもって献呈する。

トランピントンにて

一九九二年九月

Ｐ・Ａ・Ｃ

日本語版への序文

新旧二つの英語版で刊行された『古代ギリシア人─自己と他者の肖像』（オクスフォード大学出版部一九九三年、改訂増補版一九九七年）は、じつによく売れた──これまでのところ売り上げ部数は合計八〇〇〇部以上である。本書は主要各西欧語の学術書評で広く取り上げられ、おおむね好意的な評価を受けている。また本書を書いたことで、個人的にも多くの人々からお手紙をいただいた。なかでもおそらく私が一番興味をそそられたのは、アメリカ・カリフォルニア州のある州刑務所に収監されている一人の服役囚から送られてきた手紙であろう。彼はふんだんな時間を利用して集中的な独学計画をくわだてることができ、ことに古代ギリシア人に対して特別の関心を育ててきた人であった（彼の動機には、前三九九年アテナイの監獄につながれたソクラテスの経験が背景にあったのかもしれない。だが私には、あえてそれを尋ねることができなかった）。それゆえ今回、あらたに日本語版の翻訳が出されるというこの感謝すべき機会を利用して、本書の成り立ちおよび執筆の動機と目的について、いま一度ごくかいつまんでここに述べさせていただきたい。そして何より、私の著作をこの上なく真摯で見識の高い日本の読者に紹介すべく、きわだった努力を惜しまなかった桜井万里子教授と橋場弦博士とに、この場を借りて感謝したい。またやや遅ればせながら、一九九九年の五月に創立五〇周年大会を開催した日本西洋古典学会に対して、ここに祝辞を呈することを光栄に思う。

一冊の本に「古代ギリシア人」と題することは、たしかに僭越で、ほとんど傲慢といえることかもしれない。たしかに、すべての古代ヘレネス（ギリシア人の自称）が成しとげた、あのおどろくべきもろもろの功績を、十分公平に評価するなどということは、どんな著作家にも望みようのない仕事であろう。本書ではあえて時代の範囲を、前五〇〇年ごろから前三〇〇年ごろまでのわずか二世紀という比較的短い期間に限定したが、話は同じである。実際、この二世紀間に彼らの成しとげたことを適正に言い表すことがとりわけむずかしいのは、この時代が、われわれ西欧人が「古典期」と呼んできた時代、すなわち今日のわれわれ自身の西欧諸文化にとって、なんらかの意味で模範であるとみなされてきた時代であるということによる。さらに問題なのは、正確にはどのギリシア人、あるいはむしろ「誰にとっての」ギリシア人が議論の対象となっているのか、ということである。この一〇年ほどの間に、私がきわめて鮮明に学び取った少なくとも一つの教訓とは、学者にせよそれ以外の人々にせよ、きわめて多種多様な国民に属する人々が、古代ギリシア人の性格と功績について、彼ら自身の過去および現在の歴史からの圧力を受けて、きわめて多様でしばしばたがいに鋭く対立する解釈をしてきた、ということなのだ。それにまた、現代における解釈者が、キリスト教徒であるか非キリスト教徒であるか、男性か女性か、西洋人か東洋人か等々によっても、その解釈に巨大な開きが生ずるということもありうる。ようするに「古代ギリシア人」とは、ある程度、そしてある意味において、相対的な概念であり、またそうならざるをえないのである。

相対主義は、ある人々にとっては禁句である。たしかに私も、自分の歴史記述が純粋に没価値的でありうるなどと言うつもりはない。だがやはり、相対主義も一つの魅力的な戦略だと思っている。われわれ自身の（西欧）文明の礎石であると同時に、われわれにとってきわめて異質な現象である一つの古代文化を理解しようとする上で、相対主義は生産的な方法である。現代の異質な文化を探求する文化人類学者のようにふるまおうとする態度、つまり私のいう「視点の文化人類学化」こそ、古代ギリシア人の心的ないし精神的世界を、できるかぎり彼ら自身の目をとおして、彼ら自身の価値観にしたがって見ようとする上で、貴重な手段であるように私には思われるのである。このような研究方法の一つの結果として、私にとって古代ギリシア人全体は、その魅力と影響力をけっして失ったわけではないにせよ、かつての「ギリシアという名の栄光」的な見解――あるいは神話――が主張していた彼らの姿にくらべると、はるかによそよそしく見えることとなった。もちろんこのことは、日本人読者にとって驚くべきことではなかろう。日本のみなさんは、そもそも初めから、こうした「栄光」神話に視野を妨げられていないのであるから。

ここで私自身の研究、教育および著作活動の中における本書の位置づけを、簡潔に行なってみよう。本書の母体となったのは、一九八〇年代末から九〇年代初頭にかけての数年間、ケンブリッジ大学古典学部の最終学年の学部生にむけて行なった一連の講義である。だから本書では、講義が母体であるというその特徴をわざといくつか残しておいた。本書は分量が短いだけではなく、意図的に内容を精選してある。また提起した諸問題は、本書において解答が示しうるものに限ってある。もし本書が、本格的規模の研究書として構想され書かれたとしたら、疑いなくまったくちがった本になっていただろう。本書であつかわなかった両極対立――たとえば「老対若」「富対貧」など――をも取り上げたことであろうし、また、たとえばスパルタ人のような、いわば「内なる」他者の探究に、もっと多くのスペースを割いていたことだろう。彼らは、ほとんどすべてのギリシア人に共通する思考と行動の習慣的規範とは正反対の生き方をしている人々として、しばしばとくにアテナイ人が見なしていたのであった。とはいえ、「古代ギリシア人」という概念が、歴史的現実の文字どおり忠実な記述としてよりも、むしろ一種の理念的構成概念として、しばしばより有用であるということを、本書が十分明快に示していれば幸いである。

ギリシア人もしくはヘレネスのアイデンティティという問題に深くかかわると思われる、思考と表象のあらゆる両極対立を、私自身どのように総合的に評価しているかということについて、ここで一言述べるのをお許しいただきたい。私としては、それらの両極対立の中でも決定的かつ根本的に重要なのは、「自由対隷属」という両極対立であると確信している。私自身が生まれ育った英国のそれも含めて、自由をとのほか貴ぶと称してきた文化は数多い。だが、自由という概念がこれほど多くの微妙なニュアンスを帯び、集団的心象の中にこれほど中心的な位置を占めている文化として、古典期ギリシアの右に出るものを私は知らない。日本の読者諸兄は、ギリシア人の抱く自由という理念がどれほど深く古代ギリシアにおける生活現実に照応していたか、そしてその理念がどの程度まで日本の社会と文化にとって翻訳可能であり、また翻訳すべきものなのかということを、本書をとおして御自身で判断できることであろう。

本書の英語での初版が一九九三年に世に出て以来、その主たる問題関心と直接間接にかかわるすべての学問領域において、研究はおどろくべきペースで進捗してきた。ここではむすびにあたって、ごく最近のそうした研究業績の中から、二つのものに言及するにとどめたい。一つはP. Otnes, *Other-Wise: Alterity, Materiality, Mediation* (Scandinavian University Press, 2000) で、これは私自身つねに意識しようとこころがけてきた、西洋古典学関係者以外の広範囲の読者層である歴史学者、歴史社会学者、社会心理学者、文化人類学者たちにとりわけ関係の深い書物である。いま一つはBeth Cohen (ed.), *Not the Classical Ideal: Athens and the Construction of the Other in Greek Art* (E. J. Brill, 2000) であって、こちらはむしろはっきりと古典ギリシア文化の専門家向けに書かれたものである。

最後に、わずかでも誤解が生じることのないよう、次の点はどうしても明らかにしておきたい。「自己と他者」という歴史上もしくは歴史学上の問題は、けっして西欧に特有なものでも、ましてや古代ギリシアだけに限られた問題でもないということである。一九八九年、といえば私がまさにケンブリッジ大学で「古代ギリシア人と他者」について講義を行なっていたころであるが、この年日本では『歴史学研究』が「歴史における他者認識」というテーマで特集号を組んだ。この号には、桜井万里子教授による重要な論文「古典期アテナイにおける市民にとっての他者」のみならず、日本中世史や二十世紀初頭の現代ドイツ史といったさまざまな問題領域を専攻する他の日本人学者たちによる諸論文も収められている。偉大な精神の持ち主たちは、結局のところ、似通った思考に到達するものなのである！

ケンブリッジ、クレア・コレッジにて

二〇〇〇年八月

目次

関連年表

前五〇八／七　アテナイに民主政の基礎築かれる。
四九〇　マラトンの戦い
四八六　ペルシア大王ダレイオス死す。クセルクセス即位（在位四八六―四六五）。アテナイで最初の喜劇競演
四八四ごろ　ヘロドトス生まれる（四二五ごろ没）。
四八〇―四七九　クセルクセスのギリシア遠征
四八〇　サラミスの海戦でギリシア軍勝利。クセルクセス撤退
四七九　プラタイアイの陸戦とイオニア地方ミュカレ岬の海戦でギリシア軍さらに勝利。いわゆる「ペルシア戦争」終わる。
四七七　ペルシアの脅威に備えて第一回アテナイ海上同盟（デロス同盟）設立
四七二　アイスキュロス『ペルシア人』上演。ペリクレス興行主をつとめる。
四六〇年代はじめ　アナトリア地方南西部エウリュメドン河口付近の戦いでキモン勝利。ペルシア帝国の勢力、エーゲ海より退く。
四六五　クセルクセス死す。アルタクセルクセス一世即位（在位四二一まで）
四六一―四五一　アテナイ民主政さらに発展
四六一　エフィアルテスとペリクレスの改革（アレオパゴス評議会から実権剝奪、民衆裁判

	所と陪審手当創設）
四五八	アイスキュロス『オレステイア』三部作
四五一／〇	ペリクレスの市民権法
四六〇ごろ	トゥキュディデス生まれる（四〇〇ごろ没）。
四六〇－四四五	アテナイ、スパルタおよびペルシアと戦争状態
四六〇－四五七	アテナイ市域とペイライエウス港をつなぐ「長城壁」築造。ギリシア中部でアテナイの覇権確立
四五一	スパルタと休戦
四四九	キュプロスでギリシア軍勝利。ペルシア、小アジア居住のギリシア人に対する支配権を放棄
四四八ごろ	カリアスの和約
四四五	アテナイとスパルタ、三〇年間の和平条約締結。アテナイはカルタゴおよびペルシアとならぶ地中海三大強国の一つとなる。
四四三－四二九	ペリクレスの権勢絶頂。アクロポリスの建造事業（パルテノン神殿）。アテナイを中心に文化活動隆盛（ヘロドトス、プロタゴラス、アナクサゴラス、ヒッポダモス、フェイディアスなど活躍）
四四一ごろ	ソフォクレス『アンティゴネ』
四三一－四〇四	ペロポネソス戦争
四三〇－四二九	アテナイで疫病大流行。ペリクレス死す。

四二八　クセノフォン生まれる（三五四ごろ没）。
四二七　プラトン生まれる（三四七ごろ没）。
四二四　ダレイオス二世即位
四二一　ニキアスの和約
四一五―四一三　シチリア遠征。アテナイ軍全滅
四一三―四〇四　デケレイア戦争とイオニア戦争。ペルシアからスパルタへの財政援助本格化
四一一　アリストファネス『リュシストラテ』。アテナイで寡頭派クーデター
四〇四　アテナイ降伏。寡頭政権（四〇三まで）
四〇四―三七一　アテナイにかわってスパルタが強大国に
四〇五／四　ダレイオス二世死す。アルタクセルクセス二世即位（在位四〇四―三五九）
四〇五―三六七　シュラクサイの僭主ディオニュシオス一世在位
三九五―三八六　コリントス戦争。大王の和約
三八五ごろ　プラトン、アカデメイア創立
三八四　アリストテレス生まれる（三二二没）。
三七一　レウクトラの戦い
三七一―三六二　テバイの勢力拡大
三六二　マンティネイアの戦いでエパメイノンダス戦死
三五九　マケドニア王フィリッポス二世即位（三三六暗殺）
三五五―三二二　デモステネス活躍（三八四生）

三三八　カイロネイアの戦い
三三六　ギリシア・マケドニア連合軍、ペルシア帝国へ遠征開始。フィリッポス暗殺され、アレクサンドロス大王即位（在位三二三まで）
三三五ごろ　アリストテレス、リュケイオンに研究所創立
三三一　ガウガメラの戦い
三三〇　アレクサンドロス、ダレイオス三世の跡を襲ってペルシア大王となる。
三二二　マケドニアによりアテナイ民主政廃止

凡例

（1）本書は Paul Cartledge, *The Greeks: A Portrait of Self and Others*, Oxford 1993（revised edition 1997）の全訳である。ただし、原著巻末にある章ごとの参考文献案内は、煩をさけるため割愛した。

（2）原著には註が一切なく、引用文献は著者名と出版年によって本文中に示されている。すなわち、引用文のあとに添えられた欧文表記の著者名と西暦年は、巻末の文献目録において該当する文献を指し示す。たとえば（Moi 1985: 13）とあれば、Moi, T.（1985）, *Sexual/Textual Politics*（London）, p. 13 のことである。文献目録は著者名のアルファベット順に配列されているので、読者は適宜これを参照されたい。

（3）ギリシア古典文献の引用は、前後の文脈をわかりやすくするために、原典を参照しつつ本文における英訳から訳した。

（4）本文の理解を容易にするため訳註を巻末に設けた。

（5）ギリシア語の長母音の表記は原則として省略した。

（6）古代ギリシアの暦法では今日の暦の七月に新年を迎えたので、当時の一年は西暦の二年に半分ずつまたがることになる。そこで公式の年度を当時の暦法に従って表記するときには、慣例により前五〇八／七年のように記した。

プロローグ

長年にわたり自分たちの過去を否定されてきた人々が、今みずからのアイデンティティを捜しはじめています。……このような歴史の復活こそ、新しい時代の到来を告げるものであります。

（一九九一年九月二十三日、国連総会におけるブッシュ大統領の演説）

本書の成り立ち

ブッシュ大統領のことばがさほど的外れでないとすれば、アイデンティティというものは、集団のものであれ個人のものであれ、現代における政治的・文化的変動の主な原動力の一つである。社会学者の故ノルベルト・エリアスがかつて「自意識崇拝」と呼び、また他の人々が「差異の政治」と名づけたものは、市井でも研究の場でも、今や熱狂的興奮の域に達したかに見える。

たとえば今、私がこうして筆を進めている最中にも、旧ユーゴスラビアの一共和国であるボスニア＝ヘルツェゴヴィナでは、内戦が火の手を上げている。それは、ボスニア＝ヘルツェゴヴィナの住民の大半が、政治的支配者層であるセルビア人と自分たちとの間に、根本的な民族的差異があると認識しているからなのだ。また旧ソビエトが残したものはといえば、たがいに競争関係にある多くの共和国と、反目しあう多くの民族集団とが、さしたる誠意なしに寄り集まってできた一種の協約関係になり果ててしまった。バルセロナオリンピックでは旧ソビエトの「統一チーム」が、また別の意味で競争したわけであるが、このようなことは最初で、おそらくまちがいなく最後のできごとだろう。アメリカに目を転ずれば、ヒスパニック系住民、黒人、女性がそれぞれことなる方法で、ときには物理的暴力に訴えながら、闘っている。彼らの目的は、「人種のるつぼ」という、どちらかといえば聞こえのいい表現ではもはやとらえられない大衆文化の中の、しのぎを削るような競合の場で、みずからの立場を旗幟鮮明に表すことにある。

そして最後に、ポスト工業化時代における衰微した英国のみすぼらしい街路では、貧しく職にあぶれた若者たちが騒動を起こしている。自分たちにもまた社会的アイデンティティと生きるべき人生があり、「自由市場」からとり残されてしまったからといって、自分たちのアイデンティティや人生がけっして無価値なものではないのだということを、世間に訴えるのが彼らの目的の一つなのだ。こうした具体例は目に触れる事例のほんの一端にすぎないけれども、近い将来、さらに同様のできごとがこれらの事例に替って起こったり、つけ加わったりすることがないであろうと考えるべき理由は、どこにもないのである。

学者が自分の考え方を表明する方法というものは、こうした例ほど暴力的ではないけれども、あながち過激でないとも限らない。近年、集団的アイデンティティというテーマは、それがジェンダー、階級、エスニシティ、人種、宗教、もしくは性的嗜好のいずれにもとづくアイデンティティであれ、広範囲の社会科学、歴史学、および文学・文化諸科学において、大きな関心を集めている。それはもっともなことというべきだが、その結果、多くの理論上ないし経験上の見解の相違が生みだされた。にもかかわらず、それだけ意見の相違がある中で、かなり広く支持されている考え方の一つに、他者性《オルテリティ》という概念がある。このことばは、英語ではけっして新語の部類には入らない（もっとも、他者らしさ《アザネス》といってしまうと造語くさく聞こえるだろうが）。だが、この語が最近よく用いられるようになったのは、エマニュエル・レヴィナスの着想に負うところが大きい。レヴィナスはリトアニア系ユダヤ人の生まれで、二つの大戦の間に他の多くの被抑圧ユダヤ知識人とともに、「セーヌ河畔のヴィリニュス（リトアニアの首都）」と呼ばれたパリへ亡命したという経歴をもつ。

レヴィナスが行なった再定義と再構成により、この概念はとりわけ次のような意味を帯びるにいたった。すなわち、ある支配的な集団とその個々のメンバーが自己を定義づける際、ある「よそ者」集団を、自分たちは彼らでない何者かであるとして、観念上自己と両極的な対立関係に位置づけるとき、その「よそ者」集団がこうむる差別と排除の状態、これが他者性である。この再定義を行なったのが、ヨーロッパでもっとも古くから確立された「他者」集団であるユダヤ民族の一員であったということは、おそらく不思議なことではなかろう。事実、「ユダヤ人」という概念は、もっとも完全な意味での他者性を簡潔に示す。つまり、その反対語である「非ユダヤ人（gentile）」と対をなすことによって、この概念は論理的な両極対立を構成するのである。この対立関係の両極にある二つの概念は、たんにたがいに他を排除するだけではなく、たがいに二者択一の関係でもある。なぜなら、この見方にしたがえば、あらゆる人間はことばの定義上ユダヤ人か非ユダヤ人かのいずれかだからである（ただし、gentileという語は「一つの国民に属している」という意味のラテン語gentilisが本来の語源であるが、その原義はもはや失っている）。本書が主として探求しようとするのは、古典ギリシア人の思想と文化が有する、このような二項的両極対立なのである。

先の大戦後まもなく、このレヴィナスの他者性《アルテリテ》という概念を、より広く一般に流布させたのは、今や古典となったシモーヌ・ド・ボーヴォワールの『第二の性』（一九四九年）である。しかしながら当時、少なくとも英語では、このことばはまだなじみの薄い外来語であって、一九五三年にボーヴォワールの著書を英語に訳した翻訳家は、このいかにも異国風の他者性《オルテリティ》という語を用いるにあたって一言読者にお詫びしなくては、と考えたほどである。ともあれこのようにして、英語圏の社会思想の主潮流の中に、「他者」としての「女性」という概念と解釈とが流れこむことになった。他者としての女性とは、たんに「自然」の事実として、性科学的観点から男性と異質であるばかりでなく、文化の生みだした事実（と信じられているもの）として、ジェンダーの観点から無条件に男性と正反対で、これに劣っていると見なされる存在、という意味である。結局のところ他者性という概念が私自身の意識を貫いたのも、この潮流を通してであった。ただ私の意識の中では、このたびオクスフォード・ペーパーバック大学叢書の一巻として古代ギリシア世界に関する書物を書くよう依頼を受けるまで、この概念は長い間休眠状態にあった。

ちょうどそのころまでには、私の歴史学上の関心と探求の焦点はすでに、物質的（すなわち社会経済的）および（広義に解釈した場合の）政治的なものから、人間の知的活動に関するものあるいは社会心理学的なものへと移っていた。同僚の多くが共通の関心を抱いていたし、またとくに構造主義社会人類学および文化史学の影響もあって、私はとりわけギリシア人の心的枠組みないしメンタリティというもの、すなわち歴史の深層にあってしばしば意識されることなしにギリシア人を動かした精神的・文化的メカニズムを、解釈し理解することに関心を向けるようになっていたのである。

ところが、「ギリシア人」という概念は、ある種の抽象概念であり、またときに不便な概念でもある。たとえばヘロドトスは、ト・ヘレニコン、すなわち字義どおりには「ギリシア的なるもの」「ギリシアらしさ」というものを、共通の血統・言語・宗教および慣習というものによって便宜上定義することが可能であると考えていたらしい（本書第三章参照）。だがそうするためには、ヘロドトスはその定義づけの条件から、共通の政治制度や政治構造というものを除外せざるをえなかった。なにしろ当時ギリシアには、優に一千を超える独立した政治共同体が存在し、それらは、局地的かつ短命でたいていの場合外から強制されてできた国家連合以上のものを、ついに形作ることはできなかったのであるから。そればかりではない。ヘロドトスはギリシア人が血統的に均質であるというフィクションを作り上げ、広義のギリシア世界の内部にも、じつは方言・宗教・習俗において重要な差異がいくつもあるということをたくみに隠蔽せざるをえなかった。いいかえれば、たとえば西洋中世におけるキリスト教世界、ないしは現代におけるいわゆるアラブ世界というものがそうであるのと同様に、ト・ヘレニコンとは一種のイデオロギー的構成概念だったのである。

他方それは、前二者がそうでないのと同様に、作為的な構成概念というわけでもなかった。いわば「ギリシアらしさ」とは、少なくとも、かくあれかしという純粋な願望的思考以上の定義を受けるに十分なほど、現実に深く根差していた。たとえ現実の政治の世界において、はかばかしい影響を与えることはなかったにせよ、「ギリシアらしさ」という概念は、ヘロドトス自身がそれをもちこんだ文化領域、すなわち歴史記述の分野では、たしかにとてつもない影響をおよぼしたのである。

歴史を記述するという仕事は、それを最初に発明したのがギリシア人というわけではなかったにせよ、ギリシア人特有の知的活動の一形態であったということができる（本書第二章）。その表向きの目的が何であれ、ヘロドトス以降の歴史記述がおよぼした効果の中で少なからず重大なのは、それがギリシア人固有の自意識を聞き手もしくは読み手の中に造りだし、あるいはそれを補強したことであった。こうした社会心理的機能を追究することこそ、本書における私の主たる目的だった。ギリシア人が自分自身にとっての自己と他者とをどのように表現していたのか、それも客観的事実にもとづく知識と考えられていたものを材料とした歴史記述の諸作品の中で、どのようにその表現を行なっていたかを探究すれば、ギリシア人を行動に向かわせた要因が何であったかを探り、調べることができるのではないか。これが私の着想だったのである。

しかしながら、さらに考えを進めたところ、この方法ではさほど探究を深めないうちに妥当な考え方から外れてしまうであろうということが明らかになった。なぜなら「歴史」というもの自体が、古代ギリシア人の思考の文脈の中では、たとえば「神話」との関係において、問題を含んだ概念ではなかったろうか、と思ったからである（本書第二章）。それに次のことも問題だった。そもそもわれわれが探究すべきなのは、誰の歴史だったか。つまり、誰について書かれた歴史か、ということのみならず、誰に読ませるための歴史だったのかが問題なのだ。この問題について関心をいだくことは、まちがいなくうまくゆきそうな方法に思えた。ヘロドトスや彼の後継者たちにとって、同時代の理想的な読者、つまり彼らが常にその価値観を前提にしあるいはそれに訴えかけた読者とは、ギリシア人がポリスと呼んだ会員制クラブの正式会員、すなわちポリス市民だったのである。古典期すなわち前五―四世紀にあって、このポリスというクラブは、いくつかの種族ごとに［訳註1］数百ものポリスに分かれて住んでいる、自由人で成年男子のギリシア人にのみ事実上入会資格が限定されていた（本書第五章）。そして今度はこの考えが、ふたたび私を他者性、他者化、両極性という問題に立ちもどらせた。なぜならギリシア人特有の市民を定義づける方法とは、まさしく一連の「他者」全体――非自由人、未成年者、女性、非ギリシア人、そしていうまでもなく遍在し全知全能である超人的存在である神々――に対して、否定的な両極対立関係を設定することだったからである。一九八九年から九三年にかけて私が「歴史記述におけるギリシア人と他者」と題する学部生向け講義をケンブリッジ大学で行なったのは、以上のような事情からである。本書の文章は、ずいぶんと縮約されてはいるが、この講義をベースとしている。

ギリシア人と「われわれ」

私の講義の最初と最後でとり上げたのは、ギリシア人が残した伝統ないしは遺産について、すなわちギリシア人と「われわれ」〔訳註2〕との関係についての考察であった。これは私が、たとえば次のような発言に刺激されたからであった。古代ギリシア文化についてのある指導的な専門家は、「オイディプスの自由」についての論文の中で、このように述べている。「［自由の抑圧と無秩序という］これら両極端の状態は、もとよりいずれも人間精神にとって、わけても西欧の人間精神にとっては耐えがたいとわしいものなのであるが、この西欧的人間精神とは、ギリシア人のそれに他ならない」（ノックス Knox 1990a: 55）。これと同様の意見は、同じく自由というテーマについて最近ジャクリーヌ・ド・ロミイ（de Romilly 1989）およびオーランド・パターソン（Patterson 1991）が著した一般向けの書物にも表れている。

これら三つの著作に共通して認められるのは、自由という、西欧においてもっとも大事にされてきた理想的価値を、今日「われわれ」が大事にしているのとまったく同じ形で発明ないし発見したのはギリシア人であるという、暗黙裡の前提であり、ときにははっきり明言される主張である。公平を期していうならば、ノックスとパターソンは、古代ギリシアにおける奴隷制という事実を押し隠したり酌量したりしているわけではない。だが同時にまた彼らは、「われわれ」が自由に対する積極的評価を共有しているという点において、ギリシア人から現代西欧にいたるまで一つの連続性、あるいは少なくとも進化論的な進歩発展があるということを、信じて疑わないのである。しかしながら、ギリシアの歴史家たちが書いたもの、あるいは現存するアテナイの悲劇や喜劇など、古典ギリシアが遺したその他の著名な文化的テキストを読むと、私はむしろ彼らとは別の、むしろほとんど正反対の確信を抱く（本書第六章参照）。ギリシア悲劇についての現代のある解説者のことばを借りるならば、私にとって古代ギリシア人とは、イデオロギーの面でも制度の面でも決定的な文化的側面において、「絶望的なほどに異質」な存在なのである（ジョーンズ Jones 1962. くわしくはエピローグ参照）。

野蛮なギリシア人

自由についてのさまざまな考え方について、いましばらく見てみることにしよう。バンジャマン・コンスタンは、フランス革命論者の中に古代ギリシアを称賛しようとする者がいることに対して、一八一九年はげしく反論し、「古代人の自由」と「近代人の自由」とを明快に区別してみせた（Constant 1988: 307–28）――その区別はあまりに明快すぎたかもしれぬが、にもかかわらず私にいわせればそれは正当な明快さだった。彼がそのように峻別したのは、共同体ないし国家とのかかわりにおける個人の地位および機能というものの構造と評価とが、古代人と近代人との間では、比較の対象にならないくらいにかけはなれていたからである。以来、コンスタンからフュステル・ド・クーランジュ、エミール・デュルケーム、ルイ・ジェルネをへてJ＝P・ヴェルナンと彼の「パリ学派」にいたるまで、フランスにおける古代ギリシア研究の中には、ギリシア人が意識と自己表現という決定的に重要な領域において「われわれ」とは本質的に異質であり、「他者」ですらあるということに力点を置く、ひとつながりの思想の潮流を見てとることができるのである。

この思潮が、コンスタンより百年ほど前の一七二四年にイエズス会宣教師J・F・ラフィトーが創始した「視点の文化人類学化《アンソロポロジャイゼイション》」によるアプローチと交錯したことは、みのり多い結果をもたらしたように思われる。簡潔に述べるならば、この「視点の文化人類学化」にもとづく論者が指摘したのは次のような点であった。すなわち、ギリシア人とはまさしく近代西欧人自身の昔の姿である、と単純に考えるのはまちがいである。（ごくあたりまえのことだが）彼らは現代よりもはるかに未発達な科学技術しかもたなかった。だとすれば、おそらくギリシア人を、ヨーロッパによる植民地拡張のターゲットとなったいわゆる未開な諸民族と比較し、彼らと照らしあわせて解釈することが可能であるし、そうした方が有用である、という指摘である。古典時代のギリシア人が多神教を信じ、彼らの宗教の中心的な儀礼として動物供犠《くぎ》を行なっていたという事実は、このような相対主義的な「視点の文化人類学化」を大きく勢いづけるものであった。さらに近年では、クロード・レヴィ＝ストロースの構造主義人類学もまた、同様の影響力をおよぼしている。彼は現代のアマゾン川流域もしくは北西太平洋沿岸にすむアメリカ・インディアンの神話の中に、さまざまな二項対立を探りだし、神話を説明する際の基本概念として用いるが、これらの二項対立の図式は、古典時代のギリシア人の社会的・政治的思考法を特徴づける「両極性《ポラリティ》」と、薄気味悪いほどによく似ているのである（本書第一章参照）。

その一方で、ギリシア人を「他者化」するのにも限界があるし、あってしかるべきであろう。アテナイの悲劇・喜劇の例が、この限界領域をかなり正確に描きだす（本書エピローグ）。たしかに、古典ギリシア文化について遺された史料の大部分を提供してくれるアイスキュロスらの「過去のヨーロッパ白人男性」たち［訳註3］が、視線を独占していいというものではない。しかしながら、彼らを単純に無視してしまったり、まして意識的に切り捨ててしまったりすることはむずかしい。

そこで一つの代替案として考えられた方策とは、古典ギリシア文化の形成には、よそからの人種的・民族的影響、ことに東方のセム語族と南方の黒色人種からの影響がおおいに寄与したということを強調するやり方であった。ところがこのやり方は、政治的観点からは表面上魅力的に見えはするが、実証的根拠の点では乗り越えがたい障害にいくつもぶつかるのである（本書第三章と七章）。それゆえ私のねらいとするところは、エドワード・ギボンのことばを借りるならば、「揺らぐことのない公平な手で判断の天秤を支えもつ」ということになろう。

誰のための遺産か

とはいえ、これが生命の息吹のない手であっては困る。というのも、ギリシア人が実際には「われわれみたい」ではないにもかかわらず、そしてそれゆえにこそ、われわれがギリシア人から継承しようと決意し、あるいは継承してきたとみなしている彼らの文化的遺産は、今なお継承の途上にあるし、またそれにはたえざる検証と再評価とが必要だからである。そこでもし、本書がとくに対象としている一般読者から、いったいいどんな正当な理由があって、これほどおしげもなくエネルギーと時間と金とが古典ギリシア人の研究に費やされるべきなのだと問われたら、私はあるいは次のように返答するやもしれない。

たとえば、政治ということについて、われわれが今日用いている語彙を考えてみよう。「政治《ポリティクス》」という語自体も含めて、政治関係の語彙のほとんどすべてがギリシア語に由来することは、誰もが承知していることである。だがそれならば、たとえば近代西欧の民主主義が古代ギリシア民主政とは制度的にもイデオロギー的にもあれほどことなっているにもかかわらず、なお「民主主義《デモクラシー》」というものがギリシア人の発明によるものだということは、われわれにとって何を意味し、また何を意味すべきものなのか（ちなみに一九九三／四年には民主主義誕生二五〇〇年祭が催されることになっている）。あるいはこの問いを、もっと単刀直入に、われわれの直接の関心と関連づけていいなおすならばこうなろう。ギリシア人にとって、民主主義という理念と実践は、女性に参政権が認められないという事実（本書第四章）——もっとも、これは今世紀に入るまであらゆる民主政体に該当したことではあるが――さらには、同胞ギリシア人をも含むおびただしい数の人間が公然と奴隷化されているという事実（本書第六章）と、まったく何の違和感もなしに共存するものであった。彼らはそれを「あたりまえ」であると考えていたのである。それに対し、今日われわれにとっては、両者が共存するなどということは、原理上全然「あたりまえ」ではない。これはどうしたわけであろうか、という問いである。

あるいは最後に、歴史記述を例にとってみよう。第二章でも述べることになるが、ヘロドトスやトゥキュディデスは彼らの生きた時代の子であるから、われわれ歴史家の「同業者」と見るのはけっして有効ではない。にもかかわらず、同時に彼らは、その語が今日一般に認められている意味において「歴史」の共同の父親であることにもかかわりはないのである。

ようするに、ギリシア人は「他者」ではあったが、同時にまた「われわれ」の一部分、それも無視できない一部分なのである。ギリシア人の言語はもうとうに滅んでしまったかもしれないが、彼らの遺産は、生々しい、それどころか切実なほど重大な問題なのである。本書の構想と叙述の範囲内で議論の焦点になるのは、ギリシア人のアイデンティティのみならず、われわれ自身のアイデンティティでもあるのだ。

第一章　意義ある他者――われらと彼ら

彼らの中に置かれた自分というものをどう想像したらいいのか、私には見当もつかない。それほどすべては想像もおよばぬほどに異質で、また遠い過去のできごとだった。

（ルイ・マクニース『秋の日記』九節）

黒々として並の人間より大きな姿で立ちはだかったその人物は、左手をうしろに隠していた。

（エリアス・カネッティ『眼の戯れ』）

相対主義の視点

古代ギリシア人に対する私の探求方法の特徴とは、いわゆる「相対主義的観点」である。その観点を見失えば、

ギリシア古代を研究しようとする者は、その研究対象であるギリシア社会の知的産物についてであれ、それが生みだされた状況や様態についてであれ、何がその社会に特有なものであり、何がどこの社会にもあるありふれたものなのかを、容易にとりちがえるであろうし、実際かならずといっていいほどとりちがえるものなのである。

相対主義の高らかなこの宣言が収められているのは、ギリシア科学についてのある論文集の序文である（ロイド Lloyd 1991a: p. xii）。ギリシア人は科学を「自然の探求（ヘ・ペリ・フュセオス・ヒストリア）」と呼んだが、自然の探求は、古典ギリシア文化の歴史と歴史記述について私がこれから追究しようとすることとも本質的なかかわりがある。またロイドの方針は、ギリシア科学史研究だけでなく、広くギリシア文化の研究一般にもあてはまるものだ。なぜなら「ある社会で科学として通用するものを研究するということは、その社会の価値観の中核に迫ること」（同上書 p. 353）だからである。のみならず、「歴史《ヒストリー》」ということばは、元来、「探求」を表す古典ギリシア語に由来するものなのだ（本書第二章参照）。

ギリシア——一般化にともなう諸問題

だが「社会」という語は、この場合とくに問題含みではある。なぜなら古典期すなわち前五〇〇—三〇〇年ごろのギリシアをいう場合、「ギリシア」とはけっして単一の社会ではなかったからである。ただし、ギリシアが単一の文化を有していた、ということはいえるだろう。ギリシア人の文化的均一性の一つの論拠として決定的に重要なのは、アリストテレス（前三八四—三二二年）という人物の存在である。彼が生まれ育った北部地方は、ギリシア世界の中核からみれば周縁に位置する土地であった。父はマケドニア王に外科侍医として仕えていたが、マケドニア人という民族は純粋のギリシア人ではなく、かといって完全に「異民族」というわけでもなかった。しかし、アリストテレスが成年以降の大部分の人生を過ごしたのはギリシア南部であり、師プラトンが「叡智の殿堂」（『プロタゴラス』三三七d）と呼んでいたアテナイ市域に、在留外人として生活していたのであった。

アリストテレスは何よりも自然科学者であり、とくに動物学者・生物学者であったといってもまちがいではなかろう。たしかに、彼が人間以外の動物の自然の本性を経験科学的に探求する際に応用した目的論的方法論は、彼がもっとも優れた人間社会と考えたギリシアのポリスを分類し分析する際にも、同じように見うけられる特徴である（本書第四章参照）。しかし、さしあたりここで重要なことは、アリストテレスが「ギリシア人」や「ギリシア的なるもの」について、概括的かつ一般化したいい方で語ることを、少なくとも合理的で正当であると認めていたことである。彼自身、ギリシア文化の中心に生きる存在であったと同時に、その周縁で生まれ育ったアウトサイダーでもあったからこそ、アリストテレスのさまざまな考え方、あるいは他の人間たちの考え方について彼が残した報告は、特別の注意と関心を向けるにあたいする。

さらにまた、ここでの私の当面の目的にとってアリストテレスがとくに役立つのは、ギリシア文化に対する彼の考え方のゆえだけではない。今日残されている彼の著述があれほど広範で包括的であることを別にすれば、アリストテレスが特別他に抜きんでているのは次のような点である。彼は（狭義の国制に関することのみならず、倫理的・社会的・文化的なことがらをも含む形で）「政治的な」理論を体系づけているのであるが、その理論化の基礎として彼が前提としたのは、人々が共有するさまざまな文化的認識と解されるもの、つまり、何が事実でありまた何が事実であらねばならないのかという点について、人々が受け入れまた信頼しているさまざまな判断だった。こうした方法論ゆえに、アリストテレスはここでとくに有用である。なぜならこのようなギリシア人一般の態度や信念、ギリシア人特有の心的枠組み、ないしは（この用語が許されるならば）「心性《メンタリティ》」こそ、私がここで掘り起こし、できることならしばしば矛盾をもはらむその複雑さをもそっくり説明しようと努めていることがらだからである。

アリストテレスの『政治学』は、リュケイオンにおける彼の研究所で弟子たちが行なった、一五〇を超えるギリシア諸ポリスについての膨大な実証研究を、何らかの形で土台にしたものである。『政治学』には、没価値判断的と呼びたくなるような政治科学と、意識的に倫理的・教育的であろうとした政治理論とが結合されており、それゆえ私にとってはこの上ない史料になるだろうと思われるのである。ただし、まさにそのゆえにこそ、この史料は特別に細心の注意を払って読み、また読みなおされねばなるまい。アリストテレスの方法論は、広く一般に受容され信頼された価値観にすなおにしたがっているとよくいわれるのであるが、にもかかわらず彼はけっして「典型的な」古典ギリシア人ではない。ましてやあの合成怪物キマイラ［訳註4］のような「ギリシア人精神」なるもの——その実態は、異質なさまざまな成分からなる合成物である——の代表例などではないのである。

このようなわけで私は、アリストテレスに特有のさまざまな偏見とも思われるものを矯正し、あるいはそれと釣り合いをもたせるために、他のさまざまな史料も用いた。文字史料であれ非文字史料であれ、高度に洗練された文章もそうでないものも、戯曲でも哲学でも歴史記述でも。なかでもとりわけ私が利用したのは、（私はかならずしもその見方に与すべきではないと思うのだが）後世の学者たちが歴史記述の規範として仰ぐようになった、ヘロドトス、トゥキュディデス、クセノフォンらの著作である。歴史家の著作を研究することという意味での史学史は、古典研究の範疇では継子あつかいされがちな分野である。今では史学史を自分の教育・研究の主たる焦点にすえている学者は少ない。それゆえ、歴史記述が知的・文学的活動の顕著な一つの現れとして前五世紀後半に出現したことに、特別に関心を抱く私のような研究者も、今のところ少ないのである。この歴史記述という知的前進を位置づけ、また同時に一方でその内部に組みこまれたいくつもの限界を強調しようという意図で、私は「歴史対神話」という、古代的でもあり現代的でもある両極化させた題目のもとに、歴史記述の問題を論じようと思う（第二章）。

このように考えたのには理由がある。古典期ギリシアのおもだった歴史家たちは、天賦の才能をもったストーリーテラーであり、われわれはその文章に自由に触れることができるのであるが、彼らは純粋なエンタテインメントと高度な哲学的理論化との中間に位置する次元で活動しており、ライヴで話を聞きに来ている生の聴衆の心に訴えかけ、またその注意を引きつけなくてはならなかった。実際、口頭での情報伝達が基本であったギリシア社会にあっては、すべての文学とは読むものではなく耳で聞くのが本来の姿であった。にもかかわらず、自分たちは興のおもむくままに話を作り上げるだけのたんなるストーリーテラーではないという認識は、語り手であり解説者である歴史家たちの自己認識・自己表現の本質に属する部分であった。むしろ彼らはある意味で、ギリシア人・非ギリシア人の過去の世界（前五五〇年から前三五〇年ごろまでの、西はイタリアから東はイラクにいたるまでの世界）において、「それが本来いかにあったか」［訳註5］を語っているのだと称したのであり、その叙述は、聴衆や読者たちが一般に共有するさまざまな価値観に合ったものだったのである。しばしばとても平易とはいえない話を修飾する際にギリシアの歴史家たちが使うレトリックのさまざまな技巧、あるいは言外に隠された多様な暗示や広く共有された知的文脈がおよぼす強制力などを十分斟酌するならば、これらの歴史家たちが、ギリシア文化のもっとも根源的な関心事について、とりわけ豊富な情報をもたらすであろうことを、十分な根拠をもって期待できるのである。

ギリシア人とはどんな人々だったか

今も昔も、おそらくアイデンティティに対する関心ほど根源的なものはないだろう。それは集団的か個人的かをとわず、民族的・部族的・政治的、その他どんな種類のアイデンティティであってもしかりである。もっとも一般性の高いレベルから話を始めるならば、まず古典ギリシア人は全人類を、相互に排他的で対立的な二つのカテゴリーに分けた。すなわち「われらと彼ら」、ギリシア人のことばでいえば「ギリシア人と異民族（バルバロイ）」の二つである（本書第三章）。実際このギリシア人対異民族という対立概念は厳密な両極的二分法をなすもので、たんに不両立であるだけでなく、両者の集合和が全体を網羅し、かつたがいに他を排除するという関係にある。すなわち、ギリシア人＋異民族＝全人類なのである。

　このような自己と他者との区別のつけ方は、なにもギリシア人だけにみられるものではない。たとえばユダヤ人対ゴイイム（異邦人）、あるいはヨーロッパ人対東洋人というよく知られた区分けや対立関係と比較してみればよろしい。しかしながら、古典ギリシア人にとってギリシア人対異民族という両極対立は、彼らの心性と文化の顕著な特徴であるこうした両極化というイデオロギー的慣習の、ほんの一つの現れにすぎなかったのである。その上、ギリシア人はこの両極化を論理的（もしくはイデオロギー的）に極端までつきつめた。ゆえに観念的には、ギリシア人が非異民族と見なされると同時に、異民族は同様にしてまさしくギリシア人ではない何者かであるものとしてイメージされたのである。

　ギリシア人のこのような両極化された論理のもつイデオロギー的本質が、はるかにもっとくっきりと明らかにされるのは、性差をめぐる表現においてである。もっとも、性《セックス》が生物学的・解剖学的性別を意味するのに対し、たんに女性の自然の本性とことなるばかりでなくそれと対立し、それよりも優位な階層に属する男性の自然の本性というものについて、ギリシア人がさまざまな動機や論拠によって組み立てたイデオロギー的概念構成を意味するのがジェンダーとすれば、むしろこれはジェンダー差といいかえた方がよいかもしれない。「異民族」ということばは、それ自体がいわば否定的な両極化のために、すなわち自分と正反対なものとして定義されたこのカテゴリーを蔑視するために役立った概念であるのに対し、男性対女性という二分法は、それ自体かならずしも、階層序列的、もしくは蔑視的意味には解釈できないはずだった。異民族もやはりその総数のほぼ半分が男性であるのだから、男性であるというだけでは、ギリシア人男性だけが特別にあるいは比類なく特権的であると自己主張する本質的な決め手にはならなくなるからである。同様にして、すべてのギリシア人の半数が女性であるというのが事実である以上、ギリシア人（この場合、自己の意思を表明できたギリシア人男性ということだが）が、男性に対立するのみならず無条件に男性より劣ったものとして女性を定義してよいなどとは、厳密な論理にしたがえば、きちんとした根拠をもっていえなかったはずなのである。

ところが、にもかかわらず、のちに見るように、ギリシア人はまさにこの意味で徹底した構成主義者［訳註6］であり、なかでも断固とした構成主義者がアリストテレスだった。「女性」は無条件に「男性」より劣ったものであると見なされた。そして、異民族の男性が本性上女のような者であると解釈されたことは（本書第三、四章）、ギリシア人による異質なものに対する言説の本質的な部分をなしたのである。

換言すれば、男性対女性という二分法をめぐるギリシア人の概念構成にあっては、文化が自然を蹂躙したわけである。もっとも、こういったジェンダーの両極化は、究極のところ、客観的で妥協の余地のない、経験的にたしかめうる差異にもとづくものではあった。ところがこれにあてはまらなかったのが、ギリシア人の心性と文化とを探求しようとする際に私が取り上げた他の三つの二元論である。古典期ギリシアにおいて、ある人が市民か非市民か、あるいは法律上の自由人か奴隷か、もしくは原理上それらになりうるかどうかをただちに決定するような自然的要因など、どこにもなかった（本書第五、六章）。これらよりさらに自然的要因とのつながりが薄かったのは、（そのジェンダー、民族的帰属、政治的・法的地位がどのようなものであれ、死すべき人間という意味での）人間と、ギリシア人が信じていた神々との間の二分法であった（本書第七章）。

いいかえればここには、過度に文化的規定を受けていたにせよ完全にもしくは大部分「自然的」なものから、大部分もしくは完全に「文化的」なものにいたるまでの間を変動する度合の差が存在するのである。にもかかわらずギリシア人にとっては——ここが私の主張の根本なのだが——これら五組の対概念（ギリシア人対異民族、男性対女性、市民対非市民、自由人対奴隷、神々対人間）は、どれもひとしなみに両極対立として解釈されていたということである。また、これら選言的二分法のどの二つをとっても、それらが一致することもありえなかった。ギリシア人は、このようにさまざまにことなるやり方で、自分自身を自分ではない何者かと一連の両極対立に置くことによって、自己のアイデンティティを他者否定的にとらえていたのである。

歴史の中の両極対立

他方でけっして誤解してはならないのは、これらの両極対立がそれ自体、なんらかの歴史を、それもとりわけ文化的に規定された、とりとめのない歴史を、もっていたということである。もちろんこのことは、神話と歴史の区別という異論の多いいい方自体の中に、すでに含意されてはいる。つまり、ある人には「歴史」に見えるものでも、別の人には「神話」であったのだ。だが、ギリシア人と異民族という一見わかりやすそうな両極対立でさえ、前五世紀になるまでは姿を現さず、前四八〇－四七九年にギリシア人が（というより一部のギリシア人が）ペルシア戦争に勝利した後に、はじめてしっかり定着するようになったのである（本書第三章）。古典ギリシア文化の基礎をなすテキストであったホメロスの、あの何千行もの詩句の中に、「バルバロイ」という語は名詞としても形容詞としても、一度たりとも用いられていない。『イリアス』の筋立てが、多少なりとも一つにまとまったギリシア世界と、非ギリシア系外国人の連合体との対決を想定した上に成り立っていたにもかかわらず、である。さらに、現存するギリシア語文献の中で「バルバロイ」という語が最初に登場する場合でも、この語がのちに古典期に負わされたような、侮蔑的でとりわけ「オリエンタリズム」的な意味合いは、ほとんどもしくはまったく帯びていなかった。換言すれば、両極対立といってもいろいろあるわけで、本書が対象とするのは、侮蔑的で相手をおとしめるような、倫理的な価値観を帯びた種類のそれなのである。つまり、その対立軸の両極が、反対だが対等もしくは相互補完的な関係にあるものとしてではなく、非対称的・階層序列的・敵対的関係に立つものとして理解されているような両極対立なのだ。

このように他者否定的な両極化を極端にまで推しすすめたことは、いわゆる「ギリシア人の功績」の中でも、あまり知られてはいないにもかかわらず、本質的な側面の一つであった。このような極端論が生じたのは、ギリシア人が自分の論争上の立場を公開の討議においてはっきりさせるときに、公の場で一対一の討論によって行なうという方法をとった結果かもしれない。しかし、これにおとらずギリシア文化固有の特徴だったのは、一部のギリシア人が、自分たちの中のもっとも根本的で深く浸透した思考習慣や社会的分類の諸範疇についてさえ、じっくりと省察を行なうことができたということであった。

事実アリストテレスは、対立の論理（両極対立はその一種にすぎない）を、それ自体としてはじめて正面から分析した。彼は議論を例証するために、当時ピュタゴラス学派の哲学者の一分派の間で規準的と考えられていた対立概念のリストないし表（シュストイキア）を引用している（『形而上学』九八六a。表1を見よ）。ここで強調しておかねばならないのは、この表がたんに机上の理論としての構成概念ではな

表1　ピュタゴラスの対立諸概念

対立項目	
無限	有限
偶数	奇数
複数	単一
左	右
女性	男性
動	静
曲	直
暗	明
悪	善
長方形	正方形

かったということだ。ピュタゴラス教とは一種の生活様式であり、たんなる学問上の動向ないし習練ではなかったからである。しかしながらとくにわれわれにとってこの表が役立つのは、ギリシア人の二項対立的な文化的分類法の――ひいては、後述するような文化的鍵概念としての二項対立的分類法全般の――恣意的で変わりやすい性格が、これによって如実にきわだつからである。正式なピュタゴラス教徒（あるいは同様に排他的で掟に拘束される他の宗派の教徒）はギリシア人のなかでもごく少数の人々であったから、何が何と対立関係にあるのか、そして両極対立するとされるそれぞれの性質が、この表のどちらの側に置かれるべきなのかという問題については、論争の余地がかなりあった。

一例を示そう。それ以外には共通点のない他の多くの文化がそうであるのと同様に、ギリシア人はみな、右が優れていて左が悪いという点について異論がなかった。左を表す二つのギリシア語は、明らかに不吉を避けた婉曲表現である（左を意味するアリステロスの原義は「よりよい」、エウオニュモスは「よき名前の」）。ところが、右が暗示する価値ないし特性とは正確には何なのか、あるいはどんなものにせよ対立概念表の右側に列挙されるような性質や価値とは、たんなる類推関係によるよりはむしろ本質的な同質関係において相関関係をとり結ぶのではないか、という問題については、かならずしもギリシア人の意見は一致しなかった。たとえば（アリストテレス『政治学』第一巻で展開されているような）男性対女性、主人対奴隷という二つの両極対立を考えてみよう。男と主人とが同列に並ぶということは、男がその本性上主人的であり、女が本性上奴隷的であるということを意味するのだろうか。それとも、男と女との関係が主人と奴隷との関係に似ているように見えるのは、たんに文化的に規定された類推によるものにすぎないのか。この問いに対してアリストテレスは、彼一流のあいまいさを許さぬいい方で、前者に肯定的な解答を下すのであるが、これは彼の哲学体系の諸前提から導きだされたものである（本書第六章）。しかし——今日のわれわれの大多数にとっては、幸運なことに思われるかもしれぬが——彼の前提や結論は、誰もが支持するというものではなかった。

この種の理論的であると同時に実践的な、文化をめぐる諸問題はすべて、前五世紀後半にソフィストによって先鋭化をこうむったものである。慣習ないし因襲（ノモス）と自然（フュシス）とを対立させる仮説の試みは、いわゆるソフィストたちが、ギリシア人の文化論争全体に与えた特別な貢献である。一般にギリシア人たちは、異民族がたんに（偶然の問題であり慣習によって命ぜられた事態として）文化的に劣っているだけでなく、（変更不可能な自然的必然の問題として）本質的に奴隷的であると考えていたが、それはじつはたんなる恣意的な因襲の問題なのではないのか。女性の自然の本性とは、生物学的には男とことなっていても、倫理的・心理学的には男のそれと同等なのではないか。神々の存在と霊験とを信じることは、自然の事実の正当な認識というよりは、むしろ因襲的で、社会にとって都合のよいフィクションにすぎぬのではないか。こうした問いをはじめ、同様に文化をめぐるさまざまな原理的な質問に対して、イエスという答えを支持する異端者たちは、これら目先の利く職業的教師たちと結びついた全般的な思想運動の中に見いだされた。実際アテナイにおけるソフィストたちは世間の耳目をたいへん引きつけたもので、前四二三年に上演された喜劇『雲』の中でアリストファネスが彼らを挑発したほどであった。この喜劇の中で典型的なソフィストの見本という役どころを与えられているのは、ソクラテスであった。一般に広まったソフィストとしてのイメージは、これ以後ソクラテスにつきまとい、そしてそれが一因となってその四半世紀後、前三九九年に不敬神の罪で告発された裁判で、彼は命を落とすはめになったわけである。アリストテレスが独自の解釈をもって対決しようとしたのは、何よりも文化対自然という両極対立についてのこうしたソフィスト的な読み解き方だったのであり、彼にいわせればその自論の根拠とは、最良の「世間一般の見解」だったのである。

しかしながら、象徴的二元分類法をめぐるこうした問題は、古代史に限られるわけではない。それは現代の文化人類学もしくは認知人類学の領域でも同様に論争の種になっているのである（文化人類学者には二項対立的分類法の発見的・説明的効力を信じる者とそうでない者の二とおりしかいない、という専門家の間でのジョークがあるほどである）。ここで重大な問題となるのは、すべての文化がそのもっとも深い次元において二元論的に作用しているのかどうかということである。レヴィ＝ストロースの構造主義の流れをくむいくつかの分派の中には、そのように理解する向きもあるようだ。たとえばレヴィ＝ストロースが、神話を物語ることとの意味を、男性対女性および人間対神々のような、それぞれ深い構造をもった複数の二項的両極対立の間の矛盾対立を調停する一つの方法であると解釈していることは、広く知られている。他方それに対し、二元論的価値体系のように思われているものも、三元論的ないしはさらに複雑な思想構造として分析した方がよいと主張する論者もいるのである。

私自身の見解はこれらよりももっとひかえめなものであり、レヴィ＝ストロース主義の強硬論者がその普遍性を主張することが正しいかどうかは別としても、構造的二元論というこの仮説が少なくとも古代ギリシア人の文化（じつはこれこそがレヴィ＝ストロース理論の究極の知的源泉なのではないかと思う人もいよう）を特別な手がかりにしていることはたしからしい。しかしながら、古代ギリシア文化研究におけるフランスの構造主義学者J＝P・ヴェルナンの独創的な著作に関して、次のようなコメントが強調されていることは当然といえよう。すなわち、われわれがとり組まねばならないのは「さまざまな両極対立がおりなす静態的体系」なのではなく、それらの「ダイナミックな相互関係、複雑な変容過程、そして移り変わる緊張関係なのであり、それを歴史、社会制度、儀礼的政治的生活の文脈の中に位置づけてみることである」（シーガル Segal, 1982 : 232）。

解釈の寛容

しかしながら最後に、公平を期していい添えておかねばならぬことがある。古代ギリシア人の文化にどんな解釈の理論をあてはめようとする場合でも、それにたちはだかるさらにもう一つの、もっとこちらの意気をくじくような、方法論上の障害が現れるかもしれない。それは、自分の属する社会とはちがう社会の——まして自分にとって「他者」である社会の——皮膚感覚や心の内部に入りこむことなど、とうてい不可能ではないか、という考えである。「視点の文化人類学化」（プロローグ参照）から論じられることであるが、古代ギリシア人はその文化において、われわれにとってどうしようもなく異質であり、絶望的なほどによそよそしい人々であった。それはちょうど、現代のいわゆる未開諸民族がそうであるといわれるのと同じような意味である。その上、古代ギリシア人の言語はすでに死滅したものであり、また視覚に訴える形で残っている彼らの図像はことごとく、理解不可能であるか、あるいは少なくともわれわれのことばに正確に翻訳することが不可能であるか、どちらかなのだ。

私はこうした解釈の戦略の背後にある衝動に、深い共感を覚える。ローマ、ルネサンス、啓蒙主義、ロマン主義におけるわれわれの先輩たちは、ついこの前まで、古代ギリシア人をわれわれと本質的に同じものであり、それゆえわれわれの文化の基本的な特徴に先行しそれを正当化するものだとして、他の同時代の古代諸民族（たとえばフェニキア人やエジプト人）と対照区別して、崇め奉ってきた。この解釈の戦略の称賛すべき意図とは、古代ギリシア人を他者としてつきはなし、そしてこのように崇められてきた彼らの化けの皮をはがそうとすることなのである。ギリシア人がもつ心性と文化の諸側面の中には、このように彼らを他者とみなす基本姿勢をもたなければ、不快なものとしてわれわれに印象をあたえるものがいくつもあるはずだ。そうした不快とされる側面の背景に横たわる暗黙の前提に目を開かせてくれる点でも、ギリシア人を他者としてつきはなすやり方は、おそらくとりわけ有益だろう。たとえば、西欧論理学と政治社会学の創始者であるアリストテレスのような思想の巨人が、女性や奴隷の自然の本性について実際に彼がもっていたあのような意見を（本書第四、六章）、それも熟慮の上で、どうしてかりそめにも心に抱くことが可能であったのだろうか。いずれにせよこのような、一見すると逆説に見えるものを理解するためには、哲学者や知性史研究者たちが解釈の寛容と呼んでいるものを、たしかにおしみなくたっぷりと適用しなければなるまい。

しかし他方で、他者としてつきはなす戦略というものは、もっとも論理的につきつめた極端な形になると、誤謬に陥るように私には思われる。たとえばヴィクトリア朝時代のイギリス人は、さまざまな基本的文化面で、われわれにとって異質でよそよそしいものといえないだろうか。にもかかわらず、われわれが彼らの文化を理解しがたいものとしてあつかうことは、われわれの信念からしてありえない。ようするに、「われわれはみな古代ギリシア人（あるいは、アテナイ人）である」というのは——そう信じたがる古典学者たちがあまりに多いように思われるのだが——事実に反するし、古典ギリシア文化というものが全体としても基本的な個々の細部においても、深い異質性を湛えるものではあるのだが、にもかかわらず、われわれがそれを共感をこめて理解することは可能なのである（エピローグも参照）。さらにいえば、異質な思考様式を探求することが歴史学者の使命の本質であるとするならば、両極対立という概念は、古典ギリシア人の文化と心性を探求するために有益な見取り図と羅針盤を提供する。だがヘロドトス的なヒストリアの精神にしたがうならば、われわれはたんなる探求を超えて、なんらかの説明が得られるよう努めなければならない。そこで、ヘロドトスとトゥキュディデスにおける、神話と歴史とのダイナミックな緊張関係を議論することから出発するのが適当であろう。

第二章　過去を創造する——歴史対神話

探求（ヒストリア）から生まれる知識を授けられた人は、幸いなるかな。
（エウリピデス断片九一〇）

古代の歴史家たちは、事実の形をとった喜ばしいフィクションをもたらした。現代の小説家が見せるものは、フィクションをよそおった退屈な事実である。
（オスカー・ワイルド『虚言の衰退』）

歴史対フィクション

古典ギリシア人が称賛を浴びるのは、他の追随を許さぬ文化的先駆者として数多くの功績を上げたゆえであるが、その中でも、歴史の発見は名誉ある地位をしめている。ヘロドトスが「歴史の父」と称されるのは、キケロ以来の呼び慣わしであるし、またトゥキュディデスが歴史の女神の寵児であることは、ルネサンス以降、フィレンツェのグィッチャルディーニからマコーリー、レオポルト・フォン・ランケ、サー・ロナルド・サイムにいたるまでの幅広い歴史家たちによって、是認されているところである。

この場合「歴史《ヒストリー》」が意味する内容は、さまざまに解釈できよう。しかし通念からすれば、歴史ということばには、誰もが認めざるをえない、ほとんど神聖不可侵な真実の極致といったニュアンスが含まれているものである。その真実を探求するために、証拠・論拠・客観性・正確さなどといった指標が論争の焦点になり、歴史記述は厳密な検証と批判とにさらされる。いいかえるならば歴史的真実とは、意識的な虚偽の主張という意味でのフィクションの対極に立つアンチテーゼであり、またそうあるべきだとされるのがふつうなのである。

だがその一方で、こういうふうに白か黒かと完全にわりきってこの問題を考えるものではないとする意見も多い。私もその一人だ。だから今その理由を簡単に説明せねばならないが、それにはことの源流にさかのぼり、問題が多いにもかかわらずわれわれが今日用いている真実・フィクション・歴史という言説の根源にさかのぼらねばなるまい。ということはとりもなおさず、紀元前五世紀後半のギリシアへ、それもより具体的にはアテナイという都市へと立ちもどってみるということである。後で議論するように、ギリシアに歴史記述の起源があるとする標準的な見解にはたしかに一定の長所もあるが、しかし問題ははるかに複雑であって、単純に真実対フィクションという対立関係で把握しきれるものではないのである。とくに、もし古典期ギリシアの歴史家たちの作品を、ギリシア人の自己認識と自己証明に関する真実を伝えているものとして読みたいのならば、まずは歴史対フィクション、あるいはギリシア人のいい方にしたがうならば歴史対神話という対立関係の、一連のさまざまな形態を調べてみなくてはならない――この対立関係には、それ自体一つの歴史があるからである。

さまざまな定義

「歴史」にせよ「神話」にせよ、どう見ても多義的な用語である。「神話」という語の場合、納得のいきそうな定義をあれこれ考えだせば、とても二つや三つではおさまらない。だが他方、「歴史」という語の多義性をうんと単純化するならば、「過去のできごと」という意味と、「過去のできごとについての体系的な研究および記述」という意味との間の区別に集約されよう。この区別をはっきりさせるため、後者を「歴史記述《ヒストリオグラフィ》」と呼ぶこともある。

問題は、この双方の意味内容の区別が、原理の上では十分明白であるにもかかわらず、実際上は絶対的なものでないということである。過去において実際に何が、どのように起こったのかということを、あますところなく何から何まで把握し、あるいは再現するということは、想像の上でも記述の上でも絶対に不可能だし、そのような試みはいずれにせよ無意味でもある。なぜなら、過去の事実とはすべてが同等の価値をもつわけではないから。ありていにいうなら、ただたんなる事実——たとえば私が今この本を書いているという事実——というのもあれば、歴史家やその読者たちによって歴史的に有意義と判定される事実もあるわけである。

ようするに歴史家たちが歴史を書くということは、過去のできごとをそっくりそのまま再現するという意味ではない。なぜならまず、それがたんに事実上物理的に不可能であるからであり、また過去の事実はすべてが平等の価値をもって生起したわけではないからである。むしろ歴史家たちは、それぞれ自分独自の、取捨選択された、しばしばたがいに非常にことなった複数の過去を創造するものなのである。この限りにおいて私は、「歴史記述とは文学的作為である」というヘイドゥン・ホワイト（White 1978）の考えに同調する。そして歴史記述はその性質上、本来暫定的で条件つきのものだという見解を是とするものである。

しかしだからといって、真実の歴史とフィクションとの間に原理上の区別が存在しないということには、かならずしもならない。たしかに歴史記述には歴史家の考えがいやおうなしに介入し、その主観を免れることはできない。しかしそれを別にすれば、歴史記述の諸条件が許す範囲で、できうる限り（自己に対する批判も含めて）批判的であり、特定の価値観にかたよらず、正確で納得のいく説明を与えてくれる歴史であれば、あくまで真実の歴史と呼んでさしつかえないからである。それゆえ私は「歴史とフィクションとの境界」を、「開かれたもの」（ギアハート Gearhart 1984）と見なした方がこのましいように思う。この境界は正確に線引きすることがしばしば困難で、また目的によっては、そうすることがはっきりと有害である場合があるからである。

一方、神話をどう定義するか、どの物語、説話、叙述（あるいはそれらのどのタイプ）が神話的であると決めるべきかという問題も、さかんに論じられている。議論の出発点として有用なのはウォルター・バーカートの定義である。それによれば「神話とは、集団にとって重要ななんらかのことがらについての二次的で偏向した言及をともなう伝統的な説話である」（Burkert 1979: 23）。「伝統的な」という条件は、話を語る中での創作を排除するものではない。事実、語りとは創作と再創作のたえざるプロセスなのだから。しかしながら、神話固有の物語がもつ基本的な筋書きないしテーマが、共有財産もしくは共同体財産となり、そして原因論・正当化・訓戒・みせしめ・象徴のいずれであれ、なんらかの集団的目的ないし機能を果たすためには、それ相応の安定性と意義とを備えていなくてはならない。どんなもの（人）でも神話化することは可能であるが、なんらかの集団的意義および永続的な社会的利害または関連性をもつものでなければならない。なぜなら神話とは、それが他にどんな作用や意味をもつにせよ、「過去に現在をつなぎとめる」（コーエン Cohen 1969）ものなのだから。したがって神話とは、それが何を表現していようと、あるいは神であれ人間であれ何を主題としていようと、その表現・主題とは別次元の、しばしば逆説的な数えきれぬほどの意味が付加されるような、伝統的な物語のことであるといえよう。

さて古典期ギリシアに関する限り、おそらく論争点の一つとして考えられるのは、民衆的ないし大衆的文化と、エリート的ないし高尚な文化とを区別することが正当、もしくは有用かどうか、ということであろう。たとえばパルテノン神殿やアイスキュロスの『オレステイア』は、たしかに神話の伝え手ではあるが、民衆文化とエリート文化とを同時に伝える媒介物であったこともたしかである。

しかしながら古典ギリシアから今日われわれに伝えられている神話の数々は、文字に書かれた文学作品か、あるいは視覚芸術作品かの、いずれかにしか見いだせない。前者は、多かれ少なかれ秀逸な文学たらんことをひたすらにめざしたものであるし、後者にしても、文字通りにせよ比喩的にせよ、高度に磨き上げられ洗練されたものであることはまちがいない。このことはヘロドトスの場合においてさえも、あるいはヘロドトスの場合であればなおさら、しっかりと念頭に置かなくてはならない。なぜならヘロドトスの場合、自分の物語を最初に公にしたのは口頭による朗読によってであったから、聴衆の前で演じる物語（ギリシア語ロゴスの一つの意味）という芸術は、芸術ではないかのようによそおいながらも、まぎれもない芸術だったからである。

歴史としての神話

定義をめぐる問題はここまでとしよう。なにしろこれは果てしない論争をともなうものだから。さて次に試みたいのは、歴史と神話という両義的な二概念の関係として考えられるいくつかの形態を考察することである。その際、「歴史としての神話」、「歴史の中の神話」、そして「神話対歴史」という三つの項目にしたがってみたい。これら三項目の順序の背後には、ある種の論理が存在する。それをこれから明らかにできればと思うのだが、ただしその論理とは直線的進化ということではない。

ここで焦点になるのはヘロドトスとトゥキュディデスの著作であり、考察の対象となるのはアテナイである。どうしてアテナイに焦点を合わせるかというと、前五世紀のアテナイはギリシアのポリスとしてはいろいろな意味できわめて例外的な存在だったにもかかわらず、その神話と神話体系は、その反対に、たいへん典型的なものだったからである。しかし、だからこそ、「歴史」と呼びうるものがギリシア神話という母体の中から結果的に出現したという事実は、なおのこと驚くべきことであり、そして問題をはらむものになるばかりである。換言すれば、驚くべきことであり説明が必要とされる問題とは、ギリシア人が歴史を発明するまでにあれほど長い時間がかかったということではなく、むしろ、洗練・卑俗、宗教的・世俗的をとわずおよそギリシア文化の中に、神話というものが圧倒的なまでの存在と権威を占めていながら、なおかつそのギリシア文化の中からギリシア人が歴史を発明したという、そもそもの事実なのである。

フィンリーはこう述べる。「歴史の父たちが仕事を始めたころの時代的雰囲気は、神話の中にどっぷりと浸っていた。事実、神話なくしては彼らの仕事はけっして緒につかなかったことであろう」（Finley 1986c: 13)。ここで具体的にフィンリーが念頭においているのは、プロメテウスやヘラクレスといった神あるいは半神の文化創造英雄が登場するたぐいの口承伝説とか、トロイア戦争の神話、その他である。こうした神話は、いわば「歴史的な」神話とでもいうべきもので、それをよりどころにしてギリシア人は、数え切れないほどの過去のデータの中から、現在において有用な意義をもちうる「事実」をえり分けることができたというのである。

フィンリーの論点をさらに敷延してみよう。ヘロドトスはペルシア戦争をテーマに選び、その起源・展開・帰結を物語り、説明した。その際おそらく彼が用いた材料は、事実上すべて口承伝説という広い意味での神話（ギリシア語のミュトイがそれに相当する）であったといえよう。トゥキュディデスでさえも、アテナイにおける完全民主政の発展にともなう公文書化の進展を目のあたりにしていたにもかかわらず、本質的には口承伝説と口頭による証言になお依拠していたのである。

ヘロドトスは自分の歴史記述の方法を――そしてまた、おそらくただ一度だけではあるが（七巻九六章）、その方法によってもたらされた結果をも――ヒストリエ、すなわち「探求」と呼んだが、このことばには特別な概念が負わされている（後述、「神話対歴史」を参照）。ヘロドトスの探求の対象となったものは、さまざまな種類の口頭による証言であり、さまざまな様態によってさまざまな種類の伝え手が彼に陳述した複数の伝承であった。たしかにギリシア人は、おそくとも前八世紀なかば以降アルファベットを用いるようになり、また前六五〇年ごろからは恒久的な形態で「文書」を碑文に刻むようにはなっていた。グッディーとワット（Goody and Watt 1962/3, 改訂版 1968）の理論によれば、アルファベットによる識字能力の獲得は、必然的結果として、過去に対する批判的な態度と、それを信頼するに足る、不変の、論争の余地のない文書という形で定着させようという関心とを生みだしたという。しかし、それにもかかわらず、やはり古代ギリシア世界は前五世紀にいたるまで、いや事実それ以後も、本質的には依然として口頭による言説が支配する世界であった。

歴史記述を目的とした口承伝説の研究、いわゆる口承史研究は、ここ最近二〇年ほどの間に一種の成長産業のようになった観がある。それはアフリカ研究者のみならず、たとえばロンドンのイースト・エンドなどを研究する歴史家においても見受けられる。その研究方法は、さまざまな可能性をはらんでいるかのように期待された。たとえば公式の記録を訂正したり塗りかえたり、あるいは無文字文化もしくは半無文字文化の状態にある共同体の過去について、ことによると信頼できて立証可能な「事実」をもたらすかもしれない、という可能性である。ところが、そうした可能性を期待した当初の興奮がさめてみると、現代の口承史研究者たちは、うんざりするようなある真実を認知せざるをえなくなった。あるいはむしろ、それは再認知というべきかもしれない。というのも、この真実は一世紀以上も前に、近代における古代ギリシア史の草分け的存在、ジョージ・グロートがすでに完璧なまでに明らかにしたことだからである。彼の次の問いかけは、けだし至当ではないか。「現在の現象を記録する手段をもたず、その必要性も認識しない社会が、過去の現象について正確な知識をもちあわせているなどと、いったいいかなる論理的整合性をもって期待できるであろうか」(Grote 1873: 87)。

むしろ事実は、その逆である場合が多かった。「事情に通じて」いたいという願望、無知を認めたがらない態度、そして当該集団において支配的な宗教的・政治的・審美的感情に合致するものであればなんでも信じようとする心的傾向、などの社会心理学的諸要因から、人々はまったくのフィクションを安易に信じこみやすいものであり、また事実信じこんだのである。そして今度は、その信じこまれたフィクションが、正確だが誇張された事実としばしばからまりあうようになった。そしてついに、たとえ専門家であれ外部の観察者はいうにおよばず、当該社会に生まれた当事者でさえ、どれほど熟達した能力をもっていても、口承伝説におけるフィクションと事実のからまりあいをときほぐすことなど、とうてい無理だということになってしまったのである。

ヘロドトスの『歴史』第六巻には、こうしたたぐいの、人間界のことにかかわる、ある神話が存在したことをほのめかす記述箇所が、二つ出てくる(それがきびすを接して現れるのは偶然ではなかろう)。アテナイの過去のできごとを伝えるこれらの神話は、アルカイック期(前七—六世紀)に誕生し、古典期の前五世紀に生きたヘロドトスに伝承されたものである。

その第一のものは、アルクメオン家〔訳註7〕についての彼一流の脱線話である(六巻一二五—一三一章）。全部を引用するには長すぎる話であるが、前四九〇年のマラトンの戦いの際にアルクメオン家が味方を裏切る行為をしたのではないかという非難に対して、これまた彼一流の（というより悪名高い）やり方で弁護するくだりからこの脱線ははじまる。ここで興味を引かれるのは、その非難が真実であるかどうかとか、ヘロドトスにこの話を伝えたのが誰であったかということではなく、ヘロドトスによって輝くばかりに磨きをかけられたこの話の脚色案のもとになった伝説が、どんな本質と機能を備えていたかである。というのもアルクメオン家にまつわるこれらの神話は、明らかに多くの機能を備えたものであり、それゆえ語り手の必要に応じて、操作や差異的な誇張を受け入れる余地のあるものだからである。それらの機能とはすなわち、原因論的機能、正当化論的機能、みせしめ的機能、そして象徴的機能である。

まずこれらの神話の機能が原因論的であるのは、そもそもこの脱線話自体の表向きの役割とは、アルクメオン家がなぜどのようにしてあれほどのアテナイの名家になったかを説明することだからである。また正当化論的であるというのは、アルクメオン家やアルクメオン家の縁戚につらなる者たちの中には、ヘロドトスと同時代もしくは近時代の有力で著名な人物たちが含まれるからである。たとえば、ヘロドトスのことばを借りればアテナイに「民主政を樹立した」（前五〇八／七年）というクレイステネスとか、アルクメオン家出身の母をもつペリクレスなどがそうであった。

またみせしめ的であるというのは、道徳的・社会的・政治的意味合いにおいてである。昔ある国の僭主がまる一年以上かけてコンテストを催し、誰が貴族として一番優秀かを競わせたという。優勝者には僭主の娘アガリステがめあわせられるという約束であった。前五七五年ごろのことである。有力者が結婚適齢期の女性を政治的な取引き材料に利用すること、そして男たちが彼女たちをめとるべく競いあうことは、当時正当と認められていたのである。だが優勝したのは、クレイステネスの父であった。それは一つには、競争相手の道徳的義務不履行が原因だった。つまり彼の主たるライバル（この男もアテナイ人であった）が社交上の礼節と自制心に欠けることをはしなくも露呈してしまい、ホストである花嫁の父の寛大なる歓待にあだをもって報いてしまったからである（これはホメロスに描かれたパリスや、ペネロペイアへの求婚者たちの話の本歌取りである）。

最後に象徴的であるという理由は次のとおりである。この家系の名祖《なおや》アルクマイオンは、リュディアのクロイソス王がくれると約束したリュディアの砂金を、自分の身体と衣服に空いているすきまというすきまに目一杯詰めこむというやり方で富豪になった、とこの伝説は伝える。この話は、ギリシア人のメティス（「抜け目ない賢さ」）が東方の異民族の君主の懐に打撃を与えたということを、象徴的に物語るものといえる。

ここには、ギリシア人対異民族という両極対立が顔を出している。この両極性をさらに探求しているのが、「歴史としての神話」が現れる第二のヘロドトスの記述である（六巻一三七―四〇章）。それはある次元においては、文化人類学者ブロニスラフ・マリノフスキーが「憲章神話《チャーター・ミス》」と名づけたものの典型例である。なぜなら、ヘロドトスがここで提示している形態の説話は、アテナイ人にレムノス島の力ずくによる領有を合法化するような憲章（特許状）を提供しているからである（この領有は前五―四世紀の大部分をつうじて維持された。アテナイ人がレムノス島を決定的に重要視したのは、それがアテナイの過剰人口を送りだす植民地であり、またそれ自体穀物の供給源であり、さらには南ロシアからペイライエウス港［訳註8］への穀物輸送路上の戦略的中継地だったからである）。しかしこの説話はまた、その他のアテナイの関心事にも言及しており、そのなかでも民族的および性的アイデンティティの形成という問題は、次の二つの章でそれぞれあつかうことになるだろう。

さてヘロドトスが語るその物語は、時代を超越した太古の過去に、非ギリシア人であるペラスゴイ人〔訳註9〕の一部がアッティカより追放されたところからはじまる。追放の事情について、ヘロドトスは二つの相反する伝承を紹介できる立場にあった。一つはアテナイ人が伝えているとされる話であり、もう一つは反アテナイの立場に立つ、原初的歴史家とも呼ぶべきヘカタイオスによる伝承である（ヘカタイオスについては「歴史としての神話」から「神話対歴史」への移行に関連して、のちにもう一度言及する）。ついで話の舞台はレムノス島に移り、ことわざにもなった「レムノス的所業」、すなわちかつてアッティカの住民だったがのちに追放されたペラスゴイ人の男たちが犯した罪について、ヘロドトスは説明する。この男たちは、追放された後で住みついたレムノスからアテナイにもどって来ると、女だけの祭りであるブラウロニア祭〔訳註10〕にまぎれて、アテナイ人の女性たちをブラウロンからかどわかした。その後彼らは、彼女たちに生ませた息子たちとその母たち自身をも殺したというのである。

無辜《むこ》なる者を殺戮するという、神をも恐れぬ所業の結果として、その後レムノスは自然災害にみまわれた。穀物は育たず、牛は仔を産まなくなってしまったのである。そこでペラスゴイ人はデルフォイの神託を仰ぎ、罪のつぐないとしてアテナイ人に、いかなるものでも彼らが要求する代償を支払えとのお告げが下された。だがこの託宣は、ペラスゴイ人にはしたがいかねるものであった――それも道理で、アテナイ人が要求したものとは、ほかならぬレムノス島全体だったから。それゆえ、ミルティアデス〔訳註11〕が前四九〇年代にこの島を奪取したのは完全に正当であり、アテナイ人がそれ以降島を領有し続けたのも、同様に正当なものであった、という話である。

これと織りあわされる形で、他にもいくつかの伝承が知られている。それらの伝承は、アテナイ人（つまりアテナイの成年男子市民）が、古典期アッティカにおける自国での自分たちの地位と社会関係に対して、どのような認識――と懐疑――を抱いていたか、という問題により直接かかわってくる。他の文字史料によれば、ペラスゴイ人はギリシアの原住民であったという。ヘロドトスが他の箇所（一巻五六章など）で、ペラスゴイ人の民族的・言語的帰属について混同と曲解を行なっていることから見ると、彼がペラスゴイ人原住民説という広く流布した見解をまったく十分に意識していたことは明らかである。しかし他方でアテナイ人もまた、自分たちこそアッティカ原住の、というより土着の生え抜きたちからなる政治共同体であるという、決定的な自己認識をもっていた。つまり、アテナイの原住民はアッティカの土から生まれたのであるとする主張である。それゆえ、こうしたアテナイ人の神話形成の要請と合致するためには、アッティカに住んでいたというペラスゴイ人は、じつはもともとアッティカに居住するよう外から招かれたのだ、ということにならねばならなかった。これは非常に手の込んだ筋立てで、アテナイ人が何ゆえ外来者に対して寛大なもてなしを行なうのかを説明する神話にもなっている。というのも、古典期のアテナイ人は、自分たちが土着の民であることのほかに、外来者に対して寛容であることをも、市民の特性として鼻にかけるのが常だったからだ（ただしその一方で、アテナイ人は外人がアテナイ市民権を獲得することを、厳重にさまたげたのであった。本書第五章）。

以上に述べたものにおとらず重要な、ヘロドトスにおける第三の神話の系譜は、労働の分業と子供の嫡出性にかかわる両性間の諸関係を掘り起こしてみせるものである。アテナイ人の伝承にしたがうならば、ペラスゴイ人がアッティカから追放されたのは、彼らが恩知らずかつ野蛮にも、アテナイ人の娘たちを常習的に強姦していたからであった。ペラスゴイ人がこんなことに淫する機会があったのは、当時自由人の女性たちは、（今では）奴隷の仕事となっている井戸の水汲み仕事に従事していたからだという［訳註12］（また、アテナイの女性たちがこの太古の時代には、まだ後世におけるほど家の内部で厳重に保護監視されていなかったこともその一因であった。これは話の読み手には、いちいち説明するまでもなく自明のことであった)。

さて追放されたペラスゴイ人はいったんレムノス島に住みつくと、すでに見たとおり、その後アッティカにもどって来て女だけの宗教祭儀であるブラウロニア祭の神聖を冒瀆したのであった。しかしながらこのときレムノス島に連れ去られて強制的に妾にされてしまったアテナイの女性たちは、のちに痛烈なやり方でその仇を討つ。すなわち、まさしくギリシア的メティスによって、彼女たちはペラスゴイ人とアテナイ人との混血の息子たちに、アッティカ方言のギリシア語を話すようしつけ、その結果彼ら混血児たちが、やがては純血ペラスゴイ人の男子たちの生得権を強奪するのではないかという脅威が生まれたのである(なぜなら、女性も含めてすべてのアテナイ人は、非ギリシア人のペラスゴイ人よりも賢いものだと人々は了解していたから)。

この話に現れているギリシア人対異民族の対立関係、および男女の役割の逆転というテーマに、特別な政治的意味づけを加えたのは、前四五一/〇年のペリクレスの市民権法の成立ではなかったか、と私は考えている。なぜなら同法は、子供が将来アテナイ市民になるためには、父親のみならず母親もアテナイ人であらねばならぬと定めているからである。実際神話の中で、アテナイ人女性をこのようにまるきり好意的に描くのはじつに例外的なことなので、こうした法外とも見えるような政治的な説明でもしない限り、つじつまがあわなくなると思われるのだ(くわしくは本書第四章参照)。

それゆえ、このヘロドトスが語るレムノス島をめぐる説話の中には、ある種の神話の、この上なく格好の実例が見いだされるのである。この神話は、伝統と革新とを組み合わせ、両極対立をとおして民族的団結を強化するとともに、市民権と性的役割分化をめぐる矛盾を調停しようとし、それと同時に、重要な外国の領土を奪取し、領有するのを正当化する特許状を提供する。物語の内容が歴史的事実に照らして真実であるかどうかは、ここでの論点の外にある。

歴史の中の神話

このようなわけで、ヘロドトスが仕事にとりかかろうとしていた時代の雰囲気には、この種の神話がすみずみまで満ちていた。とするならば、近代の専門的な意味におけるような「歴史」——批判的で、利害にかたよらず、客観的で、正確で、説明的な歴史——の誕生にとって、その前兆はかならずしも好ましいものではなかったことになる。たとえあらゆる歴史記述というものが、一般に思われているような科学性をもつものではなく、ゆるやかな開かれた境界をもつ存在だということを強調したとしても（そして私自身そう強調したいのだが）、この事実に変わりはない。にもかかわらず、やはり少なくとも「歴史の原型《プロト・ヒストリー》」とでも呼びたくなるようなものが出現したこともまた、事実なのである。それがなぜ、どのように起こったのかは、本章の最後の節でふたたび論ずることになろう。

しかしここではまず、「歴史の中の神話」というものを考察し、そのために三つの事例について考えてみようと思う。いずれの事例にも共通するのは、神話という言説に訴えることによって、純粋に歴史的な事実の経過に影響をおよぼそうという試みがなされている点である。そうした試みのすべてがうまくいったわけではない。だが重要なのは、神話の言語とイデオロギーに訴えるこの方法が、実際に成功したかどうかということではなく、それがいかにも無理のないやり方だったということである。というのもそのことは、ヘロドトスやトゥキュディデスがかかわっていた思想界で、神話がその雰囲気をすみずみまで満たしていたことを裏づけるし、それゆえまた、「歴史としての神話」もしくは「歴史の中の神話」の段階から、「神話対歴史」の段階への突破という、彼らやその読者たちがなしとげた事業が、どれほど困難なことであったかがそこから確認されるからである。

三つの事例のうち二つは、同一の神話に関係する。これまた、例のアルクメオン家の豊富な伝承に由来する神話である。前五〇八年と前四三二年の二度にわたりスパルタは、「アルクメオン家は呪われた家系だ」という伝承をもちだした。これに触発されてヘロドトス（五巻七〇―一章）とトゥキュディデス（一巻一二六―七章）は、同家に代々伝わる宗教的呪詛［訳註13］をどう理解するかについて、それぞれ叙述を展開しているのだが、トゥキュディデスは先達であるヘロドトスの記述を詳細に批判訂正している。たしかにこの呪詛なるものの起源の真相がなんであったかは、ことの起こりから二〇〇年もたった後では知るすべもない。だがトゥキュディデスがヘロドトスの記述を批判訂正したということは、（ロマン的で虚構である）神話と（真実の）歴史とを峻別する、いわゆる科学的歴史記述の発展を意味するものであることはまちがいない。しかしながら、もっとも示唆的なのは、スパルタがアテナイとの国際関係において、プロパガンダと説得の武器として、神話を二度までも利用したという歴史的事実なのである。なぜならこのことは、古典ギリシア人の心性という本書の主要なテーマに、明らかにかかわるものだからである。

前五〇八年におけるこのスパルタの策謀は功を奏し、「呪われている」とされたクレイステネスとその一族および支持者は、（ごく短期間であったにせよ）アテナイから追放された。この好結果に促され、保守的なスパルタ人が七五年ほども後になって、ふたたびこの手を使おうと試みたとしても無理はない。だがこの前四三二年の場合、トゥキュディデスによれば、この呪いの話をもちだす大義名分としてスパルタ人がかかげたのは、たんに神々への尊崇の念ということだけであった。スパルタ人の信心深さはつとによく知られ、またたしかにそれは純粋であったにもかかわらず、トゥキュディデスはこの大義名分を一笑に付し、そして独自に彼一流の世俗的で合理的な説明を与えた。つまり、スパルタ人は本音ではペリクレスを不人気にしようとねらったにすぎない、というのである。

だがしかし、かりにそれが真の目的だったにせよ、アテナイ人は「呪われた者たち」を放逐すべし、というスパルタ人の要求を権威づけた言外の論理とは、父祖の犯した罪けがれは子々孫々にふりかかるものだという、当時のオーソドックスな宗教上の観念にほかならなかった。ヘロドトスがこの観念を抱いていたことはたしかであるから（たとえば七巻一三七章）、大多数の一般アテナイ市民がそれを信じていたということもまた、かなりたしからしい。のちにペロポネソス戦争開戦の責任論をめぐって、アルクメオン家の縁者ペリクレスを非難する声が、アテナイ市民の間にも高まってゆくのだが、このときの心理的起動力となったのが、スパルタ人によって神話形成的にもちだされたアルクメオン家の呪いという論法であったと思われるのである。トゥキュディデスはこの起動力を過小評価しているが、それは不当というべきであろう（くわしくは本書第四章参照）。

「歴史の中の神話」の事例としてあげる次の事例は、前四七九年プラタイアイの合戦場でアテナイとテゲアとの間にたたかわされた、布陣の優先順位をめぐる論争である（ヘロドトス『歴史』九巻二六―八章）。これはまた、「歴史の中の神話」から「神話対歴史」への懸け橋としても使える事例である。さて話の内容はこうである。アテナイ人とテゲア人は、ギリシア連合軍の戦列の中で最左翼に布陣する権利が自分たちにあることをそれぞれ証明するべく、双方ともに、神話の形で表現された先例を事実であるとして援用した、という。このこと自体の中には、本質的に信用しがたい部分は何もない。なにしろこの援用法は、前四世紀のアテナイの弁論においてもなお標準的な論法であったのだから。

だが他方、ヘロドトスがここで創作している双方の演説は、あらゆる詳細な特徴から見て、とうてい真正のものとは見なしがたい。まずヘロドトスは、ここで一種の時代錯誤を犯している。なぜならここで彼は、アテナイの葬送演説のような公的弁論のジャンルから、弁論上のトポスや修辞句を応用しているが、こうした公的弁論は、前四七九年より後の時代になってはじめて定型化されたものであるにもかかわらず、それを前四七九年という古い時代の文脈に逆投影させてしまっているからだ。のみならず、ここでのアテナイ人の定型どおりの弁論の中には、はからずもその弁論の出所がヘロドトス自身の歴史意識にあることをまぎれもなく露呈する、ある特徴が見うけられるのである。

ここでアテナイ人の演説者が布陣の優先権の根拠としてあげているアテナイの過去の功績の数々というのは、かならずしもみな一様に確たる史実にもとづくものとは限らない。むしろここに登場するアテナイ人は、(アテナイ人が英雄的にアマゾン族を撃退したりトロイア戦争を戦ったりしていた)おぼろげではるかなる過去と、(前四七九年のこととされる)現在とをはっきり対照区別するのである。その根拠とは、「かつては勇敢だった者たちでも、今日にいたるまでの間に容易に道徳的に劣ったものに成り下がるからである」ということであった。もちろんアテナイ人の演説者は次のように急いでつけ加えている——この場合、アテナイ人はそのように堕落してはいない、わずか一一年前のマラトンの戦いでのアテナイの勝利を見よ、と。

ヘロドトスが模範としたホメロスも、一見すると似たような対照をいにしえの人間と現在の(堕落した)人間との間に行なっている。だが、その対照自体、連続した単一の英雄時代の中にそっくり含まれるものであった。しかしながらヘロドトス描くところのアテナイ人がいわんとする対照とは、英雄たちの時代すなわち神話時代と、人間の時代すなわち歴史時代との間に存在するものである。この対照をヘロドトス本人が、自分の意見として語る中で明らかにしている箇所が、これより前のくだりにある。三巻一二二章において彼は、海上覇権を握っていたとされる伝説上のクレタ王ミノスおよびその後継者たちと、たしかに実在し、まぎれもない人間であったと考えられるサモスのポリュクラテスとの間に線引きをしているのである。ポリュクラテスはヘロドトスによれば「いわゆる人間の世代（アントロペイエ・レゴメネ・ゲネエ）」の最初の人物であり、ヘロドトスは彼がたしかに海上支配者であったことを知っていたのである。

神話対歴史

だがヘロドトスはどのようにしてこのことを「知った」のだろうか。そしてなぜ彼は、ミノス王が実在の人間であることや海上支配を行なっていたことを、事実であると断言しようとはしなかったのであろうか。ここでわれわれは最後の組み合わせ——もしくは両極対立——である、「神話対歴史」の問題にうつることにしよう。ヘロドトスはこのことを（他の多くのことがら同様）、ヒストリエ（探求）の結果として、知ったのである。ヒストリエの誇らかな宣言は、次の序文の中に見てとれる。「これはハリカルナッソスのヘロドトスによるヒストリエの開陳（アポデクシス）である」。このヒストリエというたった一つの語を用いる中で、ヘロドトスは根本的に新しい形態の知的活動にしたがうことを宣誓した。と同時に、ここで彼はある知的伝統への帰依をも宣言している。その伝統は、ヘロドトスが生まれる一〇〇年も前にタレスやその弟子たちの活躍していたミレトスで誕生し、そしてヘカタイオス（前五〇〇年ごろ活躍）をとおしてヘロドトスに伝わったのであった。ヘカタイオスもまたミレトス人であったことは、偶然ではない。

そもそもギリシア史の初期にあっては、じつに前四世紀にいたるまで、ミュトスとロゴスとは、あたかも一方が未開で論理以前であるのに対して、他方が合理的なものであるかのような、二つのことなるタイプの言説ではまだなかった。また学問研究の分野としての神話学なるものは驚くほど新しく、ようやく十八世紀に作られたものである。それゆえタレスやその後継者たちのなしとげたことを、ミュトスからロゴスへの根本的な知的転換とか、神話的思考から科学的合理性への転向と見なしては、時代錯誤になるというべきであろう。それどころか神話というものは、場合によっては、想像しうる限りでもっとも合理的な思考に形を与えることもある。つまり、ある事物に内在する不可解さや文化的反響を理解するために、神話のシンボリズムや寓意を用いた方が、きわめて合理的で適切な説明が与えられるという場合もありうるのだ。だが、その一方で、神話に対する知識人の態度が、たとえばヘシオドス（前七〇〇年ごろ）などの時代からヘロドトスの時代にいたるまでに、なんらかの変容をこうむり、その結果いわゆる「ギリシア人の歴史的精神」（スター Starr 1968）が覚醒したのも、またたしかである。J＝P・ヴェルナン（Vernant 1983b: 351）は、この知的発展をことのほか的確にとらえて、次のように述べている。

……思想の二つの大きな変容が認められる。一つは実証的な思考の出現であり、それはあらゆる形態の超自然的なものを排除し、自然現象を神々の手による作用であると暗に認めるような神話的思考を拒絶した。いま一つは抽象的思考の発展であった。これによって、現実世界において事象が変化する力というものを、神話による仮託なしに、説明することが可能になった。

究極のところ、ヘロドトスはヘカタイオスにならい、人間以外の自然界（フュシス）よりも人間世界の方により興味を抱いていたわけである。彼は、トゥキュディデスのように自分の知的範疇からあらゆる形態の超自然的なるものを追いだすことはしなかった。しかし、伝承説話の批判的検証をとおして人間界のできごとを探求（ヒストリエ）するという世俗的営みを、超自然的力に対する信仰心のゆえに手びかえようとも思わなかった（ロゴスということばのもう一つの意味がここでいう伝承説話であり、ヘロドトスはこれをミュトスと区別した。後述）。何よりも彼は、神ないし「神的なるもの（ト・テイオン）」の作用が、彼の探求における第一の最優先の目的と相反するとは考えなかったし、まして神がそれをあらかじめ禁ずるなどとは思ってもみなかった（くわしくは本書第七章参照）。その目的とは、序文の最後で彼が明言しているところによれば、「ギリシア人と非ギリシア人の異民族双方の偉大かつ驚異にあたいする功業（エルガ）に正当な評価を与えることであり、とりわけ彼らがたがいに争いあった原因（アイティエ）の説明（もしくは責任の糾明）を行なうことである」。

アイティエということばの意味をめぐっては、古くから熱心に論争が戦わされているが、最近では、なぜ物事が生起するのかを説明するためのなんらかの強力なモデルをヘロドトスがもっていたのはたしかであるとする議論が、ふたたび説得力をもって論じられるようになった。「ヘロドトスの前にヘロドトスなし」という一見同語反復的な見解（モミリアーノ Momigliano 1966a: 129）が、歴史記述のパイオニアとしてのヘロドトスの功績を適切に表現しているのは、とりわけこの理由による。

ヘロドトスが歴史と神話とを対立的に配置していたことを例証するために、ここでは三つだけ事例を示したい。第一の事例においては、ヘロドトスは従来の方法論よりもさらに先を行こうとして、「私」という人称代名詞を強調する彼特有の語り口で、その著作を次のように書きだしている。「ペルシア人の学識ある人々（ロギオイ）によれば、ギリシア人と非ギリシア人との衝突の責任は、フェニキア人にあったという」。この後四章にわたり、これに関係する神話が列挙されるのだが、「しかし私としては、それが事実だったかどうかについて深入りするつもりはない。むしろ私はクロイソスの話から始めよう。なぜならこの人物こそ、はじめてギリシア人に危害と不正をおよぼした人物であると考えるからである」（一巻五章三節）。

つまりヘロドトスが（多少の嘲笑的なユーモアをまじえて）いいたかったのは、「学識ある」と称するペルシア人の語る物語など信用できない、ということなのだ。この箇所ではそうではないが、第二巻では二箇所において、ヘロドトスはまさにミュトスという語を軽侮の意味を込めて用いている（エジプトに関して。くわしくは本書第三章を見よ）。著作全体の中でヘロドトスがミュトスという語を用いるのは、この二箇所だけであり（二巻二三章、二巻四五章一節）、しかもそのどちらも「ギリシア人たちの」神話だと明言していることにはたいへん深い意味がある（おそらく「ギリシア人たち」と複数形を用いながらも、ここではヘカタイオス一人を暗示しているのかもしれない）。換言するならば、ここに登場するのはいわば「科学的な」歴史家ヘロドトスであり、彼が主張したかったのは、自分が神話とはちがう新しい知的領域の主人であるということだったのである。

さてこれらミュトスという語の用例のうちの二番目とは、ヘロドトスが第二巻四五章一節でヘラクレスをめぐるギリシア人のミュトスを再録しながら、エウエテス（愚かしい）として退けているくだりである。さらにつけ加えれば、ヘロドトスが神話に対してとった批判的な態度を例証する第二の事例は、この用例とことばの上でいちじるしい相似関係をなす。というのも、彼は第一巻六〇章三節において、前六世紀アテナイの僭主ペイシストラトスが行なったとされるある謀略［訳註14］について物語るくだりで、軽侮の念をあらわにしているのであるが、自分の調査研究で見いだされるものとしてはもっとも「愚かしい（エウエテス）」行ない（プレグマ）であるとして、この謀略を非難しているからである。これは先のヘラクレス神話に対する軽侮の念と同じ理由による。つまりここで彼が愚かしいとして非難したのは、前六世紀なかば（前述のポリュクラテス登場の少し前）のアテナイ人が、あたかも自分たちは人の世のアテナイではなく、ホメロス歌う神話世界のイタケー島に生きているとでも考えているかのように、ペイシストラトスがオデュッセウスよろしく、アテナ女神自身にともなわれてアテナイに帰還したと考えたことに他ならなかった。アテナイ人は（おそらくはこの話を伝えた同時代のアテナイ人も含めて）、そんなばかな話を信じてしまったことを恥ずべきである――事実、すべてのギリシア人はすべての異民族よりもかしこいと考えられており、さらにそのギリシア人の中でもアテナイ人はもっともかしこく抜け目ないことをみずから誇っているのであればなおさらだ、とヘロドトスはいいたかったのだ。

もちろんそのヘロドトス当人にしても、ときにはわれわれの目から見ればとんでもない軽信と思われることを犯さなかったわけではない（たとえば一巻二一四章五節）。しかし大事なことはむしろ、彼がミュトスと、真の信頼に足るロゴスとの間に、原則として、ある区別ないし両極対立を設定していることなのである。事実他の箇所で彼は、自分のなすべきこととは（たんに）「語られたことを語ること（レゲイン・タ・レゴメナ）」にすぎず、彼自身がほんとうにその内容を信ずるかどうかは別問題だと述べている（七巻一五二章三節）。彼はそう述べることで、いわばあえて意図的に自分の背側面に予防線を張ったわけである。

神話に対立する歴史を例証する第三の、そして最後の事例に移ろう。それはヘロドトスと彼の主たる後継者であるトゥキュディデスとの、共通点のみならず分岐点をも、みごとに示すものである。アテナイ民主政のもっとも重要な憲章神話となったものとして、「僭主殺し（テュランニキデス）」と通称されたハルモディオスとアリストゲイトンの物語がある。というのもアテナイ人は、民衆自治という彼らの体制を、視覚的にも言語的にも、僭主政のアンチテーゼとして認識し、また表現していたからである。であるから、彼ら僭主殺しの最初に建立された群像が、前四八〇年にペルシア大王クセルクセスによってアテナイから盗み去られたという事件は、まさしく象徴的できごとであったばかりではなく、アテナイの民主派にとってはことのほかはらわたの煮えくりかえるような事件であり、それゆえ彼らは、ただちに代替像の製作を依頼したのであった。前四七七年、この二代目の像がアテナイのアゴラ（市民生活の中心地）に建てられたのは至極当然のことであり、死すべき人間の像としては、この神聖な公共の場に建てられることを当時許された唯一のものだったという。だがこのような例外的なあつかいが認められたのは、ハルモディオスとアリストゲイトンがその当時までに、もはや死すべき人間とは考えられなくなり、神話という魔法の杖の力によって、厳密に宗教上の意味での名誉半神（人間以上で完全な神以下の地位をもつ崇拝対象）に、すでに早くから姿を変えていたからであった。

ところが、歴史家ヘロドトスの目は、こうしたアテナイの民間口承伝説に欺かれたりはしなかったのだ。ペイシストラトス一族の僭主政治を打倒する上でもっとも功績があったアテナイ人とは、歴史的事実としては、ハルモディオスとアリストゲイトンなどではなく、クレイステネスひきいるアルクメオン家だった、と彼は冷徹に考察する（六巻一二三章）。そして、彼よりもさらに「科学的」な歴史家であったトゥキュディデスにいたっては、さらにそれを上回る態度を見せる。前四一五年の諸事件の経緯を叙述する本筋からら逸れてながながと過去を回顧する中で（六巻五三章三節）、トゥキュディデスは次のように述べる。ほんとうにペイシストラトス一族の僭主政を廃棄したのは、ハルモディオスとアリストゲイトンでも、そしてアテナイ民衆でもなく、スパルタ人であった。これは一般のアテナイ人も「口承伝説（アコエ）」から「知って（エピスタメノス）」いる、と。しかしながら、彼らは知らぬが、トゥキュディデスにはわかっていた事実があった。それは、厳密にいうなら、ハルモディオスとアリストゲイトンとは僭主殺しですらなかったということである。たしかにこの二人がある人物を暗殺して四年ほどたつと、僭主政そのものも打倒され、それゆえ彼らは讃えられて英雄視されることにはなった。だが彼らが暗殺した人物とは、当時在位中の僭主その人ではなく、その弟にすぎなかったから。ついでトゥキュディデスは、ヘロドトスより精力的で正確な探求（これをトゥキュディデスはゼテシスと呼ぶ。彼は慎重にも、ヘロドトスの手垢のついたヒストリエという語をけっして用いない）を行なうという力業を発揮し、それを補足すべく、アテナイのみならずヘレスポントス海峡のほとりランプサコスにある碑文文書までも批判的に利用することによって、ペイシストラトス一族終焉の真の歴史がどうすれば（彼のことばを借りれば）「再現」されうるか、またされるべきかをさらに踏み込んで証明してみせるのである。

今やこのような考証学的研究が可能になったということは、十分奥深い意義をもつ。たとえばこれにより、文字による情報伝達が歴史記述に影響を与えたことがまぎれもなく証明される。またこうした研究を、誤った考えにもとづく突拍子もない俗説を矯正するために行なう必要があったという事実も、それ相当になかなか意義深い。だがしかし「科学的な」歴史記述の再構成に成功したこのトゥキュディデスの輝かしい業績に関して、おそらくもっとも興味深く意義深いこととは、こうしたアルカイオロギア、すなわち「古代史」が、じつは彼本人にとっては、なんら本質的に重要ではなかったということである。なぜならトゥキュディデスはすぐれて現代史家であり、それがいかに聴衆の一時の楽しみにとってここちよいものであっても、古代のミュトスやロゴスを伝達するヘロドトスのような歴史家ではなかったからだ。学問としての歴史研究の時代は、専門的な意味でも日常的な意味でも民衆的な神話を犠牲にして、幕開けしたのである。

考古学的神話

以上の展開を手がかりにすれば、本章最後の史料、すなわちトゥキュディデスのいわゆる「考古学」（一巻一―一九章）〔訳註15〕を適正な視点から見ることができる。この補説を挿入した彼の表向きの目的は、ペロポネソス戦争が（一部異民族の歴史をも含んだ）ギリシア史全体をとおして「もっとも大きな変動（キネシス）」であるということを、彼固有の高水準な方法によって、証明することにあった。ところが逆説的なことに、そうするためにはトゥキュディデス自身、過去についてのかなり寓意的な神話を創作せざるをえなかった。というのも、彼がこの「考古学」でかいつまんで行なっている、デウカリオンの子ヘレンの時代から「今度の大戦にいたるまでの」ギリシア史の総合的叙述は、厳密な意味での歴史探求ではけっしてないのである。なぜなら、史実をめぐる証言を検証し証明するという、トゥキュディデスの常用する方法は、誰も目撃したことがないばかりか史料も残っていないほどの遠い過去を再現するには、適用不可能だったからである。それゆえいわゆる「考古学」と称する補論は、真の意味で理論的習作であり、フィンリー（Finley 1986c: 18）のことばをかりるなら「自分の生きている世界についてトゥキュディデスが長い間続けてきた沈思黙考」に由来する、なんらかの理論にもとづくものである。こう考えるなら、「考古学」の中で、（ヘレネス〔訳註16〕の名《な》祖《おや》である）ヘレンはもとよりミノスやテセウスまでもが、実在のポリュクラテスやクロイソスと肩をならべて同等の次元であつかわれており、あたかもこれらすべての人物の実在性についての証拠がどれも等しく信頼でき、あたかも彼らとトゥキュディデスとが同じひとつながりの時代を生きており、ヘロドトスの研究など存在しなかったかのように書かれているのはなぜかということが、部分的であれ説き明かされるわけである。知的営為というものが直線的進化をたどるものではないということを、これほどみごとに証明している事例は見あたらないのではあるまいか。

と同時に、次の事実ほど古典期ギリシアにおける神話の力の強さをみごとに例証するものも思いあたらない。トゥキュディデスは、いわゆる「寓話のたぐい（ミュトデス）」をいかにも軽蔑し、聴衆の前で受けをねらって読み聞かせる朗読の魅惑の欺瞞性に警告を発し、主としてヘロドトスをさして、たんなるロゴグラフォイすなわち伝承作者を軽視した（一巻二〇―二章）。だがその合理主義者トゥキュディデスですら、過去にかんするあらゆる伝承説話を（英語で日常使う意味での、事実の対極に存在する）「神話《ミス》」であるとして原則上退けるか、さもなければ、「考古学」でしているように、はるか遠い過去の時代について、自分自身の神話を創作するしか他に方策がなかったのである。

　ところが、ヘロドトスやトゥキュディデスが知的革新にいそしんでいる間、このようないわゆる「歴史的精神」がいまだ十分に覚醒していない、日々の仕事に追われるギリシア人一般大衆が何をしていたかといえば、古くからの神話に愛着をもつ生活様式に、やはり依然として固執していたのであった。これについてさらに言及するなら、自称歴史家の中でも、トゥキュディデス唱導するところの、他の何よりも「精確さ（アクリベイア）」を求めようとする情熱を分けもっていた者は、多くはなかった。たとえば前四〇〇年ごろにペルシア宮廷で「実際に起こっていたこと」をめぐってクテシアス［訳註17］とクセノフォンとの間に、あるいは前三九五年のサルディスの戦いの経緯をめぐってクセノフォンといわゆる「オクシュリンコス史家」［訳註18］との間に、それぞれ史実が何であったかについて、調停不可能なほどの意見の相違が存在することは、このことを如実に示唆する。古代ギリシアにおける歴史記述の流れ全般をとおして、一般に娯楽としての歴史は、学問としての歴史に対して優位を保っていたのである。ローマが地中海の覇者として台頭する歴史を描いたポリュビオス（前二世紀）のような歴史家は、きわだってとび抜けた例外的存在であった。

事実、神話のもつ力はきわめて永続的なものであった。たとえばプラトンなどは、新しい哲学的な神話（たとえば『国家』におけるエルの神話〔訳註19〕）を創作するのが得意であった。のみならず、かつてヘロドトスに軽蔑的な意味で「神話伝承者（ミュトロゴス）」（『動物発生論』七五六b六）というレッテルを貼ったことのあるあの頑固なアリストテレスでさえも、晩年にはいやおうなしに「一人ぼっちで孤独になればなるほど、私は神話が好きになってきた」（断片六六八）と告白するようになった。あたかも現代の構造主義人類学者クロード・レヴィ＝ストロースの思想のように、ひょっとするとアリストテレスも、神話が人間存在の深い真実を明らかにしていると考えたからなのかもしれない。だが、あるいはたんに彼は、ギリシア文化に固有の、一般に受容され信頼されるものの見方、すなわちファイノメナ（現象）とエンドクサ（通念）の奥深くに埋めこまれた、ある種の言説に存在する不可避な力に服従し、その魅力を容認しただけなのかもしれない。いずれにしても、本書で私が古典ギリシア人の神話を容認せざるをえないのは、まさにこの後者の文脈においてなのである。ヘロドトスとトゥキュディデスは、たしかにある意味では神話から歴史への躍進をなしとげた。だが同時に、彼らが過去について表現したものは、彼らの文化のメンタリティの支配的なパラダイムによって不可避的に規定を受けていたのであり、その中でも重要なパラダイムとは両極対立的思考であった。このことについては次章以降、さまざまな題目のもとでさらに探求することになるであろう

第三章　異邦の知——ギリシア人対異民族

それに今もし異民族がいなかったら、われわれはどうなってしまうだろう——あの人たちこそ、たしかに何かの解決策だったのだ。

（C・P・カヴァフィス「異民族を待ちながら」）

民族的アイデンティティの構築

前章であつかったテーマの一つは、知的いとなみとしての「歴史記述」の出現ということであった。そしてそれと対照的な関係にあるのが、人間の真の過去を再構成し説き明かしたいという欲求とは別の理由から、無批判に物語を作り、また作りかえてゆくことであるとも述べた。他方、前章でもう一つ私がいいたかったのは、今述べたような意味での歴史記述とフィクションとの間に、あまりに明確に境界線を引くというのも、これはこれで不可能なことだし、また望ましくもない、ということなのである。ここで、現代を代表する二人の歴史家のことばをとり上げてその意味を考えてみよう。彼らの意見は、史実とフィクションとの間のこのような緊張関係をあますところなくとらえ、そして本章でのテーマ、すなわちギリシア史をとおして見た「民族的」自己規定という問題にも、深くかかわってくると思えるからである。

まず奴隷制と女性史の研究者として名高いアメリカ史家、カール・デグラーの主張（Degler 1983 : 4）

に耳を傾けてみよう。彼によれば、「もし知的事業としての歴史になんらかの目的があるとすれば、それは、人々が過去の世界についての考えを育て、自分たちがどのような道筋をとおって現在にいたっているかを知ることをとおして、人々が自分たちとは何者であるかを感じとるようになること」である。他方、ヴィクトリア朝時代の「見捨てられた」ロンドンの歴史を研究しているガレス・ステッドマン・ジョーンズにいわせると、「(少なくとも西欧社会において)歴史はさまざまな目的のために利用されてきたが、その一つとして、ある種の伝統的神話の創造があげられる。すなわちそれぞれの集団・階級・社会の現時点での自画像に、なんらかの歴史による箔づけをするような神話の創造である」(Stedman Jones 1972: 112)というのである。

デグラーのいう「目的」とステッドマン・ジョーンズのいう「利用」との差は、決定的である。歴史はイデオロギーとしてつねに利用されてきたが、その利用目的とは、歴史学者が理想として掲げる目的とはまったく別のものなのだ。こうした理想と現実とのズレは、言語・血統・宗教といった要因による民族集団の定義づけないし自己規定、つまり一言でいえばある集団のエスニシティとは何かということが問題となっている場合において、とくに起こりやすく、また社会にとって必要であるとさえいえよう。

古典古代という時代ですら、現代におけるエスニシティをめぐるこういった議論の大渦巻きに呑みこまれつつある。そのきっかけとなったのが、マーティン・バーナル(Martin Bernal)の『黒いアテナ』と題する一連の著作と、これが引き起こした論争であった。バーナルは学者ではあるが、古典古代についての専門家ではない。バーナル本人が認めていることだが、彼がこの本を書いたのは、人種的偏見にみちた傲慢をへし折ってやろうという政治的な意図あってのことだった。この目的を達成するため、バーナルは次のように説く。(黒人系)エジプト文明と(セム系)フェニキア文明から、古典ギリシア文明の中へ文化的流入があったことは史実としてまちがいなく、その影響は決定的であった。ところがこの二百年もの間、西洋の学者たちは人種的偏見に促されて、その事実を忘却の彼方に追いやってしまった。そこで、忘れ去られてしまったその文化的影響をふたたび明るみに出そう、というのがバーナルのねらいなのである。

バーナルのくわだてが本章での話にとくにかかわるのは、最盛期の古典ギリシア文明の真の起源と本質とは何かを追究した彼の文明発生論の、もっとも重要な典拠となっているのが、本書での主要な史料の一つでもあるヘロドトスだからである。たしかにバーナルの目指したことが、現代的政治問題の観点からすれば称賛にあたいすることは論をまたない。だがその方法論から見れば、彼の議論は失敗している。なぜなら、彼にはヘロドトスの述べていることの意味を、それ本来の文化的脈絡の中に置いて読み解くという能力が欠けているからである。

ヘロドトスの貢献については、本章の後の箇所で(そしてまた第七章でも別の脈絡で)考察することになろう。しかしながらここで指摘しておく必要があるのは、ヘロドトス自身が純粋にギリシア系の生まれなのではなく、混血の出自であったという事実である。彼が生まれたのはハリカルナッソス、今でいえばトルコ西岸に位置するボドルムにあたる都市で、おそらく前四八〇年代のことであった。ハリカルナッソスは、ペルシア帝国の総督(サトラップ)が治める属州リュディア内の、地理的にはカリアと呼ばれた地方にあった。ゆえに彼は、ペルシア帝国の一臣民として生まれたことになる。彼はこのペルシア帝国を、のちに自分のライフワークのテーマに選んだわけである。だがハリカルナッソスというポリスは、政治的に独立していなかっただけでなく、そこに住む住民も、生粋のギリシア人ばかりではなかった。ヘロドトスの父もおじ(もしくはいとこ)も、その名前はカリア人名か、もしくはカリア系に由来するものであり、これはギリシア人と「原住民」との間の通婚か、あるいは他のなんらかの密接なつながりの結果であると考えられる。あるいはむしろ、カリア人がギリシア語を解さなかったという事実をくみとれば、「原住民」ではなくて「バルバロイ」、すなわち異国語を話す人々、といいかえた方が語の本来の意味にかなっているだろう。ホメロスが「バルバロフォノイ」、すなわち「バルバルとしか聞こえない異国のことばを話す人々」という添え名を用いて——これはホメロスがこのことばを使っている唯一の例なのだが——形容している民族とは、まさにこのカリア人なのであった。

それだけではない。ヘロドトスが生まれる五世紀ほど昔に、それまでカリア人が住んでいた土地にハリカルナッソスを建設したギリシア人たち自身、じつは種族的に完全に均質というわけではなかった。彼らのうちの大多数は、ギリシア南部、クレタ島を含むエーゲ海南部諸島、および小アジア南部で支配的だったドーリア方言を話していた人々である。ところが、ヘロドトスがまだ若かったころ、ハリカルナッソスの国家当局が発行する公文書が、アテナイで用いていたのと同じイオニア式アルファベットで書かれ始めた。たしかに、この時点ですでにハリカルナッソスは、ペルシアの支配から解放されており、今日「デロス同盟」と呼ばれる、アテナイを盟主とする反ペルシア軍事同盟に加入していた。しかしながらギリシア東部の非イオニア系の諸ポリスでは、ハリカルナッソスとはことなり、イオニア式アルファベットが採用されるようになるのは一般にもっと後のことで、ヘロドトスが死んだと推定される年代（前四二五年ごろか）よりものちのことである。ということは、ハリカルナッソスのギリシア人住民のなかでは、イオニア系の血統が特別重要な意味をもっていたということの論拠となる。もっとも、古典ギリシア世界でどの方言に属しているかということは、かならずしも種族的アイデンティティの決定要因だったわけではないが（ちょうど今日、セム系の言語を話すからといって、その人がある特定の人種に属すると決まったわけではないのと同様である）。また、ヘロドトスが露骨に反イオニア的偏見を示していたということも、このポリスでイオニア系住民が重要な地位にいたことの証左となるかもしれない。これは、彼が非ギリシア系異民族に対しては寛容で、むしろ称賛さえしていることと、たいへんきわだった対照をなす。

異民族の創造

しかしながら、非ギリシア人に対するヘロドトスのこのように寛容な態度は、他にくらべるときわめて例外的なものであった。ヘロドトスをはじめとする古典期ギリシアの歴史家が、異民族をどのように描いたかということを考察する前に、このヘロドトスの態度と対照させながら、アゴラでの床屋談義に花を咲かせる前五―四世紀のふつうのギリシア人の意識を支配していた、異民族についてのステレオタイプ化されたイメージを見てみたい。ここでは年代をおって順に考察することが重要となる。

まずホメロスには、異民族に対する自民族中心的で侮蔑的なステレオタイプ化の痕跡は、ほとんど、あるいはまったく見いだせない。事実ホメロスが（カリア人をバルバロフォノイと呼んだ例の箇所で）バルバロスという語を用いている場合、それは実際にはたんに記述的な意味で用いているにすぎない。前七―六世紀になっても、異民族を「他者化」するプロセスは現れてこない。たとえば、貴族詩人であったレスボスのアルカイオスの兄弟は、中東地域の有力者に雇われて傭兵になったが、そのようなギリシア人でもその経歴のゆえに社会的不名誉をこうむることはなかったらしい。また、すでに第二章で見たとおり、アテナイの貴族アルクマイオンが社会的栄誉を増大させたのは、じつはまさにあのようなオリエントの富の源泉から棚ぼた式に落ちてきた財産を元にして家産を起こしたことによる、と伝えられているのである。近東地域の神話と哲学が、ギリシア宗教と文化の本流にとり入れられたのも、同じ時代である。それとともに、ギリシア人芸術家たちは、エジプトの巨大な男子裸体石像のようなオリエント的発想を借用し、自文化にとりこんだのであった。前述のアルクマイオンの子孫で、おそらく例のリュディア王にちなんでクロイソスと名づけられたと思われる人物を記念して作られた立像は、このタイプのものであった。これは前六世紀の第三・四半世紀に、その一族の墓地に人目につくように建てられた。クロイソスの父が「儀礼化した友好関係（クセニア）」という、父祖から代々受けつがれた威信ある人間関係を、リュディア王家との間にとり結んでいたことは、疑いを容れない。

ところが、前四七二年のアテナイの大ディオニュシア祭〔訳註20〕でアイスキュロスの『ペルシア人』が上演されたころには、異民族を「他者化」し、のみならず均質化したステレオタイプとしての「異民族」という概念を創りだすプロセスが、ギリシアではすでにかなり進行していた。それは、今日「オリエンタリズム」と呼ばれている特異な形態の侮蔑的ステレオタイプ化の古代版といってよい。その触媒となったのは、前四八〇―四七九年のペルシア軍によるギリシア侵攻を撃退したことであり、その侵攻の失敗を足がかりにしてアテナイ人は彼らの反ペルシア支配圏を樹立したのであった。

もっとも、冷厳な史実としては、ペルシアの敗北を勝ちとったのは、エーゲ海世界だけで七〇〇を越すギリシア都市国家があった中で、わずか三〇ないし四〇のポリスが、間に合わせに作った不安定な連合にすぎなかった。その上、アテナイを盟主とするデロス同盟は、アテナイ人のプロパガンダが主張するほどには全ギリシア的広がりをもつものでもなかった。しかしだからこそ、残りのギリシア人を奮起させるために、この偉業をまさに「ギリシア人」がなしとげたもの、それどころかパン＝ヘレニックすなわち「汎ギリシア的」偉業、と讃えることがよけいに必要であったのだ。だが、ペルシアとの紛争によって、ギリシア人の自意識になにがしかの政治的次元が生みだされたにしても、それは間欠的でつかの間のものにすぎなかった。たとえギリシア民族らしさと呼べるものが何か存在していたとしても、そこからギリシア国民国家のようなものが出現する機会など、一度たりとも存在しなかったのである。ヘロドトスはこの事実を、ギリシア人らしさを定義づける有名なくだりの中で、暗黙裡に認めていた（プロローグ参照）。他方、この事実を嘆かわしいものであると公然ときめつけているのが、アリストテレスの『政治学』である。そしてこのアリストテレスのテキストによってこそ、「一般民衆的な」、あるいは少なくとも「支配的な」ギリシア人イデオロギーに、信頼できる方法で接近することが可能なのである。

　アリストテレスは次のように述べる（『政治学』一三二七b二九―三三）。「ギリシア民族は、ヨーロッパとアジアの中間に位置するがゆえに、その性格もまた同じく中間的である。それゆえギリシア民族はつねに自由であり、あらゆる人間の中でもっともよく統治されている。もし彼らが単一の国家（ポリテイア）を形作るのが可能であれば、全世界を支配することができるであろう」。アリストテレスにいわせれば、ヨーロッパ（ギリシアの北方と西方に広がる、彼が知る限りの地域を意味する）は、気候が寒く、人々は勇敢な気性に富むが、知性に欠ける。一方アジア（おおむね、ギリシア人が定住する西方辺境地域をのぞいたペルシア帝国を意味する）は暑く、人々はものうく不活発だが、知性はある。そしてギリシアはといえば、「黄金の中庸」というアリストテレス特有の概念にしたがうならば、ほどよく温暖で、それゆえ人々は勇気と知性の双方を適度な度合いと比率でたくみに組み合わせているのである。この組み合わせこそ、ギリシア人がなぜ自由であるかを説明する――とアリストテレスは、論拠をもって論ずるというより、いい張るのである。なぜなら彼によれば、ギリシア的自由とは異民族的奴隷性と両極対立をなすものだから。のみならず、ギリシア人が「本性的に」自由であり、異民族が「本性的に」奴隷的であるがゆえに（これは「自然にかなった奴隷制」というアリストテレスの教説ととくにかかわりのある論点である。本書第六章）、それが異民族自身のためになりさえすれば、ギリシア人が異民族を支配することは正当かつ妥当であるという。これは、ギリシア人による（少なくとも）文化的意味での帝国主義の公然たる容認であるとともに、その勧奨でもあった。

西欧哲学の論理の創始者の筆から、このようなイデオロギーと非論理性と願望的思考とがごちゃまぜになったようなものが生まれたということは、ギリシア人対異民族の両極対立が彼の内面に喚起した情緒的・文化的起爆力の大きさをはからずも露呈する。だが、このようなギリシア人の疑似科学的な「民族誌」が、いかに古くからの伝統をもつものであるかは、この種の分野における、さらに古い次の実例の中から明らかになる。それは、あのコス島出身の医聖ヒポクラテスの著書とされる医学全集の執筆者の一人であった、前五世紀の人物の手になる「空気、水、場所について」と題する論文である。それにはこう書かれている（一六章）。

アジア人の住む地域の気候が極端に暑くも寒くもなく、さほど変化がないということは、彼らの心が惰弱で臆病であることの原因である。……彼らがヨーロッパ人ほど好戦的でなく、柔順な気性であるのは、気質を荒くさせ、むこうみずな勇気や頭に血がのぼる短気を引き起こすような、肉体上の変化や精神的な刺激を受けないからである。……けだしそのような要素こそ、アジア人種の軟弱さの原因になっていると思われるが、さらにこれに影響を与える原因が、彼らの制度の中にも存在する。というのは、アジアの大部分は君主の支配下にあるからである。……もしかりにある人間が生まれつき勇敢で強靱な精神をもっていても、その性格はこの政治形態によって台なしにされるのである。

こうした意見の数々は、天才であるべきギリシア人の評判にとって好ましくない、だからこれを異常で偏屈な例外として無視してしまおう、とどれほど思いたくても、それは許されない。第一章で言及したような、アリストテレスの政治学的・哲学的方法論の基本的特質を想起してみればわかることだ。師プラトンとちがって、アリストテレスは「現に目の前に現れていることがらを肯定的に措定する」ところからはじめて、人々から高く評価されているもろもろの前提から出発する方法を選んだ。そうした前提とは、ギリシア人の大多数、もしくは彼らの中で事情に精通している人々（専門家、分別ある人）の意見に徴して、当該問題にとって有効もしくは有用と見なされていたものである。アリストテレスがこのような一般に受容された見解を最終的には修正するという場合もあるし、それにはそれなりの意義があるのだけれども、ここでの問題に関する限り、彼はそのような修正をしていない。おそらく異民族の問題の場合、特別な経験、専門知識、ないし知性をもちあわせなくても、彼らとは何者であるかを理解することはできたのであろう。ようするに異民族であるということは、せんじつめれば、気質と知性の（悪い）組み合わせに還元されたのである。

というわけで、アリストテレスを通してみれば、「ふつうの」ギリシア人の考え方、というよりむしろ偏見に、さほど深遠ではない形でアプローチすることができるのである。それが事実人々の標準的な見解であったことの証左は、じつに広い範囲のアッティカ文学の中に容易に見いだされる。たとえば、（劇作家が、登場人物に述べさせる意見と同意見だったかどうかは、もちろん別問題であるにしても）アイスキュロスやエウリピデスの戯曲とか、アテナイの民衆法廷における大勢の陪審員の前で演説された法廷弁論などがそれである。

ギリシア人がこのように標準的なステレオタイプを、無思慮に受け入れていたのはなぜか。その主要な動機の一つ――あるいはもっとも主要な動機――は、古典期ギリシア世界における奴隷の大半が、異民族出身であったという事実である。奴隷を所有しないギリシア人でさえ、できれば奴隷をもちたいものだと願っており、また自由というイデオロギーを一心に信じているという点では、奴隷を所有している同胞市民と変わりないと考えていた。つまりギリシア人は、(「ブリタニアよ、支配せよ！」〔訳註21〕に歌われる大英帝国人のように)けっして、どんなことがあっても奴隷になることなどないし、他方異民族は本性的に奴隷的であり、また奴隷としてあつらえむきにできている、と信じていたのである。奴隷にされることへの恐怖は、たとえそれがごく一時的なもの、あるいは比喩的なものであっても(後に第六章で見るように、ギリシア人が「奴隷のようだ」と見なしていた行動、態度、職業、生活スタイルは、じつに広範囲にわたっていた)、ふつうの自由人身分のギリシア市民たちの大多数にとって、異民族を「他者化」しようとする動機として、つねに差し迫ったものだったのである。

ところが、論拠はさまざまで主張の強さに程度の差こそあったものの、この潮流に対してあえて抗議した人々が、少数ながら存在した。幸運なことに、彼らの中には、重要な古典史料を書き残している人物がいるのである。

ただし、ここで最初にとり上げるのは歴史家ではなく、政治的な動機で行動していた可能性もある一人の哲学者、すなわちアテナイのアンティフォンである。彼は「ソフィストのアンティフォン」と呼ばれるのがふつうである。それは彼の思想がソフィスト思潮の典型的な産物であったからでもあるが、それだけでなく、法廷弁論作者で政治家のアンティフォンと区別するためでもある。こちらのアンティフォンの方は、過激な反民主主義思想の持ち主で、いっとき成功したが長続きしなかった寡頭派クーデター［訳註22］の首謀者であり、その後、前四一一／一〇年に国家反逆罪で処刑されている。

　ところが最近になって、二人の別人物と思われていたこれらのアンティフォンたちが、じつは同一人物であったと多くの学者は考えるようになった。もしそうだとすれば、もっとも排他的・排外的なたぐいの政治イデオロギーが、もっとも寛容で人間的なラディカリズムと、同一人物の頭脳（ギリシア人は脳を魂《プシュケ》の座と見なしていた。本書第四章参照）の中で、共存しえたということになる。なぜなら、ソフィストのアンティフォンは、あらゆる社会規範の内在的有効性を疑問視するという、ソフィスト運動に典型的な知的傾向にしたがい、本性上の異民族などという範疇は存在しないと断定したからである。すべての人間は同一の自然の本性をわけもつ。いいかえれば、同一の肉体的・知性的組成をもつものである。ゆえに異民族がギリシア人とちがう人間であるとか、まして異民族が本性上劣等であるとかいうことは、たんなる独断的な社会的因襲（ノモス）によることがらであり、本質的で変えることができない自然の本性（フュシス）による事実ではありえない、というのが彼の主張であった。

汎ギリシア主義

古典期ギリシアにあって、アンティフォンの後に続いてこの知的潮流をたどっていった人物は、ほとんど知られていない。まして紙の上に書かれた彼の思想を、現実的な政治の舞台上に具現化しようと努めた者は、一人もいなかった。ストア哲学にしたがう人々が、ようやく人類の兄弟愛を重要な徳目の一つとして論じるようになるには、時代をさらに一世紀ばかり下らねばならなかったし、また実際にストア哲学者が政治的影響力を手に入れた場合でも、あるいはヘレニズム世界における権力者みずからがストア派であった場合でも、異民族という概念は、日常的な政治的観点から思考するためには、やはり有効だと考えられていた。事実、前三―二世紀にローマ人がギリシアを征服しに到来したときも、それは異民族が無条件に劣っているという考えをむしろ助長したにすぎなかった。なぜなら、ギリシア世界の新たな支配者ローマ人は、自分たちもギリシア文化の洗練を受けており、それゆえ異民族ではないと思われたがったからである（だが厳密には、ギリシア人の目から見れば彼らもやはり異民族であることに変わりはなかった）。

前述のアリストテレスの『政治学』の記述から、ある程度推測されたことかもしれぬが、古典期の一般思潮はむしろアンティフォンと反対の方向に向かった。ギリシア世界では、異民族の奴隷をもつことがよいと考えられていた。それればかりか、前四世紀になると、洗練された思考をもつ保守的なギリシア人たちが、ギリシア人とそれに隣接する異民族との関係について、否定的で奴隷的なステレオタイプを内包したある種の理論の構築を始めたのである。この理論は（理論というのがあまりおおげさでないとするならば）、簡略に「汎ギリシア主義」と呼ばれている。それをもっとも詳細にわたって書き記しているのは、アテナイのかくれ寡頭主義者イソクラテス（前四三六―三三八年）の手による多くの政治的パンフレットである。イソクラテスは、彼自身のような富裕階級が所有する土地財産を、土地のない貧民たちのために没収し再分配しようとする下からの政治革命が、今にも迫ってくるかのように見なし（あるいは見なすふりをし）、それへの恐怖心から、ほとんど半世紀以上にもわたって、一貫してただ一つの万能薬を提唱した。すなわち、前四八〇―四七九年にクセルクセスが犯した神聖冒瀆と物的損失に対して、全ギリシア人が復讐し賠償を求めるというスローガンのもとに、ペルシア帝国の一部を征服し、それをギリシア社会のくず連中を収容するための汚水だめとして植民地化せよ、というものである。事実ペルシア帝国は、たまたままさにそのような解放スローガンの旗のもとに、西方からアレクサンドロス大王によって征服された。

しかしその征服者アレクサンドロス大王は、マケドニア人であり、たんに名目上のギリシア人にすぎなかった。というのはマケドニア人民の中で、汎ギリシア的祭典であるオリンピア祭に競技参加が許されていたのは、その王ただ一人だったからである（ヘロドトス『歴史』五巻二二章）。マケドニア人はおそらくギリシア語の一方言を話していたと思われるが、にもかかわらず、彼らすべてがほとんど、もしくは完全に異民族であると考えていたギリシア人は、実際少なくなかった。イソクラテスや、あるいはアレクサンドロスの家庭教師で、父がアレクサンドロスの祖父に侍医として仕えていたアリストテレスは、そのようには考えていなかったけれども、これは例外だった。

かくして汎ギリシア主義は、やや逆説的で皮肉な形で実現した。そしてイソクラテスは十分長生きして（彼が死んだのは九十八歳であった）、まずアレクサンドロスの父フィリッポスによるギリシア征服と、それにつぐペルシア攻撃を目にした。そしてのち前三三六年にフィリッポスが暗殺された後、アレクサンドロスがそのペルシア攻めを完遂することになったのである。だが、次にとり上げる汎ギリシア主義についてのもう一つの重要な史料の書き手が、もしこの結末を見ていたならば、はるかにもっと驚愕していたことであろう。彼はこの事件の二〇年ほど前、フィリッポスの権力掌握がまだあまり進展せず、またペルシアの勢力も依然としてギリシア人の思考と政治の中で恐るべき要因をなしていた時代に死んだからである。その書き手とは、クセノフォン（前四二七ごろ―三五四年）である。

クセノフォンの汎ギリシア主義的世界観に影響を与えたおもな要因としては、二つ考えられる。一つは、前四〇一年から四〇〇年までの間、エーゲ海とメソポタミアにはさまれた小アジアおよび中東地方で、彼が傭兵としてすごしたという経験。もう一つはまだ傭兵だったころ、前三九六―三九四年のスパルタによる反ペルシア遠征の間に、スパルタ王アゲシラオス二世と出会ったことである。前者の経験で得た彼の確信とは、ペルシア帝国の西部における勢力は、人々がふつう考えるほどには恐るべきものでないということであり、また後者の経験からは、ギリシア人の政治的正当性を成り立たせる決定的に重要な要素とは、反ペルシア感情であるという信念が生まれたのであった。

ペルシアの王位継承紛争に巻きこまれ、その後ギリシア文明圏の黒海まで意気揚々と帰還したクセノフォンの物語『アナバシス（内陸行）』は、「タラッサ！　タラッサ！（海だ、海だ）」と叫ぶクライマックスで有名で、マコーリーの口癖を借りれば「学童でも知っている」［訳註23］ほどになじみである（今ではそうでもないかもしれない）。しかし『アナバシス』が自省的な自伝風旅行記というジャンルにおける、伝存する最古の作品であるということは、さほど知られていない。旅というものがいかに人の心を狭くするかということを例証するには、その中から次の一節を選べばことたりる。これは自民族中心の民族誌の典型的な一例である。

クセノフォンによれば、黒海南岸に住む部族モッシュノイコイ人（すでにヘロドトス『歴史』三巻九四章、七巻九八章に言及されている民族）は、彼と彼が指揮する「一万人」のギリシア傭兵たちが出会った数多くの異民族たちの中で、もっとも野蛮であり、もっとも非ギリシア的である、という。この差別のもな理由として彼があげたのは、彼らの性習慣の問題ではなく（ヘロドトスならばそれを理由としてあげたところだろう。本章後述および次章参照）、食習慣の問題であった。すなわち、モッシュノイコイ人はパンを食べないのがふつうだから、というのがその理由である。このような文化的落差がもつ衝撃は、穀物の地母神デメテルがギリシア人にとっていかに重要であったかを考慮に入れれば、推し量ることができる。とくにアッティカ地方のエレウシスでは、ギリシア語を話せる者であれば（民族的出自や社会的地位のいかんにかかわらず）誰でもデメテル女神の宗教秘儀に加入でき、その意味でそれは汎ギリシア的であったことからも、デメテルの重要性は理解できよう。

『アナバシス』は歴史的なことがらにもおおく取材しているが、それ自体は歴史記述ではない。一方クセノフォンのいわゆる『ギリシア史』は、(彼自身の命名したタイトルではないものの)まさに歴史記述たることを意図したものである。事実それは、未完に終わったトゥキュディデスのペロポネソス戦争史の続編を書きつぐかのような体裁をよそおっている。「よそおっている」というのにはわけがある。クセノフォンが歴史記述において「記録するにあたいする(アクシオロゴン)」と見なしたものは、じつはトゥキュディデスがあつかおうとしたこととまるきりちがうものであり、道徳的価値判断をまじえるクセノフォンの方法は、没道徳的客観性を追求したトゥキュディデスの禁欲的なまでに無私の姿勢とは、ほとんど正反対のものだったからである。それゆえ『ギリシア史』では、汎ギリシア主義があからさまに是認されている。たとえば、ギリシア人は銀とひきかえに異民族にすりよってはならないと尊大にも断言したスパルタ人カリクラティダスの態度(一巻六章七節)とか、今アガメムノンを気取るアゲシラオスのポーズ(三巻四章三節、七巻一章三四節)とか、ペルシア王宮からもどってきたアルカディアの使者が、伝説的富豪であるペルシア大王の小さな黄金のプラタナスについて、「蟬一匹にも十分な日陰を作れないほど小さい」と皮肉をいったという話(七巻一章三八節)など、どれもその表れである。

ギリシア人と対等の異民族

しかしながら、『アナバシス』と『ギリシア史』だけをとり上げてみても、クセノフォンは異民族の問題について首尾一貫した論調をもって述べているわけではない。それどころか、後に見るように、彼は一人の異民族の人物を主人公にして、(フィクションないし抽象理論と認められてはいるが)まるまる一巻の伝記作品を書いているのである。このことは伝記文学の観点からも比較文化的観点からも、さほど極端に驚くべきことではない。なぜなら「他者化」にとって本質的に重要なのは、次のことではないだろうか。集団としての「他者」は、無条件かつ価値規範的に、差異のない均質的な集団としてあつかわれるべきだと見なされるのに対し、個々人としての「他者」たちが、そのステレオタイプ化された他者イメージと食いちがうような人格的関係を自己ととり結ぶ場合、彼らはその定義上「一般原則を証明する例外」としてあつかわれるということである。いずれにせよ、「私の親友の中にはペルシア人やユダヤ人（等々）もいる」式の症候群は、クセノフォンの人生においても彼の作品の中にも、幅をきかせていたのであった。

　さて前四八〇―四七九年のギリシア＝ペルシア戦争が、ことばの用例にもたらした結果としては、「バルバロイ」という語に否定的な意味合いを生じさせたことのほかにもう一つ、「メディア人」に対して消極的にせよなんらかの同情をもったり、あるいはこれと積極的に協同したりする行為を意味する「メディスモス」なる新語が造語されたことがあげられる。ギリシア人の用法にしたがえば、「メディア人」という概念はペルシア人を包含するか、あるいはペルシア人そのものを意味した。メディア人とペルシア人とは、親縁関係はあるもののやはり別々の民族である。にもかかわらずギリシア人は語彙の中で、これら両民族を区別することを拒否した。これはイラン高原に住む敵を、自民族中心にひとしなみに見なしてしまうギリシア人の傾向の本質の現れであった。たとえばヘロドトスなどは、いわゆるペルシア戦争のことを「タ・メディカ」、すなわち文字どおりに訳すれば「メディアに関することども」と呼んだのである。もとよりある程度までは、この新語そのものが、記述的というよりはペルシア侵入に対する予防的もしくは予断的な意図のもとに造語されたのであり、それゆえたんなる党派政治的スローガンに容易に堕してしまう可能性をもっていた。

ところが、たとえばテミストクレスなどという人物は、前四八〇年のサラミスの海戦でペルシア軍をたくみに敗北へと追い込んだ指揮官であったのに、その後こともあろうに「メディアに寝返って」しまい、その生涯を終えたときには、ペルシア大王に貴賓待遇される年金受給者という身分であった。そして実際クセノフォンにしても、もし彼を傭兵として雇ったペルシア王位要求者の小キュロスが前四〇一年、ニネヴェ近郊のクナクサの戦いで兄王アルタクセルクセス二世を破っていたならば、同様の運命をあゆんだかもしれない。ようするにクセノフォンは、報酬目あてに異民族の王子に奉仕したり（彼にいわせれば、この奉仕は「銀とひきかえに異民族にすりよる」ことにはあたらない、ということになろう）、あるいは『アナバシス』の中で、ギリシア人一般がもつ否定的なステレオタイプにけっしてよりかかることなく、彼のかつての雇い主小キュロスの人物像を描いたりしても、イデオロギー的に自己の品格をおとしめるものだとは、なんら感じていなかったのである。

じつはクナクサの戦いの反対側の陣営には、まさにクセノフォンと相補対立関係の立場に立つ人物としてもう一人、これは軍人ではなく医者であるが、文学的才能に自負を抱く、ギリシア人亡命者が宮仕えしていた。クニドスのクテシアスである。彼は（ヒポクラテスの出身地であるコスについで）医学の中心地としてギリシアで二番目に有名なクニドスで医学を研鑽していたが、ちょうどそのころ、ペルシア宮廷は旧来のエジプト医学の伝統よりも、ギリシア医学の方が優れていると判断するようになっていた。それにエジプトは、たまたま当時ペルシア帝国の中でももっとも問題をかかえた属州の一つでもあり、事実前四〇五年から前三四三年にかけては公然と反乱を起こしていたのである。であるからアルタクセルクセスはクテシアスが宮廷医として侍することをいたく喜んだが、クテシアスの方はペルシア王権の内幕を覗いてそこに見たものを世間に広められることを、やはり同様に幸運と思ったのであった。

クテシアスがこうして書いた『ペルシカ』は、残念なことに主として九世紀の大主教フォティオスが作った要約の形でしか残っていない。だが彼が、個人的にどのように考えていたかは別にして、異民族である自分の雇い主を、少なくともギリシア人一般のステレオタイプによって描かなかったことは、そこから十分に伝わるのである。このクテシアスの備忘録は、閨房ゴシップのレベルをさほど超えてもいなかったのであるが、陰の実力者である王太后パリュサティスとのつながりを利用して、ハーレムに支えられた異国の王朝権力の仕組みについて、この上なく貴重で、予断を交えない洞察を行なっているのである。いずれにせよクテシアスは、エウリピデスの悲劇に登場する人物とはことなり、このようなペルシア宮廷の（とんでもない）ふるまいがすべての異民族に一般化できるとは考えていなかったようである。事実、彼の明らかに疑似歴史的な記述が信頼しうるのは、それが次のような前提（後述するようにこれはヘロドトス的な前提である）にもとづいていることによる。すなわち、ここに登場する異民族の特定の人物たちは、とにかくギリシア人とはたしかにことなっているし、メロドラマ的な意味でギリシア人よりむしろ魅力的かもしれないが、その自然の本性においてはかならずしもギリシア人より劣ってはいないはずである、という前提である。

これと同種の異民族への対等の敬意が――それは明らかに文化のちがいを超えた道徳的教化の効果をねらって意図的に脚色されたものであろうが――クセノフォンの『ギリシア史』の中のあざやかなほどにドラマチックなある記述（四巻一章二九―三九節）において、光をはなっている。それは前三九五／四年の冬、スパルタ王アゲシラオスとペルシアの属州総督ファルナバゾスとの間で、後者の支配領域で行なわれた会見の様子を描いたくだりである。クセノフォンはこのとき、あるいは会見に同行していたかもしれず、少なくとも友人であるアゲシラオスからじかに報告を受けたことはたしかなのであるが、しかしながらこのくだりでは意図的に、他者であるペルシア人の観点から再構成したフィクションとして話を語っている。この会見をお膳立てしたのはキュジコスのアポロファネスというギリシア人の仲介者で、クセノフォンが本筋から離れて注釈するところによれば、古くからの総督のクセノス（賓客）で、最近アゲシラオスのクセノスにもなったという人物であった。

ちなみにクセノスとは、よそ者や部外者を表すもっとも一般的なギリシア語である。それは自分の共同体の正規のメンバーではない者を指し、ギリシア人であると非ギリシア人であるとを問わない。とはいえ一般的には、ギリシア人クセノスとバルバロイであるクセノスとの間には、その背景状況に応じて、ことばの上で区別がもうけられる。唯一このような区別すら拒否したのは、スパルタ人である。というのは、彼らは外人恐怖症が嵩じるあまり、その出身にかかわらずスパルタ人でない者をすべてクセノスと呼んだからである（ヘロドトス『歴史』九巻一一章五五節）。

だがクセノフォンの問題の記述から明らかになるのは、クセノスにもいろいろあったということである。なぜならこの場合のクセノスとは、「外国人」とかあるいは（そのような翻訳もいくつかあるが）たんなる「友人」などではなく、「儀礼化された賓客」ないし「精神上の親族」を意味するものなのである。これの厳密な意味でのクセニア関係という、厳粛に人と人を結びつける友好関係は、特定の契約儀礼と返礼の義務をともなうものであり、また――ここでの議論にとってさらに重要なことだが――通常の場合貴族としての地位を対等にわけあうということを意味した。とりわけ大事なことは、クセニア関係というものがその本質上ポリスの境界線を超えて結ばれるもので、それゆえ同じポリスの市民どうしではクセノスになれなかったということ、それのみならず、それは国民ないし民族の境界線をも飛び越えるがゆえに、異民族のクセノスになることも可能だった、ということなのである。つまり、異民族の中には他の異民族にくらべてギリシア人に対してより平等な――あるいはより少なく不平等な――関係に立つ者もあったということであり、個人的で、ときには心底親密な、人間関係にもとづいて異民族と交際していたギリシア人のエリート階層の意見によれば、彼らがみな等しく奴隷的で、めめしくて、無秩序で……というわけではなかったのである。

さて、アゲシラオスとファルナバゾスとの会見の細部の様子は、ギリシア人と異民族との関係に関するここでの議論にとって、それ自体興味を引く話でもある。アゲシラオスとスパルタ側の顧問役たちは、草の上に直接すわる――スパルタの王には、王座も演壇もその他王位の権威を示すような表象は何もない。やわらかな毛氈すらもなかった。他方、総督ファルナバゾスは、めめしく軟弱でぜいたくなオリエント的慣習にしたがって、当然のことながら毛氈を用意してきていた。しかしここでクセノフォンは突然、彼にとっての最初の文化的衝撃に言及する。すなわちファルナバゾスは毛氈を下げさせ、アゲシラオスとともに草の上に腰を下ろしたというのである。これはアゲシラオスが粗末な手織りの服を着ているかたわらで、自分が豪華な衣服をまとっていることを恥じたからである、とクセノフォンは述べる。

ところがいったん会見が始まると、ファルナバゾスはけっして守勢に立つ様子をみせず、徹頭徹尾ギリシア的な道徳を表すことば（名誉、正義、友人を助ける義侠心など）に訴えながら、むしろアゲシラオスの侵入に対して逆ねじを食わせる。それは、クセニア関係にともなう義務を自己に有利に転用する、みごとに計算しぬかれたことばであった。アゲシラオスははじめこれに気圧され、それらの道徳よりさらに高次元とされていた愛国心に訴えるという権利要求に出る。すなわち彼は、「かりにたとえクセノスどうしであっても、もしたがいの祖国が戦争するならば、相手と戦わぬわけにはまいらぬ」と指摘するのである。だがさらに加えて彼は、自由という観点から圧倒的な政治的議論をしかける。もし貴殿がアルタクセルクセスに反旗を翻えしてスパルタと同盟するならば、貴殿はたんに自分の主人を替えるのではなく、ペルシア的隷属を捨ててギリシア的自由を手にすることになろう、といって。しかしファルナバゾスはこの議論にも対処の用意ができていた。彼は、アルタクセルクセスには個人的に恩義を感じているし、また同時に総督としての地位を保持していることも誇りに思う、と述べる。アゲシラオスはファルナバゾスのこうした考慮の説得力を認めないわけにはいかず、二人は友好的にたもとを分かつのである。実際その友好関係は深く、アゲシラオスが即座に、ファルナバゾスその人ではなく（なぜならそれは政治的にあまりに露骨であったので）、彼の息子のクセノスになったほどであった。

クセノフォンの記述するこの会見の場面において、相手よりも大きな信望を身にまとって表現されている人物がいるとすれば、それはファルナバゾスの方である。クセノフォンはアゲシラオスをたいへんに尊敬しており、前三五九年ごろ熱烈なまでの敬意にみちた彼の死者略伝を公表したほどだった。だがそのアゲシラオスよりも、ファルナバゾスはさらに大きな信望ある人物として描かれているのである。換言するならば、異民族の中にも、ときには名誉ギリシア人として表現される人物がいてもおかしくなかった。しかも、だからといって、他者としての異民族についてギリシア人の抱く一般的かつ規範的イメージは、けっして深刻に曇らせ傷つけられなどしなかったのである。これだけでも十分驚くべきことだが、クセノフォンはさらにもっと驚くべきことを見せつけてくれるのである。

高徳の異邦人

クセノフォンは当時知られていたおよそあらゆるジャンルの散文文学に手を染めたが、彼はさらに少なくとももう一つの文学ジャンルを創始した。それは一つないし複数のメッセージをこめた歴史小説、いわば傾向小説とでもいうべき『キュロスの教育（キュロパイデイア）』である。エドワード・ギボンは、『アナバシス』を「つぶさで生き生きとしている」と評するのに対し、これを「曖昧模糊として迫真性にとぼしい」として退け、また『アナバシス』がより優れているのは「フィクションと真実との間に永遠の相違があるからだ」とした。

ポンテオ・ピラトにならい、ここで私はあえて「(歴史的) 真実とは何か」〔訳註24〕という問題に深入りして答えを見いだそうとは思わない。しかしここでは、あらためて『キュロスの教育』がフィクション作品であることを明言しておくことが有益かもしれない。というのも、最近ではこの著作を、そのタイトルのもとになったアケメネス朝ペルシア帝国の高祖、キュロス大王（在位前五五九ごろ—五三〇年）の人生とその時代について、信頼すべき史実を提供しているものだなどと大まじめに考える向きがあるからである。クセノフォンが信頼すべきものとして伝えている限りの事実とは、彼自身の同時代、すなわち前四世紀についての事実にすぎない。それらは彼個人の観察から得られたり、ギリシア人もしくはギリシア語を話す非ギリシア人のクセノスの話から探りだしたものである。であるから、クセノフォンにとってと同様われわれにとってもここで重要なことは、表向きには現実のできごととして設定した散文叙述の背景に、異民族（ここではおおむねペルシア人）をえらんだことで、彼がどのようなメッセージを読者に伝えようとしていたのか、ということなのである。

それらメッセージの一つに、例のファルナバゾス＝アゲシラオス会談が伝えるメッセージとぴったり一致するものがあることは明らかである。つまり一つの範疇として見た場合、すべての異民族は定義上すべてのギリシア人より劣るものではあるが、個々人として見た場合、異民族の中には、アゲシラオスのような模範的ギリシア人に匹敵するほど優れているだけではなく、ときにはそれを凌駕するほどの徳を示す者もいるのだ、というメッセージである。しかしだからといって、ギリシア人対異民族の両極対立のもつ象徴的・文化的影響力を、クセノフォンが意識的に多少なりとも弱めようと試みていたという意味に解釈してはならない（後述のとおり、これはかつてヘロドトスが行なったことである）。むしろ『キュロスの教育』においてクセノフォンが興味を抱いていた問題とは、キュロス大王がどの民族に属していたかということよりも、彼の描くキュロス大王の人生から引きだされるべき道徳的・政治的教訓とは何か、ということだったのである（くわしくは本書第五章参照）。キュロス大王が異民族であることを、クセノフォンはほとんど目立たないほどに矮小化している。

ただし、たしかにクセノフォンは、キュロス大王についての彼の叙述が、その両極対立に対して緩和的効果をもつであろうことを意識していなかったわけではない。異民族の中にギリシア人の道徳的・政治的行動基準を満たしうる者が一人でもいるとするなら、範疇上異民族という人種（ゲノス）に属しているというだけでは、それ自体ある人が本性上劣っているとして蔑視されるべき十分な理由とはならない、と彼は考えた。だが他方、このクセノフォンの自由なものの見方は、異民族の社会階層のごく上層部分にしかおよぼされなかった。これは、ギリシア女性に対する彼の自由な見方にもあてはまることである（本書第四章）。

ようするにクセノフォンに登場するキュロス大王は、W・W・ターンいうところの「文化的ギリシア人」（Tarn and Griffith 1952: 160）のフィクション上の原型であった。だとすれば、キュロス大王が指向していたのは、古典期につづくギリシア史上の時代、すなわちヘレニズム時代であった。その点、クセノフォンと同時代の実在人物、親ギリシア的カリア総督マウソロス（在職前三七七―三五三年）と同様である。実在のキュロス大王が興したペルシア帝国がアレクサンドロス大王によって征服されたことで幕開けしたこの時代（慣例的に前三二三年から前三〇年を指す）、ギリシア＝マケドニア系の新興領域諸王国の中に強制的に組み入れられた非ギリシア人の上流階級――そこには一部のユダヤ人も含まれる――の中には、ギリシア文化の力を圧倒的に魅力的と感じる人々が多かった。種族と血統の点からは異民族であることをかたときもやめたわけではないが、にもかかわらず彼らはギリシア的な生活様式にしたがい、そして、かつて少数の例外的な古典期のギリシア人たち（エウリピデス、イソクラテス、ソフィストのアルキダマス、キュニコス派の人々）が理論上の理想として論じたものを、実生活の上で実現したのである。

しかしながら前五、四世紀の一般のギリシア人が異民族の知性（ディアノイア）についてどう考えていたか、あるいは異民族がギリシア人に「なる」ことがいかに不可能なことと考えていたかについては、ここでわれわれが出発点にしたアリストテレスの『政治学』における、あの誇らしげな自民族中心主義の一節を思い起こせばことたりる。あるいは、クセノフォンの先達であるあの偉大な歴史家トゥキュディデスの著作の中の、いくつかの意味深長な記述を考察してみてもそれは判明する。次節では、このトゥキュディデスをとり上げよう。

野蛮と文明

イソクラテスやクセノフォンにとって、汎ギリシア主義とはたんに文化的理想であるばかりではなく、政治プログラムでもあった。ギリシア同盟やデロス同盟は、前四七九年から前四〇四年までの間に「アジアにいるギリシア人たち」を次々に解放し、ペルシア支配から独立させた。だが彼らは前三八六年、「大王の和約」もしくは（ギリシア側の交渉使節の筆頭者であるスパルタ人の名にちなんで）「アンタルキダスの和約」と呼ばれる議定書の条件のもとで、ふたたび正式にペルシアの支配下にもどってしまった。

しかしながらトゥキュディデスが青年期を過ごしたのは、ギリシアが自由を享受していたこの幸福な中間期にあたっていた。この間ペルシア人は、小アジア地方のギリシア人に事実上ほとんど脅威をおよぼさなかったし、本土のギリシア人にとってはまったく脅威にはならなかった。さらに、おそらくたしかなことだが、トゥキュディデスが生まれた直後くらいの前四五〇年ごろ、アテナイとその同盟国はペルシア大王と正式にカリアスの和約［訳註25］を結んだらしい。その平和を象徴するのが、アテナイのアクロポリス上に展開された大規模な建設事業であり、その中でも後世のわれわれに伝えられて重要な影響をおよぼしているのがパルテノン神殿である。いずれにしてもその和平から前四一二年までの間、ペルシア帝国はギリシア政治史上無視してよい要因であった。トゥキュディデスが、アテナイ＝スパルタ両陣営間のペロポネソス戦争（前四三一―四〇四年）を描いた『戦史』の中で、多かれ少なかれペルシア帝国を無視しているのはこうした理由によるものであり、またそれが無視の口実になった。

ところが実際には、この戦争の帰趨は、ペルシアがスパルタ側に、軍事的というよりは財政的な面で援助介入したことによって定まったのであり、このことはトゥキュディデス自身よく承知していたことであった（二巻六五章一二節）。そしてもし彼がその著作（それは前四一一年のくだりを述べる途中で未完のまま終わっている）を完成するまで生きていたならば、あるいはペルシア帝国という要因を、より早い時代にさかのぼって重視していたかもしれない。たしかにペルシア帝国に関しては、わずかなあつかいしかしていないトゥキュディデスと、他方はるかにつぶさな記述を残しているクセノフォンとの間の相違は、十分はっきりしている。しかしそれは、トゥキュディデスとヘロドトスとの間の相違にくらべれば、なきに等しい。むしろ、トゥキュディデスの主たる先達であるヘロドトスが、ペルシア帝国の強大さに記述を集中させているというまさにそのことゆえに、それに対抗する意味で、トゥキュディデスがペルシアについて沈黙したという可能性は高い。

そのことはともかくとして、トゥキュディデスがとりたててペルシア人だけを特別に無視したということはできない。彼の記述する歴史はギリシア人世界に限定されており、その中で彼は、一、二の例外は別として、いかなる種類の異民族にも概してほとんど興味を示さないのである。それだけに、トゥキュディデスが異民族に興味を示すそれらの例外的記述は、よけいめだつ。ましてトゥキュディデスが著者の個人的な見解をあからさまに示していればなおさらである。この種の個人的見解は、ヘロドトスの『歴史』にあっては、ごくあたりまえに表明されるものであるのに対し（ある計算によると、その事例は一〇八六件にも上るという）、トゥキュディデスの『戦史』ではそれと反対にたいへんまれなことだ。ここではそのように例外的な事例として、三つを選ぶにとどめたい。

まず最初に、トゥキュディデスの『戦史』第一巻冒頭の、いわゆる「考古学」をとり上げよう。これは古典ギリシア人の心性に神話がおよぼす永続的な影響力の一例として、すでに第二章で紹介した。トゥキュディデスが証明しようと努めたのは、彼の戦争がこれまでギリシア人が戦った中で最大の戦争であり、ことにヘロドトスが叙述したペルシア戦争よりももっと大きなものであるということであった。そこで彼は「考古学」の中で、はるかに遼遠な太古の先史時代から（彼はすぐれて現代史家であっただけに、その遼遠さをきわめて明敏に意識していた）前四三一年のペロポネソス戦争勃発にいたるまでの、主として経済史的な進歩発展の進化論的図式を概観する。『戦史』の他の箇所には見られないことだが、この「考古学」は、例のギリシア人対異民族の両極対立というテーマで終始貫かれているのである。

たとえば、コリントス湾の北側にある西ロクリス、アイトリア、アカルナニアといった地方に住む文化的に後進的な（とアテナイの教養人には思われていた）ギリシア人たちが、常住坐臥いつでも武器を携帯するという「太古の」ギリシア人の慣習にいまだにしたがっている、とトゥキュディデスは述べる。そのような行動は、彼から見れば文字どおり異民族的野蛮を示すものであった。なぜならこの事例は、「太古のギリシア世界の慣習は今日の異民族のそれに非常によく似ている」（一巻六章）ということを示す事例の一つとして引かれているからである。それゆえその表向きの目的は別として、「考古学」の主たる目的の一つは、トゥキュディデスが描こうとする歴史の舞台を明確にギリシアに限定し、前四三一年の段階までにギリシアの少なくとも一部がすでに到達していた文化的進歩のレベルを示し、それによってこの戦争の結果ギリシア世界が陥った道徳的堕落の深みを、よけい劇的な形できわだたせる、ということにあったのである。「トゥキュディデスの『戦史』にあっては、ト・ヘレニコンすなわちギリシア全体、もしくはホイ・ヘレネスすなわちギリシア人自身こそが、偉大性と重要性の基準となっている」とはコナーのことばである（Connor 1991 : 65）。

トゥキュディデスが厳然たる客観性を標榜していることを視野に入れれば、彼みずからが登場して「自分の文章にかこつけて道徳的・政治的説教を垂れている」（ホッブズのことば）こうした希有な事例は、なおさら特別の注意にあたいする。そのようなもう一つの事例が現れているのは、今日伝存する『戦史』の最後のあたり、第七巻（二九章四—五節、三〇章三節）である。このたびに限ってトゥキュディデスは、ペロポネソス戦争の主要な舞台から目を転じて、ある傭兵の一団がたどった道筋を追う（ちなみにクセノスということばがもついま一つの意味が傭兵である。なぜならギリシアのポリスが自国市民を傭兵として雇って自国のために戦わせるということは、ことばの定義の上からけっしてありえなかったから）。ペロポネソス戦争が泥沼化するにつれ、傭兵は両陣営がかつてない規模で用いるようになった。こうして傭兵として戦ったギリシア人のうち不均衡なほどに多数をしめていたのは、貧困にうちひしがれたアルカディア高地出身者であった（アルカディアは、近代初期の詩人や画家たちが描いたのとはうらはらに、けっしてロマンチックな田園詩の舞台ではなかったのだ）。

だがここでトゥキュディデスが話題にしている傭兵とは、トラキア地方（おおむね現代のブルガリアに相当）出身で、前四一三年にアテナイに雇われた、異民族の傭兵である。そもそも最初彼らはシチリアに派遣されて、アテナイによるシチリア征服のくわだてを援助するはずであった。だが、そのくわだては不運な結末に終わってしまい、彼らは最後の増強部隊への編入に間に合わなかった。そこで一人のアテナイ人の司令官が彼らを連れ帰るよう命じられ、その帰途、道々ボイオティアにいるスパルタの同盟軍にできる限り損害を与えよとの指令を受ける。ところが彼らがミュカレッソスにいたると、トラキア兵たちは凶暴になり殺戮に走った、とトゥキュディデスは伝える。彼らは女子供を含むありとあらゆる人間を手あたりしだいに殺したばかりではなく、家畜や「目に入るあらゆる生き物」までをも屠殺したという。

この大虐殺はトゥキュディデスに相当の衝撃を与えたらしく、それに促されて彼は著者の個人的なコメントを一つのみならず二つも書き記す。まず第一に彼は、トラキア人はひとたびその「放胆さ（タルソス）」を起こすと、おそろしく血に飢えた殺人行為を働くものであり、その点でもっとも野蛮な異民族の「人種（ゲノス）」に属する、と述べる。今もしこの観察を文化的観点から解釈するとすれば、トゥキュディデスが言外に意味しているのは次のようなことである。成年男子ギリシア市民の兵士と正々堂々と戦う場合であれば、異民族は、真にギリシア的な「勇気（アンドレイア。「男らしさ」が字義）」はもとより、本来の「放胆さ」すらも発揮することはない。だが女、子供、老人、家畜、ペットなどを相手にする場合には、彼らは下劣な形態の「放胆さ」を発動する。だが彼らはその欲望をほんとうの意味での軍事的目標に向けないで、無意味なまでの無差別殺戮によってそれを満足させるのである、という趣旨である。

トゥキュディデスの二つ目の個人的コメントを促したのは、学校で起こった子供の殺戮である。彼はこの事件を、ミュカレッソス全体にとっての災厄であり、規模においてこれに匹敵する殺戮はなく、またこの戦争全体をとおして起こったこの種のできごとの中でももっとも悲嘆にあたいするものであるとして、いささかおおげさに説明するのである。

トゥキュディデスの注意をとくにひきつけたのが、この殺戮の異民族性であったことは、疑う余地がない。もちろんトゥキュディデスが他の箇所で、ギリシア人どうしの野蛮行為を軽く見ているというわけではない（本書第五章参照）。そのようなことは、ペロポネソス戦争によってギリシア人の行動が「異民族化」したという彼のテーゼにとって、むしろ有益であった。だが、ここで問題となる異民族が、トラキア人であったという事実もまた、あのようなトゥキュディデスの感情の吐露となにがしかの関係をもつものでもあったかもしれない。というのも、トラキアおよびトラキア人は古典期ギリシアにおいてすでに、奴隷制と奇妙にも結びつけられるようになっていたからである（本書第六章）。さらにここでの論点にとって重要なのは、トゥキュディデス自身がトラキアと縁故関係をもっていたということである。実際彼の父称はトラキア名（オロロス）であり、これはトゥキュディデスの父方の祖先の誰かとトラキアの貴族ないし王族との間に、婚姻関係もしくはクセニア関係が結ばれた結果であろう。トゥキュディデスがおおいに敬愛するトラキア人もいたであろうことは疑えないが、しかしトラキアとさまざまな縁故関係（それは世襲的な鉱山採掘権にまでおよんでいた）をもっていたがゆえに、かえって彼は、自分が純粋なギリシア人であって異民族ではないという資格証明を、なおのこと力説したかったのかもしれないのだ。

トゥキュディデスは、二つの異民族王国（マケドニア王国とトラキアのオドリュサイ王国）について余談を語る第二巻のくだり（九五―一〇一章）において、彼にしてはたいへんめずらしく、ヘロドトス的ともいえる民族誌を思い切って記述しているのだが、ここでもトラキア人が中心的な役割を果たしている。そこで読者の目に飛びこんでくるのは、著者が二つの個人的なコメントを、いずれも第二巻九七章で、さしはさんでいることである。だがここでそれらが目を引くのは、それによってギリシア人一般というよりは、むしろトゥキュディデスその人の心性をうかがい知ることができるからである。

まず第一のコメントとして、トラキアの贈与慣行を論ずることをきっかけにして、彼は一種侮蔑的なおもわくから、異民族どうしを次のようにくらべてみる。いわく、トラキアのオドリュサイ王国内ではどこでも贈り物を受けとることが（あるいはそれをねだることさえも）徳とされるのであるが、他方ペルシアでは贈り物を受けとるよりも与えることの方が王の威厳を示す慣行（ノモス）なのである、と。トゥキュディデスは、ペルシアの慣行が本質的に善であると考えていたわけではない。そうではなくて、どちらかといえばギリシア的風習に近く野蛮ではないこのペルシアの慣行を引き合いに出すことで、より野蛮なトラキア人の欠点をあばきたてようとしたのである。ヘロドトスが、異民族の中でももっとも野蛮であると考えていたスキュティア人と対比させることで、ペルシア人をおどろくほどギリシア風に見せることができたのと同じやり方であった。

事実、トゥキュディデスが、ギリシアの北に住む異民族の隣人たちについて余談を語る中で、著者本人として第二のコメントを与えているのは、まさにこのスキュティア人である。トゥキュディデスが語るところによれば、その軍事力の点においてスキュティア人は明らかに全ヨーロッパ中で並ぶもののない民族である。いやそれどころか全アジアにおいても、もしスキュティア人が「道理にしたがって一致結束する能力を備えて（ホモグノモネス）」さえいるならば、彼らに抵抗できる民族（エトノス）は他にないであろう。だが現実には、彼らには先天的に、本性上この能力が欠落しているのである。なぜなら、彼らにはそのために必須の条件であるエウブリア（評議してものごとを決める知恵）とクシュネシス（知性）がないから。むしろ彼らはこれらの点において「他のあらゆる民族よりも」劣っている、とまでトゥキュディデスは述べるのだ！

トゥキュディデスが事前にスキュティア人の地で実地調査をしていたわけではないことは、ほとんど確実である。だが彼はアテナイでスキュティア人弓兵をみずから目にしており、その経験が故郷にいるスキュティア人に対するこのような低い評価を補強することにつながったらしい。スキュティア人弓兵とは、ある種の治安維持機能のために働かされる、国有奴隷で編成された小規模な警官隊である。たしかにアテナイの喜劇の舞台、たとえばアリストファネスの『テスモフォリアズサイ（邦題・女だけの祭）』などに登場するこれら警官もどきのこっけいな姿は、けっして観客にこびるための誇張表現ではなかった。だが他方、どれほど歴史的探求を行なったところで、スキュティア人の劣等性についてトゥキュディデスが力説するこの比較文化的な見解を、立証する結果は得られなかったはずである。

したがって、次のような結論にあらがうことは困難である。まず第一に、他の点では余人の追随を許さぬほどの知的業績を上げているにもかかわらず、トゥキュディデスの異民族への態度は、平均的ギリシア人のそれにおとらず偏見にみちた自民族中心主義に支配されているということ。これはどちらかといえば、トゥキュディデスへの従来の信頼を裏切ることになるのだろう。そして第二には、これよりさらに興味深いことに、この顕著なほどに露骨なスキュティア人観が、本質的には、御多分にもれず暗黙のうちに、ヘロドトスから受けつがれたものであったということである。

さて、そのヘロドトスによるスキュティアに関する記述、いわゆる「スキュティア誌」は、『歴史』第四巻の最初の四分の三を占める（一―一四四章）。これは、第二巻全体がエジプトの記述にあてられているのとあわせて、『歴史』中で本筋から逸れて語られる二つの重要な民族誌となっている。「スキュティア誌」は、最近ギリシア古典作家について書かれたものの中でもっとも啓発的な書物の一つ、F・アルトークの著作（Hartog 1988）がとり上げているので、私はむしろ第二巻の方に焦点をあわせたい。だがその前に、私がアルトークの著作の何をそれほど啓発的と考えるのかをかいつまんで述べた方が、ここでの議論に役立つだろう。

この著作は、ある読解の試みである。それもたんにヘロドトスが用いているギリシア語の土俗方言を、それにおおむね相当する英語やフランス語に置き換えるというだけではなく、一つの解釈としての読解、すなわちアルトークのいい方によれば、ヘロドトスの「他者性のレトリック」を探求し、解釈し、分析することが、ここで試みられていることなのである。「歴史記述における他者表現」という副題がつけられるゆえんである。

ありうべき、またあるべきヘロドトスの読み解き方の本質とはどのようなものか。それをとらえるためにアルトークが依拠している方法とは、鏡のメタファーである。このメタファーは三通りに応用される。まず第一に、ヘロドトスのテキストそのものが鏡にたとえられる。この場合のテキストとは、古文書ないし印刷媒体の形で伝達されるヘロドトスのことばだけではなく、それについてのあらゆる解釈全体をも含んだ意味である。ようするに、この広義のテキストを、あたかもガラスをのぞきこむように見つめれば、われわれとは何者であるか、われわれ自身のアイデンティティと活動とは何であるかが、遠くにぼんやりと見えてくる。

アルトークが述べるところによれば、こうした関心から生じてくる問いの代表的なものとは、「ヘロドトスの鏡に映る像は真実か」ということである。だがアルトークはこうした問いを、われわれの視野を狭めるにすぎないものと見なす。ヘロドトスが置かれた文化的・政治的背景とか、その叙述の根拠とされる（仮説上の）事実基盤を、ヘロドトスのテキストの外部に求めようとする衝動に、アルトークはむしろ抵抗しようとする。ヘロドトスの叙述は、彼の多義的なサブテキストを、より繊細に超歴史的に読み解くことを可能にするほど長い（長すぎる、という向きもあるだろうが）からである。

アルトークのいう第二の鏡とは、ヘロドトスがその「名あて人」たちに向かってかかげた鏡である。「名あて人」とは、前五世紀にヘロドトスの著作の全部ないし一部を聴取し、あるいは読み、あるいはその両方を行ない、そしてヘロドトスが意識的にせよ無意識的にせよ読者・聴衆に想定していた、すべてのギリシア人集団ならびに個人のことを、手っとり早く指し示すためにアルトークが用いた総称である。いうまでもなく鏡というものは、ものを反対に映し返すものである。それゆえさまざまな要素が合成されたヘロドトスの歴史の鏡の中に、ギリシア人たちは、他者としての異民族の、たがいに重なりあうが同一ではないさまざまなイメージが映るのを見てとったのである。スキュティア人は（あるいは少なくとも一部の典型的スキュティア人は）、もっとも純粋で対極化された形態での「他者」を表していた。すなわち彼らは、非農耕民で、非都市民で、文明化されぬ遊牧民であるという、ギリシア人の正反対の民族の理念型として映っていたのである。

第三に、アルトークによる鏡のメタファーは、ヘロドトス本人がいわば自分のキャンヴァスともいうべきみずからの視野を概念化したことに対して用いられる。このキャンヴァスの上に、ヘロドトスは物理的なオイクメネ、すなわち人間の居住空間と、ギリシア人と異民族の近過去との双方を描いてみせる。その際彼はさまざまな修辞的技法を用いる。たとえば類推法、数と量についての関心、奇跡的なものへの特別な関心、そしてここでの議論にとって少なからず意義深いのは、正反対の関係に立つ諸慣習を列挙した比較対照表なのである。

ヘロドトスによるエジプトの対照表

エジプト誌がつづられる第二巻は、ヘロドトスの『歴史』の中ではきわだって変則的な部分である。このためヘロドトスの学問的くわだてそれ自体に関しても、きわめてやっかいな諸問題が、とりわけ鋭い形で浮かびあがってくる。すなわち、ヘロドトスは歴史の父なのか、それとも「ほらふき」の父なのか。口承伝説を細心に照合する批判的研究者なのか、それともたんなる旅の土産話を受け売りする軽信な旅行者なのか。もともと歴史地理学者だったのがおそまきながら専門の歴史家に転向したものなのか、それともエジプトに特別の関心を抱く地理歴史学者なのか。比較民族学と比較文化史の創始者か、それとも散文を得意とする物語作家にすぎないのか。ここではこの巻を、このような謎にみちたものとして考察するところから出発してみよう。それは現在伝わっているその形態と配置からすれば、「メディアに関することがら」という主題から脱線した、一つの大いなる余談を構成する。

ヘロドトスは主題からのこうした脱線に、なんら矛盾を感じていなかったはずである。彼にいわせれば、「スキュティア誌」の中ほどで自身述べるとおり（四巻三〇章）、脱線話や余談（プロステカイ。字義どおりの意味は「つけ足し」）とは、彼の説明構想の中の不可欠な構成要素なのであったから。

しかしながら、「エジプト誌」がたんなる脱線話以上のもの、あるいは一種特別な脱線話のように思われるのは、その度外れた長さに加えて、ヘロドトスが自分の学識と方法論をひけらかすのに異例なほどの関心を見せていることによる。それゆえ、「エジプト誌」は、ヘロドトスがギリシア・異民族間の軍事紛争という主題にとり組む以前、まだヘカタイオスによって創始されたイオニア学派的な合理的解釈にもとづく民族誌の系譜にしたがって研究していた時期に、それ自体独立した文章として書かれたものだ、と考える学者もいる。だが私としてはどちらかといえば別の考え方を採りたい。それは、彼個人の経歴にかかわることがらも一因となって、ヘロドトスがこの主題を彼の研究歴の早い段階から構想していたにちがいないと思うからで、むしろ第二巻はある意図のもとに計画し、用意周到に準備した取材旅行の結果であると考えたい。だがことの真相はともあれ、「エジプト誌」は、第一に歴史学の方法に関しても、また第二には民族誌的解釈に関しても、ヘロドトスの視点を明確にする上でこの上なく有意義な情報をもたらしてくれることは疑いを容れない。

さて同巻九九章でヘロドトスは、アルトークの表現を借りれば彼が「探査した」限りでの、エジプトの地理的および心理的な空間を回顧して、次のようにコメントする。「ここまでこれらのことがらについて述べてきたのは、私自身の見聞（オプシス）と判断（グノメ）と探求（ヒストリエ）によるものである。だがここからは、エジプト人が語ってくれたこと（ロゴイ）を、私が聞いたとおりに述べてゆこうと思う」。さらに一四七章ではこうつけ加えている。「以下に述べることがらは、エジプト人の伝承のみならず、エジプト人以外の人々の伝承でエジプト人のそれと一致するものも根拠にしている。同様に、私自身の見聞からも若干補足して述べようと思う」。

ヘロドトスが実際に判断を下し、探求を行なったことは広く認められていることであるが、彼がほんとうにみずからエジプトを実地調査し見聞したのかという問題については、一世紀以上の長きにわたって論争がくり広げられてきた。彼は、たとえばメンフィスの「ヘファイストス神」（プタハ神のこと）の神官たちのような、エジプト人の中でも物語（ロゴス）に精通した人々（ロギオイ）と、ほんとうに話を交わしたのだろうか（彼はギリシア語しか話さなかったから、話をしたとしても通訳をとおしてだろうが）。それともヘロドトスは、エジプトに旅行したことのある人たちから話を聞いて、公刊された記述を手に入る範囲で読んだにすぎず、みずからが探求したからたしかなのだとほとんど攻撃的なまでに彼が宣伝するのは、すでにこの当時「みずから探求すること」がギリシアの先進的な「科学的」言説にとって必要不可欠ないいまわしになっていたからなのではないだろうか、といった論争である。だがこの論争は、私にはほとんどむだで不毛のように思われる。むしろアルトークの勧めにしたがい、問題をヘロドトス自身のテキストの範囲内で考察した方がよい。

というのも、ヘロドトスが序文で述べるとおり、「非ギリシア人の偉大で驚異にあたいする功業」を記憶に残すこともまた、彼のヒストリエの公然たる目的の一つであり、エジプトこそ他のどこよりも多くの「驚異」を残していたからである（二巻三五章一節）。いいかえれば、ヘロドトスにとって、驚異とは「それによってさらなる思考に到達するならば、知恵のはじまり」（レッドフィールド Redfield 1985）だった。そして、エジプトの驚異についてテオリア（おそらくは視覚的な観察をも含む思索のこと）することでヘロドトスが到達した主要な種類の思考が、二項対立ないし両極分類であったことは、疑いを容れない。あるいはひょっとしたら、ヘロドトスがこの種の思考法を受けついだのはギリシアの知的遺産一般からであり、あたかも対照表の升目に両極分類したものを配列してゆくような彼の思考方法を適用するための格好の文化的空間を、エジプトに見いだしたのだ、といった方がいいのかもしれない。いずれにしても、両極対立は、ヘロドトスの「エジプト誌」に一貫して形を与え、いわゆる「さかさまの世界」的な他者化の典型例を提供する考え方なのである。彼はいう。「エジプトでは気候が世界の他のどの地域ともちがっており、河も他の河とは様相がことなる。のみならず人々も、ほとんどあらゆる生活様式（エテア）と慣習（ノモイ）の点で、人類一般に共通する慣習とは正反対の暮らしをいとなんでいる」（二巻三五—六章）。ここでの「人類一般」とは、ヘロドトスの念頭にある、ギリシア人の「名あて人」を意味する。

彼はそれにつづいて全部で一八にものぼる対立項目を数え上げているが、その中から次の二つをとりだして、このリスト全体の見本としてみよう。まず「女は立ったまま小便をし、男は座ってする」と彼は述べる。次章で見るとおり、ある社会における女性たちの風俗慣習は、もっとも重要な文化的指標であるとヘロドトスは考えている。だがこのエジプト人男女の両極対立は、両極分類というものがけっして一筋縄ではいかないことを示す好例ともなっているのだ。というのは、小便のし方について、ギリシア人の男性は、エジプト人の（つまり異民族の）女性と、文化的に同じ升目の中に分類されてしまうことになる。そうすると、ギリシア人にとっての自己対異民族という両極対立の一般的妥当性のみならず、後述する男性対女性という両極対立のそれも、問題視されてしまうことになるからである。

二番目の事例では、ヘロドトスはこう述べる。「エジプト人が文字や数字を書くときには、ギリシア人のように左から右へ書くのではなく、右から左へと手を動かす。それなのにエジプト人は、自分たちは左から右に書いているのであり、ギリシア人の方こそ右から左に書くではないか、といってきかない」。一見すると、これはいわゆる相互無理解の古典的なケースのようにみえる。だがよく考えてみると、このくだりは、エジプト人の筆記や計算のほんとうの方向がどうであったかということよりも、ヘロドトスのねらいや見通しがどんなものだったかについて、より多くを語ってくれる。ヘロドトスは、エジプト人の「さかさま」を、さらにひっくりかえすことによって相対化しているのであり、それのみならず、人間社会の普遍的ルールだと当時のギリシア人が考えていたものがどんなものであったかをも、例示してくれるのである。このルールは、次に述べるように、ヘロドトスが第三巻（三八章）で、ある有名な寓話を物語る中で、明確に系統立てて例証している。

「慣習こそ王である」

昔々のこと。ペルシア大王ダレイオス一世（在位前五二二―四八六年）は王都スサにギリシア人を何人か召し出してこうたずねたという。「その方どもは、朕がいかほどの金を払うなら、血を分けた親族の死体を食べるか」。ギリシア人はおそれおののいて、どれだけ金を積まれても死者の身体を食べるような気にはなれません、死者は火葬にするものですからと答えた。そこで次にダレイオスは、インド人を召しだした。彼らは死者を食べるのが習わしであった。王は彼らにたずねていう。「いかほどの金子をもらい受ければ、死者を火葬するか」。王の申し出に対し、インド人はギリシア人よりもさらにおののき、やはり同じくらい断固として死者を火葬することを拒んだという。ギリシア人の通念からすれば、このインド人のカニバリズムには恐怖を感じるのがあたりまえだっただろうが、ヘロドトスはみずからの恐怖の念は表に出さず、むしろ（文脈からは離れて）叙情詩人ピンダロスの「慣習（ノモス）こそすべての王（バシレウス）である」という詩句を引用する。つまり、ギリシア人も異民族も、すべての人類はひとしく慣習に支配されている。自分たちの風俗慣習こそ、自分たち自身にとって最良のものであるばかりでなく、他のあらゆる民族のそれにくらべても道徳的に絶対優れている、という揺るぎない信念は、人類がみな等しく抱くものだ、ということである。

しかしながらヘロドトス本人は、この物語を彼が語っているというまさにその事実が示すとおり、このような信念を抱く典型的なギリシア人ではなかった。それどころか彼は、比較民族誌学者であるばかりでなく、(少なくとも信条としては)ラディカルな民族相対主義者だったのである。ヘロドトスが、「人間が万物の尺度である」との有名な教条を定式化したあのソフィスト、アブデラのプロタゴラスと友誼を保っていたという話は、その伝承が正しいかどうかは別として、少なくとも信じられないことではない。もっとも、これまた因襲破りなプロタゴラスの不可知論主義神学(本書第七章参照)に、ヘロドトスが共鳴していたとは考えられないけれども。

どのソフィストもそうであったように、プロタゴラスもアテナイに長期間滞在していた。そして前四四四/三年、南イタリアの、かつてシュバリスというポリスがあった場所に、アテナイの後援によりあらたに植民市トゥリアが建設された際、その国制を起草するよう要請されたと伝えられる。おそらく彼が民主主義的思想の持ち主だったからであろう。ヘロドトスは、母国ハリカルナッソスから亡命していた身であったから、市民身分を回復するには千載一偶のこの好機をとらえて、この新しいポリスの市民になった。事実ある史料が伝えるところでは、ヘロドトスはそのアゴラに栄誉をもって埋葬されたという。

「ヘロドトスの法則」(オリエント的専制支配について)

あの保守的ギリシア民族主義者であったプルタルコスが、ヘロドトスを心得ちがいにもフィロバルバロス、すなわち「異民族びいき」とあざけったのも(『倫理論集』八五七a)、一つにはヘロドトスがこのように異民族の慣習に寛容な態度を寄せていたからであり、その寛容は親族の死体の処置法というきわめて微妙な文化的領域におけるカニバリズムにまでおよんでいた。じつはヘロドトスは、異民族の人間にせよ慣習にせよ、そのすべてに好意を寄せていたわけではない。たとえばアンドロファゴイ(「人食い部族」

が字義）と呼ばれるスキュティア人部族の文化的慣習に対し、彼は「あらゆる人類の中でもっとも野蛮（アグリオタタ）である」とのレッテルを貼っている。それのみか、彼らは「正義（ディケ）の存在を信じず、法（ノモス）というものを知らない」（四巻一〇六章）とまで主張する。だが誤解してはならない。ヘロドトスは、この部族の場合についてさえも、法であればどの法もひとしなみに善と見なしていたわけではない。むしろその逆である。彼はペルシア君主政やペルシア帝国主義を説明する際に、私が「ヘロドトスの法則」と呼んでいる因果法則を適用した。この法則こそ、彼の著作全体を貫くライトモチーフであったといえよう。そして、道徳的でもあり、分析的でもあるこの構成概念こそ、「ギリシア人と非ギリシア人とがなぜたがいに争いあったのか」という、ヘロドトスみずから序文で設定した説明問題に対する回答を、彼に与えたのである。

第一巻でヘロドトスは、ペルシア人を例によって次のように紹介している。「私が知っている限り、ペルシア人が遵守している慣習とは、以下のようなものである」（一巻一三一章）。これにつづいて、前述のエジプトにおける慣習リストを思わせるような、一連の風俗慣習の目録を記述して、これらペルシアの慣習がギリシア人の正反対であることを明らかにする。ところがヘロドトスにとって、そうするだけでは、エジプト人の場合と同様、ペルシア人を――とにかくその全員をまるごとそっくり――ステレオタイプ的異民族の役どころにあてはめるには、まだ不十分なのである。

現にペルシア人の中には、ヘロドトスの同時代におけるもっとも進歩的なギリシア人思想家と奇妙にも似たふるまいをし、あまつさえ哲学までしてのける人間まで現れる。たとえばいわゆる「ペルシア政体論争」〔訳註26〕（三巻八〇―二章）は、現存する最古の高度な西欧的政治理論の事例なのであるが（そして、これまたヘロドトスがプロタゴラスに依拠していることを示すいま一つの実例かもしれない）、そこで自論を演説しているのはペルシア貴族たちである（ただし本書第五章参照）。それゆえクセノフォン描くキュロス大王には、このように書物の上でのまことに立派な先達がいたということになる。

だが一方、君主政——「ペルシア政体論争」に登場するダレイオスなる人物が提唱するたぐいの立憲君主政ではなく、専制的独裁政のこと——の問題になると、ヘロドトスは、それが専制君主の直接の臣民にとってのみならず、専制君主が帝国主義的征服によって支配をおよぼそうとするやもしれぬ他の人々にとっても、無条件に悪いものであるということを、じつに明確に信じていたのであった。その上彼はその見解を、異民族のみならずギリシア人に対しても適用した。一例をあげるなら、アテナイの僭主ペイシストラトスは、第一回目の僭主政（前五六〇年ごろ）の期間に、既存の政治制度を侵害することがなかったという理由から、ヘロドトスによる寛大な評価を受けているが、その後彼が貴族であるアテナイ人の妻と「慣習的なやり方にしたがわずに」性交したことを厳しく非難されている（一巻五九、六〇章）。

ヘロドトスはペルシア君主政を、まさにこのような僭主政として、野蛮で、尊大で、専制的なものとして提示する。その歴史は、キュロス大王治下の比較的穏健な草創期から始まり、カンビュセスの神をも冒瀆する狂気、あるいはダレイオス一世の執念深くしかも計算しぬかれた無慈悲さをへて、クセルクセスの人格の中にこの上ない傲慢さが、人間の肉体をかりてやどるにいたるプロセスである。再三再四、陰に陽に、ヘロドトスは、ギリシアのいわば共和的自由ないし自治と、ペルシアのオリエント的専制主義とを、両極対立的に対照させてみせる。ここでもまた彼は、次のようなある象徴的な物語、というより寓話を用いて、きわめて説得的に自己の主張を読者に納得させるのである。

クセルクセスが前四八〇年にギリシアを征服しようとくわだてた際、彼が連れていた顧問役の随行員の中に、一人のスパルタ人亡命者がいた。彼はただのスパルタ人ではなく先の王ダマラトスで、（不当にも）

その王位を追われた後で「メディアに寝返った」わけである。ダマラトスとクセルクセスがはたしてたがいに何を話しあったか、あるいはましてやその正式な会談の詳細が何であったかについて、ヘロドトスが知っていたとはとうてい考えられない。だがヘロドトスは、少しもひるむことなく、まさにそのような内容を再現してみせると、第七巻の中で一再ならず公言してはばからない。

あまり信じられぬ話だが、その中のある箇所で（七巻一〇四章）、ヘロドトスはダマラトスに、いわばギリシア民族主義を、いささかスパルタ中心にだが、擁護する発言をさせている。彼はいう。クセルクセス陛下、御身はペルシア人にとって主人（デスポテス）であり、絶対的な支配者であられる。御身の臣民は、自由でないという点で奴隷と選ぶところありませぬ。されどスパルタ人（ここではギリシア人一般を代表している）は、ノモスすなわち法の他には、一切主人を認めませぬ、と（ここでのノモスは慣習法と、市民団が制定する実定法との双方を意味する）。クセルクセスの帝国主義的侵略を不可避的に促し、その意味でペルシア戦争の原因となったものこそ、このペルシア的な君主政の専制的なノモスだった――これがヘロドトスのいわんとすることなのである。だがこの専制的な法と専制君主クセルクセスが、自由意志で選びとられた、ギリシア人を「支配」するノモスという難敵とぶつかったのも、また同様に避けられないことであった。この限りにおいてヘロドトスは、他者としての異民族についての否定的なステレオタイプを、かなりの程度是認していた。これは、ほとんどすべてのギリシア人が無意識にしていたことと、変わりなかったのである。

第四章　歴史とジェンダー——男性対女性

フェミニスト闘争の究極の目標とはまさしく、男性性と女性性という、死に至る二項対立を解体することでなければならない。

（モイ Moi 1985: 13）

神話としての人類創造

アダムとイヴの物語が、第二章で論じたような学問的な意味での神話であることは、はやくから明らかとされてきた。だが、それが通俗的な意味においてもやはり一つの神話であるということが、遺伝学的研究によって証明されたのは、ようやく一九五九年になってからのことであった。種としての人類の基本的な肉体構造は女性のものであり、男性は遺伝学的に見れば哺乳類が胎児であるときに二次的に発生したものにすぎないということは、今日通説となっている（性決定遺伝子であるSRY、すなわち「Y染色体上の性決定領域」の発見が最終的に公表されたのは、一九九一年五月のことである）。にもかかわらず、科学万能とされる今日のわれわれの文化においてさえ、このようなたんなる生物学的・解剖学的事実だけでは、男根中心的家父長制支配という支配的な文化パラダイムを、粉砕するどころか揺さぶることもできそうにない。そうであればなおさらのこと、次のような発言もなんら驚くにあたいしない。

［古代ギリシアからフロイトにいたるまでの］過去における性差をめぐるイメージは、個々の解剖学的事実、個々の生理学的経過に関する知識によっては、ほとんど制約を受けることがなかった。むしろそのイメージは、その時々に固有のレトリック的・文化的および政治的な時代の要請から発生したのである（一九九〇年十二月六日付『ロンドン・リヴュー・オブ・ブックス』トマス・ラクールによる記事。Laqueur 1989を参照）。

たしかに「驚くにあたいしない」のは事実だ。しかしそれは、「古代ギリシア人」のすべてに、全時代をとおしてあてはまることだろうか。本章の目的は、古代ギリシアという文脈の中で、これら「時代の要請」といわれるものの根拠を検討し、そこから生じた複雑なイデオロギー的諸影響を探求することにある。その際、とりわけ重要な位置を占めるいくつかの歴史書の中で、「自然」と「文化」との両極対立が明示的もしくは暗示的に操作されているかどうかをとくに問題にしたい。いいかえればこういうことである。今日なお、アカデミズムの世界の内でも外でも、おそらくフェミニスト運動の主要な問題となっているのは、セックスとしての「女性」という自然的本質が存在するのか、それともジェンダーとしての「女性」という社会的構成概念が存在するだけなのか、という問いである。その問題のどのあたりに、ここであつかう主たる史料が位置づけられるのだろうか、というのがここでの関心である。私がこの問題をこのように両極対立的に設定したのは、この問題領域においては、いずれにしてもギリシア的遺産が明らかにその背景にあると思われるからだ。すなわち、権力を握るのは男か女かのいずれかであり、両者がたがいに協力しあうことはけっしてない、という両極対立的観念がその遺産なのである。

「第二の」性

四〇年以上前、出版界ではある大事件がもちあがった――シモーヌ・ド・ボーヴォワール著『第二の性』（一九四九年）の刊行である。この事件と本書とのかかわりについては、すでにプロローグで強調したとおりだ。このタイトルには、おそらく彼女の長年の恋人ジャン゠ポール・サルトルへのメッセージもこめられていたのであろう。だが実際、創世記以来のユダヤ教・キリスト教的宗教伝統において、そしてヘシオドスとセモニデス以来のギリシア精神を受けついだいわゆる西欧的文化伝統において、女性がナンバー・ツーとして一段低く評価されてきたこと、つまり第二の範疇として定義されてきたことは、たしかである。

しかしながら、女性にかんする古典ギリシア的言説と、ユダヤ教・キリスト教的伝統におけるそれとの間には、両者を根本的かつ橋渡し不可能なほどに分ける一つの大きな相違が存在する。つまり後者の言説が、古典ギリシアの宗教にとっては異質の、教条的な宗教の枠組みの中に刻みこまれているということである（本書第七章）。たとえば次の引用文を考察してみよう。「男性の優越性はヨーロッパ中世のイデオロギー的事実であり、社会的にも神学的にも正統教義なのである。それゆえそれは、神の存在と同様に、絶対的で疑問の余地のない真実であった」（一九九一年七月十九日付『タイムズ・リテラリー・サプルメント』ヘレン・クーパーによる記事）。ユダヤ教およびキリスト教のフェミニストであれば今日すすんで容認しうるところであろうが、このような否定的な性差別のための宗教的拘束力（女は「神の似姿にあらず」うんぬん）こそ、女性の地位と待遇の平等を求める議論の内的な論拠づけを、ますます困難なものにしている元凶なのである。

一方これとは対照的に、古典ギリシアの宗教には宗教的教義などという概念すらなく、それゆえ正統教義なる概念もまた存在しなかった。それゆえ、「女性の自然の本性」をめぐる問題は、神学的信念に訴えることによって単純に解決しうるというものではなかった。たとえ古典期のギリシア人男性たちが、神学的信念に匹敵する主要な武器としての神話を自由に駆使して最善をつくしたにせよ、事態は同じであった。だが、それにもかかわらず、古典期ギリシアにおけるこの問題はやはり、少なくとも公式には、エス・メソン、すなわち「公の議論の場のまんなかで」、いわば誰にも知れわたる形で公然と、論争されるべきことであった。それゆえギリシアの古典は、ギリシア文化全体がそうであったのと同様、本質的にはアゴン的すなわち競争的性格をもっていたため、女性の真の本性とあるべき地位をめぐるこの論争について、じつに豊富な史料を提供してくれるのである。

男性による秩序

最初にまず、方法論に関して二つのただし書きを念頭にとどめ置かねばならない。まず第一に、ここでの私の議論の下敷きになっている史料は、それ自体ことごとく男性の手になるものであるということ。たとえ悲劇に登場する女性のせりふに、ほとんどはげしいまでに迫真の女性らしさがこもっていたとしても、そのせりふを書いた劇作家が男性であり、登場人物に扮している俳優も男性であり、そして観客もほとんどあるいは全部男性であったことを失念してはならない。かつての古典期ギリシア世界のように、性差別による両性隔離が支配的である社会において、今なお問題になるのは、男性が女性の人生の現実をどこまで追体験し、あるいはシンパシーをもって表現しうるか、あるいはそもそもそれが可能か、そしてとくにその表現の鑑賞者もまた男性である場合、それがはたしてどこまで可能か、ということである。であればなおさらのこと、古代ギリシア人（とくにヘロドトス）による異民族女性についての民族誌には、疑問符が呈せられるわけである。

こうした疑問が最近とみに高まってきたのは、現代の人類学者がギリシア農村社会を現地調査して得た観察によって、重要な理論的貢献がもたらされたことの一つの結果であった。その貢献とは、社会的・象徴的外見と現実との間にはギャップがある、ということを人々に気づかせたことである。たとえば、女性は一つの範疇としては、一見すると空間的・社会的・政治的に従属的な地位に置かれるように見える。そのため、どんなに鋭敏な民族誌家でも目をくらまされてしまい、女性が外から課せられる束縛の範囲内で、主として私的な領域で活動する余地もあることを見落としてしまう、ということもありうるのである。

方法論上のもう一つの警告とは、史料が男性の手になるということと密接にかかわるものだが、十九世紀までのすべての社会の歴史家に等しく該当するものである。つまり、これまで通念上、歴史記述の主題として望ましいと考えられてきたものとは、まさしく「男の物語（his-story）」だったということ、つまり男が行ない、あるいは男同士がたがいに対して行なってきたことをあつかう物語であったということである。後述するようにヘロドトスはこの一般原則からの例外であるが、それは部分的に例外であるにすぎない。彼は、集団としても個人としても、女性についておびただしい箇所で（正確には三七五箇所）言及しているが、にもかかわらず、女性がいわば物語の本筋で登場することは、ごくごくまれである。いいかえるなら、女性が登場するのは、ヘロドトスの序文にいう「驚異にあたいする功業」というテーマに該当する場合であって、「なぜギリシア人と非ギリシア人とがたがいに争いあったか」という本筋とのからみで登場することは、むしろ少ないのである。

だが同時に、次のこともつけ加えておくべきだろう。これらの方法論上の諸問題は、古典期ギリシアの女性たちの社会的・政治的・経済的地位についての真実と称するものを、なんとか再構成し、説明しようと腐心している歴史家の場合にくらべれば、ここでの私の議論にとって、その重大性ははるかに薄い、ということである。なぜなら私の主な関心は、史料が女性の現実とイメージをどのように構成しているか、ということだからである。だがもちろん、これらの方法論上の諸問題がまったく重大でないというわけではない。なぜならイデオロギー（この場合男性イデオロギー）こそ、古代ギリシアの女性にとっての現実の重要な一部分だったからである。その上、史料としての歴史書は、ギリシア人の性差別をめぐる規範について、格別有益な情報を提供してくれるわけではけっしてない。おそらくこれよりも、もっと目に見える形で明白な論拠を提供してくれるのは、前五ないし四世紀の他のジャンルの古典史料、すなわちアテナイの悲劇と喜劇、およびプラトンやアリストテレスの哲学であろう。ギリシア人対異民族の両極対立（本書第三章）の場合と同様に、ここでもアリストテレスから出発するのが便利であるばかりでなく、ほとんど必然的ともいえよう。

アリストテレスと女性

その著作の内容からしても、ものの見方からしても、アリストテレスはわれわれのいう哲学者というよりは、第一義的には自然科学者、つまり自然の探究者であった。「自然哲学者」という古めかしい呼び名の方が、むしろ彼の立場をぴったりといいあてている。とくに彼は動物学者、生物学者であり、したがって自然（フュシス。「生成の過程」が字義）についての彼の考え方は、多くのギリシア人のそれと同様、究極的には人間界と対立するものとしての動植物界の理解から導かれたものであった。それゆえ『動物誌』（ヒストリア・ゾオン）において、彼は動物界と人間界との連続性を説く。ところがこの科学的な見解につけ加えて、アリストテレスは彼一流の目的論によって、次のような一種の半形而上学的な注解を展開するのである。

彼によれば、すべて生命をもつものはそのテロス、すなわち目的をもっている。たとえばどんぐりのテロスは、樫の木になることである。ところがギリシア語テロスから派生した形容詞テレイオスは、「結果として生じた」とか「目的を達成した」ということのほかに、科学的・記述的のみならず価値規範的な内容をも含んだ「非のうちどころのない」という趣旨で、「完全な」という意味を有していた。それゆえアリストテレスによる動物から人間にいたるまでの一連のスペクトルの中では、人間は「もっとも完成された」すなわち非のうちどころなくでき上がった最極端の位置を占めているのである。リチャード・ライダーが「種による偏見」と名づけたような、西欧自然科学の潮流における淵源は、ここにある。

ここまでは、おそらく予測のつくところであろう。だがその後に、驚くべきことがひかえている。アリストテレスにとっては、こうした完成ないし非のうちどころのなさとは、形態のみならず本質にかかわるものである。ここでの議論にもっともかかわりが深いのは、アリストテレスの目的論における完全性が、ジェンダーをも包摂していることである。したがって人間の男性はあらゆる生物の中でもっとも非のうちどころなく男性的であり、人間の女性はもっとも女性的だとされるのである。

だがアリストテレスにとって「男性的であること」と「女性的であること」とは、同等の価値をもつものであろうか。絶対にそうではない。アリストテレスの目的論は、価値規範的であると同程度に男女差別的でもある。彼の『動物発生論』によれば、女性は男性の「反対（エナンティオン）」であるとともに男性より劣る存在であり、それのみか一種の自然のきまぐれから生じた変異種である。宦官と完全な男性との関係は、女性が男児に劣るという関係と相似であり、男児は――宦官とはまたちがった意味で――不完全な男性であるともいえる。どうしてそうなるのか。

アリストテレスは、両極対立的に思考すると同時に経験的証拠に対して誤った注目の仕方をするという、ギリシア人特有の発想から、次のような当時の通俗的なドグマを単純に主張している。すなわち、女性の子供は左の睾丸から、男性の子供は右の睾丸から生みだされ、一旦子宮に着床するや、女の胎児は子宮の左側で、男の胎児は右側で成長するというドグマである。左右に優劣を設けるという伝統的な両極対立の一例であり、この左右両極対立は、他の点ではギリシアとまったく共通点のない多くの社会においても、うんざりするほどよく知られた考え方である。さてアリストテレスとその弟子たちが、解剖を行なっていたことは事実である。だが、科学的な技術や調査探究をどれだけ投入したところで、こうした「自然の諸法則」なるものを証明することはできなかったはずだ。なぜならそれは、純粋な性差別イデオロギーだったから。

しかしながら、一足飛びにすぐさまアリストテレスを断罪する前に、次のことに注意しなくてはならない。女性の生物学的本性についての彼の考え方は、ヒポクラテス医学全集に代表されるような、当時もっとも「進歩的」とされた医学思想や医学研究と、けっして無縁ではない。一例をあげよう。ヒポクラテス医学全集所収の論文「精液について」の作者は、「男も女もともに、男性質の精液と女性質の精液の両方をもっている」と信じている。だがそれにもかかわらず、「男性が女性より強いのは、もちろん男性質の精液に由来するはずである」(同書六章)ということもまた、同程度に確信しているのである。事実、女性が排卵をつうじて人間の再生産に男性と同等で積極的な役割を果たしているということが確証されるには、近代初頭まで待たねばならなかった。ましてSRYの同定などは、まだ先の話である。ヒポクラテス学派の医学者たちは、近代の医学者同様、婦人病治療の水準を上げることに尽力した。しかしながら定義上女性固有の疾病とされたヒステリー（字義としては「子宮固有の性質」を意味する）の診断と望ましい治療法を考えるにあたっては、「彼らは肉体的な治癒よりも、社会の既存の価値規範を支持することの方に関心があった」（レフコウィッツ Lefkowitz 1981 : 13）――つけ加えるまでもなく、それは男性の価値規範であった。

ジェンダーとの関係における科学の立場は、依然として問題を多く含んでいる。女性の脳は平均すると男性の脳よりも小さいが、人間の脳の左右の半球をつなぐ脳梁とよばれる峡部は、平均して女性の方が男性のそれよりも太く、それゆえより伝導力があるということが、ごく最近明らかにされた。しかしながらこの科学的事実が、生物学的性差ないしジェンダーの差異化にとって何を意味するのかということは、それほど簡単にわかるものではない。理性の中枢と情緒の中枢との連絡がよりよくなされれば、情緒の統御もより容易になるのであろうか――それとも情緒と理性をわけへだつことが、かえってより困難になるのであろうか。いやもしかすると、ここでわれわれは、あのアリストテレス的な疑似科学的自然決定論に、しらずしらず逆戻りする危険性を冒しているのではなかろうか。

だがこうした危険は、じつはアリストテレスの構想に固有のものである。なぜなら、彼がジェンダーとしての女性の「自然本来の」劣等性を自明の前提とするところから出発して、その「文化的な」劣等性を推論するにいたったのは、女性心理についての彼の理解、すなわち女性のプシュケ（「魂」「心」「精神」）に関する彼の概念構成に由来するものであったから。女性の「自然本来の」劣等性と「文化的」劣等性とを結ぶ決定的な懸け橋は、勇気という根本道徳によって形成された。勇気を表すギリシア語（アンドレイア）は、字義としては「男らしさ」を意味する。ギリシア人は「男らしさ」を「勇敢・勇気・好戦性」と同一視した。それゆえ女性にはそのような善い情緒を経験したり、あるいはその種の美徳的ふるまいを表したりする可能性が、ことばの語源の点からないとして、その可能性から事実上女性を排除したのであった。ブレヒトの劇に登場する「肝っ玉おっ母」を、アリストテレスのような古典ギリシア人が見たら、その呼び名は語義矛盾だと思ったことだろう（いうまでもないことだが、アンドレイアというギリシア語の名詞が女性名詞であるということは、この際とり上げるにあたいしない）。

ではまず最初に、アリストテレスが動物の世界をどのように調べたのかを考察してみよう。インド象のメスがある種の勇気を示すということは、彼も認めるところである。だがそれは、劣った、女性的な種類の勇気である。軟体動物でもオスはメスよりも勇敢である。他方クモは、彼の考える社会生物学的体系にとってはやっかいな問題である。なぜならある種のクモにおいては、メスが交尾後かあるいはその最中においてさえ、あべこべに相手のオスを食べてしまうという、むこうみずな度胸を有しているからである。アリストテレスにできたことは、ただこの事実を、まさに自分の考える一般法則に矛盾するものとして記述することだけであった。彼によれば、こうした逆転の事例は、それが例外であるということによって、オスこそが本性的に勇気を備えているという一般法則をかえって確証し補強したのである。もっとも、最大限譲歩してアリストテレスは、動物のメスに母性本能があることは認めるにやぶさかではなかった。母性本能によってメスは子孫を育てることができ、あまつさえある種の勇気と知性を備えるにいたる、と彼は考えたのであった。

ところで知性（ディアノイア）とは、アリストテレスが人間の魂（プシュケ）を六つに区分した中で、もっとも高潔なものであり、理性的思考（ロギスモス、ト・ロギスティコン）をうけもつ部分であるとされた。ここにもまた、ジェンダーの両極対立についてのアリストテレスの考えが、まさに政治的な表現をとって現れていることが明らかになる。アリストテレスの分析にもとづけば、ポリスとは個々の家（オイコス）の合成によって成り立つものであり、そしておのおのの家は、それが家であるためには、男性的要素と女性的要素の双方を包含していなければならず、それはほかでもない家の再生産のためなのである。具体的にいうならば、家は夫（ポシス）と妻（アリストテレスは妻をいい表す一般的な語ギュネよりも、文語風のアロコスという語をこのんで用いる）を含んでいなければならない。だがその二人のうち誰が家を支配すべきか。アリストテレスはいう。それは男性すなわち夫である。なぜなら支配には理性を働かせることが必要であるが、この理性という分野において女性は先天的に男性に劣るからである。なぜそういえるのか。それは、女性のプシュケの論理的思考能力（ロギスティコン）が、「信頼するに足りず」、「権威をもたない（アキュロン）」からである。

だがこのアキュロンという語は、正確にはいったい何を意味しているのだろうか。たとえばアリストテレスがもしこの自説を、師であるプラトンにむかって弁護したとするなら、どのような弁明になったであろうか。プラトンは、いかように想像力をたくましくしたところで、今日的意味でのフェミニストであったとはとうてい考えられない。だが、ある種の知的領域においては、男性に匹敵するような女性も、少数できわめて例外的ながら、いるということを、積極的に認める姿勢を明らかにとっていた。残念ながらアリストテレスは、アキュロンの含意をいちいちていねいに説明することはしてくれないが、たとえば次のようないくつかの説明が考えられよう。「女性というものは、議論ないし推論のプロセスを論理的結論にいたるまで、きちんとたどってゆくことができない」。あるいは、「たとえ知性的に推論することができたとしても、女性には先天的に自制心というものが欠落しており、それゆえ信頼がおけず、無責任で、気まぐれで無思慮であるがゆえに、その推理を有効な行為に移すことができない」。もしくは第三の可能性として、「女性の社会的地位が劣っているせいで、女性の推論は男性に対して権威をもたない」という説明などであろう。

トゥキュディデス――沈黙する女性たち

アリストテレス自身の考えがどうだったかは別としても、古典期ギリシアにおいてはこの第三の説明が、社会政治的にもイデオロギー的にも、事実と符合していたことは疑いを容れない。したがって、奴隷についての場合と同様（本書第六章）、女性についておそらくアリストテレスが試みようとしていたこととは、すべてのギリシア国家において女性が置かれていた法律上の地位、すなわち公的意思決定の手続きから女性が原則上排除されていたという事実について、哲学的な立場から合理的根拠ないし解釈をあたえることであった。同時に彼は、各オイコスの内部でも男性から女性へと命令系統が流れるのが理想であるとするギリシア人男性市民の規範的観念について、同様に合理的根拠をあたえようとしたらしい。だからこそ彼が、スパルタの「女天下（ギュナイコクラティア）」なるものに対してあれほど烈しく嫌悪をしめし、それでは世界がさかさまだとまで考えたのも、無理からぬところだったのである（後述）。

アリストテレスは概して歴史記述というものを、「アルキビアデスが何をして、どういう目にあったか」（『詩学』一四五一b一〇―一一）とかいう程度のことには価値がないといって低く評価する。だがそれにもかかわらず、トゥキュディデスの歴史記述（これはアルキビアデスについての主たる史料である）は、少なくとも女性のあつかい方に関する限り、申し分ないと考えていたらしい。あるいはむしろ、トゥキュディデスが女性をほとんど描いていないという点がアリストテレスの気に入ったというべきであろうか。この点は、ヘロドトスが女性について饒舌なまでに頻繁に――トゥキュディデスのほとんど八倍もの頻度で――言及していることと対比すると、いっそう顕著となる。

トゥキュディデスが女性について沈黙していることについては、いくつか説明が可能であろう。まず第一に戦争とは、それにつきものの情緒と美徳である勇気（アンドレイア）と同様、男性だけに許された特権であり、トゥキュディデスは戦争史家であるという自負を、ヘロドトスよりもはるかに確固として抱いていた、ということ。第二に、異民族に関する場合と同じく、トゥキュディデスは女性を視野から排除することで、ヘロドトスとの差異を意識的に主張しようとしていた、ということ。だがこれらの説明にはいずれも説得力があるとはいえ、完全な説明にはなりえない。一番完全に近い説明を求めるのならば、それは古典期ギリシア散文の中でももっとも有名なものの一つである「ペリクレスの葬送演説」から導きだされるのではないか、と私は考えている。これはペロポネソス戦争第一年目の終わり、前四三〇年初頭にアテナイの戦死者国葬が挙行された際、ペリクレスが行なった葬送演説（エピタフィオス）を、トゥキュディデスが採録したものである。それは次のように述べる――

このたび夫を失った女性たちの婦徳について、なにがしか述べなくてはならないとすれば、私は次のように手短な説諭をするにとどめたい。あなたがた［戦争未亡人］にとっては、女性の自然の本性に背かないことこそ名誉であり、また褒められるにせよ非難されるにせよ、男性の間でうわさにならぬことこそ誇りなのである（二巻四五章）。

いいかえるなら、女性について沈黙することによって、トゥキュディデスは歴史家としてこの「ペリクレス」の説諭にしたがったといえないだろうか。実際他人の前で自分の家の女性について語ってはならないというのは、全ギリシア人男性にとって規範的観念だったのである。

とはいえ、トゥキュディデスの沈黙は絶対的なものではなかった。そしてある一点に関しては、彼の沈黙はことばよりも雄弁である。まずはとりあえず、戦争という男性的な領域において積極的な役目を果たした女性たちについて、トゥキュディデスがあえて唯一言及している次の一節（三巻七四章二節）を考察してみよう。「彼らに加勢した婦女たちもまた大胆に（トルメロス）、戦闘に参加し、屋根の上から瓦を投げつけ、女性としての本分を上回る勇気をもってこの騒乱に耐えた」。この訳文中最後の「女性としての本分を上回る勇気をもって」という部分（レクス・ワーナーの翻訳による）は、トゥキュディデスの原文ではたったの二語でパラ・フュシン、すなわち文字通りには「自然の本性に反して」と表されているところを、翻訳というより解釈したものである。ようするに、大会戦で必要とされるような真の勇気とは、トゥキュディデス用いる紋切り型のきまり文句でいい表すならば、女性の自然本来の能力を上回るものだった。女たちがここで見せることができたのは、たかだか大胆さと不屈さの組み合わせにすぎず、それらはあるいは真の勇気にとって必要な要素かもしれないが、それが勇気のすべてというわけではない。しかも女にそのようなことができたのは、トゥキュディデスがここで述べているようなたぐいの状況、つまりケルキュラ（現在のコルフ）市街における内戦のような条件下に限られるのであって、これがもし相ことなる国々の軍隊がひらけた平野部で衝突するような大会戦であるならば、話は別だ、というわけである。ケルキュラ内戦のあべこべな異常さを強調するのが目的であるかのように、トゥキュディデスは女性のみならず奴隷までも民主派の側に立って戦ったと指摘する。女性と奴隷があいたずさえて、公的な市民の領域で活動するなどということは、まさにあらゆる規範に対する背反であった。

トゥキュディデスの沈黙がことのほか雄弁に何かを物語るのは、前四三〇年のアテナイでもっとも人の口の端に上った女性、すなわちペリクレスの内縁の妻アスパシア［訳註27］に関してである。まさにこの年に上演されたと思われる喜劇作家クラティノス作の劇『ディオニュサレクサンドロス』では、パリスとヘレネがそれぞれペリクレスとアスパシアに見立てられていた。さらにその五年後、ペリクレスがすでに鬼籍に入っていた年に上演されたアリストファネスの喜劇『アカルナイの人々』にいたっては、主人公ディカイオポリスは、ペリクレスが前四三二／一年スパルタに宣戦布告したのは、アスパシアに夢中になるあまり、彼女の女郎屋からたった二人の女郎が盗まれたのを埋め合わせしてやるだけのためだった、とまでいっている！

トゥキュディデスが正当にも、この手の「事件のかげに女あり」風の非難中傷と無縁であったことはいうまでもない。だがここで、いったいアスパシアの何がこれほどまでに男性たちのゴシップをかきたてたのかを手短に問うてみる価値はある。簡単にいってしまえば、自由人で市民身分の生まれではあったけれども、アスパシアはミレトスから来た在留外人であり、それゆえアテナイではアテナイ市民に許される諸特権、とりわけペリクレスのようなアテナイ市民と合法的に結婚する権利を認められなかったということが、その問いに対する答えである。皮肉なことに、アスパシアがこのようにして権利を奪われたのは、ほかならぬペリクレスが提案した、前四五一／〇年の市民権法が原因だった。この歴史の皮肉は前四三〇年、ペリクレスが例の葬送演説をした直後に、いっそう痛烈な様相を呈した。ペリクレスには、当時すでに離婚していたアテナイ人の正妻に生ませた二人の嫡出子がいたのだが、その子たちがこの年疫病〔訳註28〕で死んだため、彼には家督を継ぐ子供がいなくなってしまったのである。そこでアテナイ市民団は、彼のオイコスが断絶しないように、超法規的な民会決議を通過させて、アスパシアとの間に生まれた息子を嫡出子として認めてやったのであった。

前四五一／〇年以前には、アテナイ市民——すなわち、所属の本籍区〔訳註29〕に正当な手続きをへて登録され、市民団の一員として名が刻まれた自由人の成年男子（くわしくは本書第五章参照）——が市民としての資格を認められるためには、父方だけがアテナイ人の血統を引いてさえいればそれでよかった。なぜならそれで十分「自然の理にかなっているから」——というのは、アイスキュロス作『慈しみの女神たち』（『オレステイア』三部作の一つ。前四五八年）でアポロンが述べる（悪）名高いせりふの中の、生殖についての一つの説である。それによれば、男性だけが真の能動的な親になれるのであり、母親はいわば苗床にすぎず、そこで男性の精液（精液を表すギリシア語スペルマは「種《たね》」が原義）が発芽する、という。このアポロンの理屈を、アテナイの守護女神アテナがはっきりと是認する。アテナは技芸と知恵をつかさどる戦士の処女神であったから、女性の典型というにはほど遠かったわけである。さらにアテナイ人の土着神話（本書第二章）までが引っぱりだされ、女性が生殖上男性と同等の役割を果たすということを否定するのに都合よく利用される。ところが前四五一／〇年以降は、アテナイ市民になるためには、父方のみならず母方の血統もアテナイ人であることが要求されるようになったのである。

　ペリクレスがこの法案を提出した動機は何であったか、またアテナイ市民がそれに賛成票を投じた理由は何だったか（この動機と理由はかならずしも一致するとは限らない）という問題をめぐっては、これまで果てしなく議論が交わされてきた。たとえば、外国との個人的な縁故関係によって非アテナイ人の母親をもつ、キモン〔訳註30〕のような貴族に対して人々が偏見をもっていたからであるとか、この当時急激に増大してきたアテナイ市民権に付随する諸特権を、統御しやすい範囲の集団に限定しようという、政治的な思惑からする要請があったからとか、あるいは、アテナイ人と（ギリシア人・異民族をとわぬ）非アテナイ人との間の境界線をより鮮明に刻もうとする自国民中心主義的願望など——最有力候補をあげるとすれば、この三説だろう。

だが、意図されたものであったかどうかは別として、この市民権法がもたらした一つの結果とは、アテナイ人の娘にプレミアムがついたということであった。なぜならこれ以後、アテナイ人男子に嫡出性とそれにともなう財産権・市民権を授けることができるのは、彼女たちに限られるようになったからである。だがこのことは、一見彼女たちにとって特権であるかのように見えて、じつは両刃の剣であった。それはこういう事情からである。アテナイ人の娘は、もし何らかの持参金を提供できさえすれば、これ以後おそらくは結婚が多かれ少なかれ保証されるようになった。だがそうなると、いわゆる望まれざる妊娠を予防したり、いかなるたぐいのものであれそもそも結婚相手以外との性的な接触を禁じなくてはならなくなる。したがって、結婚前であれば彼女の父や父以外の男性後見人（ギリシア語でキュリオス。「支配者」「主人」が字義）が、そして結婚後であれば彼女の新しいキュリオスたる夫が、彼女に加えるようになる監視の重みは、相対的に増大したわけである。

それだけではない。「アテナイ人」といった場合でも、成人男子と成人女子とではおのおの意味するところがことなるのである。女性は年齢がいくつであれ、いずれかの男性の「支配権（キュレイア）」のもとで、つねに事実上保護後見される立場に置かれていた。前述したことからもわかるように、イデオロギー的に見れば、このことは女性のプシュケについてのアリストテレスの分析とよく一致していた。また政治的な次元で考えるならば、それは女性が市民ではないということを意味していた（市民を意味するポリテスの女性形ポリティスという語もたしかに存在したが、使われることはめったになかった。「市民身分の女性」を意味する標準的な表現は、ハイ・アッティカイ、すなわち「アテナイ女」、およびハイ・アスタイ、すなわち「市域に住む女たち」であった）。

あるいはむしろ、こういうべきであろうか——彼女たちは男性とは対等の市民ではなかったけれども、唯一の例外として、公的および私的な宗教という領域（それはなかなかに重要な領域である）においては、男性と対等でありえた。この例外を示すもっとも顕著な事例を引こう。厳密に宗教にかかわるものに限っていうなら、アテナイ国家で最高位の官職とはアテナ＝ポリアス女神の女神官であり、これは往古より続く特定の貴族の家柄の成員だけに許された世襲官職であった。この官職保有者は、ときにはなんらかの狭義の政治的行動をとるよう求められることもあった。たとえば前五〇八年には、当時のアテナ＝ポリアス女神官がスパルタ王クレオメネス一世に、アクロポリスからの退去を命じている。この女性神官は、その名前もおそらく人々に広く知れ渡っていたことだろう。だがアテナイ人男性の肉親女性のほとんどは、人に名前を知られるということがなかった。なぜなら男性にとっては、肉親女性の名前を親族以外の男性に漏らすことは、体面にかかわることだったからである。その程度たるや、彼らにそのような肉親女性がほんとうにいたのかどうかさえ疑いたくなるほど、（少なくともイデオロギーの上で）極端なものであった。

劇中の女性たち

「名前に何があるというの？」［訳註31］とはいうものの、名前にはじつに多くの意味が込められているものらしい。前四一一年にアテナ＝ポリアス女神の筆頭女神官だったリュシマケ［訳註32］（「戦いを解消させる女」）は、たとえ他の名前であっても同じように後世に名を残したことであろうが、そのかわり喜劇の題名となってその名を不朽のものとすることはなかったことだろう。というのも、アリストファネスの喜劇の題名『リュシストラテ』［訳註33］（「軍隊を解消させる女」）は、リュシマケのもじりだったからである。おそらくアリストファネスは、不謹慎なセックス戦争コメディーの架空の女主人公の名前に、女神官の実名をそのまま用いるのは好ましくないと考えたのだろう。だが他方、男と女それぞれのアイデンティティ、そして両者の関係をテーマとして、このような喜劇を書きたいと思っていたこともまたたしかである。事実彼がこのテーマで書いた喜劇は、この一作にとどまらなかった。彼は前三九〇年代末になってふたたびこの主題に立ちもどり、『エクレシアズサイ』〔訳註34〕(「民会に参加する女たち」)。現実にはそのようなことは女性にできなかった)を創作したからである。

このテーマが提起する問題に関しては、古代以来多くの論争が戦わされている。日常生活におけるアテナイ人女性は、公の場では姿も声も人前にあらわにしてはならないとされていた。だが年にただ二回、ディオニュソスに捧げるレナイア祭〔訳註35〕と大ディオニュシア祭のときだけは、架空の登場人物ではあれ、女性がきわだった役割をアテナイ市民の見守る舞台で演じた(ただしそれに扮していたのは男優ではあったが)。およそ喜劇というものが古今東西をとわずそうであるように、アリストファネス喜劇の一つの効果とは、(男性の側の)不安や恐れを笑い飛ばし、それによっていくぶんなりとも和らげることにあった。ところが悲劇とは、かの偉大なアテナイの悲劇作家たちの解釈によれば、これとは正反対の効果をおよぼすとされていたらしい(くわしくはエピローグ参照)。すなわち、社会心理のもっとも深い層において人々が抱く伝統的規範(ノモイ)を、すべて洗いざらい問いなおし、疑いの目にさらすという効果を悲劇は期待されていたのである。そこで問いなおされる伝統的規範の中には、女性の役割と地位にかかわるものも含まれていた。いやむしろ、今日知られているアテナイの悲劇とは、ある意味で男性劇というよりは女性劇であるとさえいえよう。アテナイ人の女性嫌悪心理をはじめとして、アテナイにおける男女関係のさまざまな力学を描いた悲劇は、今日数えきれぬほど残されている。アイスキュロスの『オレステイア』三部作(前四五八年)や、エウリピデスの『メデイア』がその代表例であろう。だが現存する悲劇のうちで、ポリス国家という文脈の中で女性にかかわる問題を真っ正面からきわめて鋭くえぐりだしたものとしては、おそらくソフォクレスの『アンティゴネ』の右に出る作品はないのではなかろうか。これが上演されたのは前四四一年であるから、脚本が書かれたのはペリクレスの市民権法制定から十年たらずのうちであったことになる。

『アンティゴネ』をめぐってこれまでなされてきた解釈、読み解き、翻案を数えあげれば、おびただしい量に上る。それこそジョージ・スタイナーの『アンティゴネの変貌』のタイトルの由来である。それらの中から、悲劇には上述したような効果があるとする説を確証するとともに、男性と対極的な「他者」として女性を位置づける言説にぴたりとあてはまるような一つの解釈を、ここでかいつまんで紹介しておくのがよかろう。スルヴィヌ＝インウッド（Sourvinou-Inwood 1989）の議論によれば、ソフォクレスは一個人としての女性アンティゴネと、テバイというポリスの市民団全体を象徴する一人の男性クレオン王とを対決させている。アンティゴネは、いわば「不吉な」女性である。父オイディプスがみずからの母と近親相姦し――だからオイディプスの母は、アンティゴネには母でもあり祖母でもある――その結果生じた子々孫々におよぶけがれの重荷を負わされているからである。他方クレオン王の統べる国テバイは、ある意味で反アテナイ的ポリスの象徴として用いられており、イギリス人劇作家ならばさしずめフランスに擬するところかもしれない。その上アンティゴネは、女性は姿を見せてはならず、家庭内に閉じこもり、政治という男だけの公的な空間とかかわりをもってはならぬという社会規範（ノモス）を踏みにじる。しかも彼女は、さらにもう一つのノモスを破る。すなわち、反逆者の遺体はしかるべき葬礼をもって葬ることを許されず、その霊魂がハデスの支配する地下の黄泉の国に平穏に下ってゆくことはまかりならぬとする、クレオン王の布令を犯すのである。それゆえ彼女は、（ギリシア人ポリスの文化的「論理」にしたがうならば）自身「不吉な」死を――縊死による自殺で――とげるべく運命づけられているのである。

だがアンティゴネの死とは、ほんとうに「不吉」なものだろうか。スルヴィヌ＝インウッドは、そうではないと解釈する。なぜなら結局のところクレオンとの対決に勝利したのは、アンティゴネ（あるいはむしろ彼女が体現する原理、公的に反逆者とされた兄ポリュネイケスの遺体を葬るときに彼女が奉じた原理）だったからであり、ソフォクレスは彼女の側にこそ観客の感情移入を誘おうとしたからである。たしかに彼女は、クレオン王が定めたかりそめの世俗的な布令を踏みにじりはした。だが、その死の状況がどんなものであれ、肉親が死ねば近親者がねんごろに葬らねばならぬとする、神々が定めたもうた伝統的な「不文律」としての法には、したがったわけである。この読み解きを、両極対立という観点からいいかえるとすれば、ソフォクレスは、「男性対女性」とか「市民対非市民」という主題よりも、「神々対人間」という主題を優位に置いたのである。まして「公と私」「外と内」といった文化的な副次的両極対立が下位に置かれたのはいうまでもない。

こうした読み解きが唯一（もしくは一つの説明として）正しいものであるか、ソフォクレスの意図と適合しているかどうかは、知るすべがない。だがかりにそうならば、ソフォクレスは国家反逆についても政治権力についても、型破りな見方をとっていたことになる。少なくともトゥキュディデスのように保守的な考えの持ち主から見れば、アンティゴネの行なったことが、はなはだしいアタスタリエもしくはヒュブリス、すなわち社会的に容認された現状の枠を暴慢にも侵犯する行為と思われたであろうことはまちがいない。事実この読み解きにしたがうならば、ほかならぬ「アンティゴネ」という名前は、「生殖に対する反抗」と解釈することもできる。すなわち彼女は、ギリシア社会において規範上女性の役割とみなされてきた合法的結婚と嫡出子の出産に、かたくなに抵抗した女性である、との解釈も成り立つのである。

他者性の民族誌——神話とユートピアの間で

あるべき女性のふるまいについてギリシア人がどのような考えを抱いていたか、いましばらくの間見てみよう。ここからは悲劇の潤沢で複雑な言説から離れて、同様に複雑で少なくとももっと潤沢なヘロドトスの言説へと目を転ずることにする。ヘロドトスの言説自体、悲劇から強い影響を受けているとも考えられるからである。とくに私は、ヘロドトスが女性のさまざまな「慣習」を、どのように「民族誌的に」あつかっているか、つまり一連の異民族社会とギリシア人社会において女性がどうふるまい、集団としてどうあつかわれているか、ということから話を始めたい。

この種のヘロドトスの女性をめぐる民族誌的記述について、第一に問いうる問題はそれが真実かどうかということであり、第二にはもし真実でないにせよ（そして真実でなければなおさらのこと）、彼の読者・聴衆にとってそれが何を意味したのであろうか、ということである。まずはヘロドトスの記述が真実かどうか、はっきりとした答えが出せる事例から見てみよう。ヘロドトスが主張するところによると、リュキア人（アナトリア高原の南西部に住む異民族）は「世界中の他のどの民族ともちがう、ある奇妙な慣習にしたがっている。それは、彼らが父方ではなく母方からとられた名前を名乗るということである」（一巻一七三章四節）。つまり、たとえば「クサンティッポスの子ペリクレス」ではなく「アガリステの子ペリクレス」と名乗る、というのである。さらにヘロドトスはこうつけ加える。奴隷の男と自由人の女性から生まれた子供はリュキアの正式な市民権をもつことができるが、他方母が奴隷で父がリュキア市民である場合にはそれがかなわない、と。

これらヘロドトスの主張のうち、まず前者は明らかに誤りである。リュキア人は母称を用いなかった。後者はといえば、真とも偽とも証明するのはむずかしいが、おそらく誤りである可能性が高い。なぜなら、異民族はものごとを何でもギリシア人とさかさまにするものだということを、読者・聴衆にわからせるのがここでのヘロドトスの意図だからである（だが厳密にいうと、ギリシア人と異民族ではやることすべて正反対というこの一般化自体、誤りであったと思われる。たとえばクレタ島のゴルテュンでは、奴隷の父と市民身分の女性から生まれた子供は、市民権はないにせよ、自由人としてあつかわれていた。ただしギリシアのそれ以外の地域では、どちらにせよ片親が奴隷であれば子供は法的には奴隷身分とされた）。

ここで暗に述べられているのは、ギリシア人のやり方こそが正しい規範であるということである。この趣意は、異民族での男女の性関係、とくに夫婦関係（もしくは夫婦関係の不在）について述べているヘロドトスのおびただしい記述の中に、たっぷりと表明されている。意識的にせよ無意識的にせよ、ヘロドトスが読者・聴衆に構築してみせているものとは、こうした男女・夫婦関係の観点からする文明と野蛮のスペクトルである。そのスペクトルの一方の端には、ギリシア人の一夫一婦制という正常性の極が位置づけられ、他方の端には結婚の祝福を受けない自由恋愛という、野蛮性の極が布置されるのである。まずはその野蛮性の極から見てみよう。

第三章で見たように、ヘロドトスはスキュティアのアンドロファゴイ人を、正義（ディケ）と法（ノモス）をまったく知らないという理由から、全人類のうちでもっとも野蛮な民族に数えている。ここで当然思い起こされるのは、リビュアのアウソイ人についてヘロドトスが明言しているような慣習である。それによれば（四巻一八〇章）「アウソイ人は女たちを共有して乱交し」、正規の結婚で通常の所帯を構えないだけではなく、ほんとうに「獣のようなやり方で（クテネドン）」性交（メイクシス）する、というのである。こうした表現が意味することとは、たとえばわれわれが通常（「自然に反する悪習」という、古めかしいが奥深い意義をもつ解釈をつけて）肛門性交を指すような意味で、「獣欲的行為」を行なったということではなく、彼らが人目をはばからず性交をしているということ、そしてその行為がギリシア人の思い描く内と外、公と私の境界線を侵犯している、ということなのである。これは、カフカス山脈に住む諸部族についてヘロドトスが次のように述べているのと同文脈である。「この連中（原文ではアントロポイ。ここでは侮蔑的なニュアンスが含まれている）は、獣がするのと同様に、衆人環視の中で性行為を行なう」（一巻二〇三章）。したがってアウソイ人やカフカス諸族の行為は、一夫一婦制というギリシア人の規範に違背するのみならず、人間と獣、公と私、外と内との間にギリシア人が設定した峻厳な境界線をも侵犯するものだったのである。

次に、ギリシア人の規範に多少近いという意味で、以上の民族よりもほんの少しだけ文明的とされるのが、リビュアのギンダネス人である（四巻一七六章）。彼らの社会における女性としての最高の栄誉とは、愛人を人一倍多くもっているということである。女たちは愛人の男性から贈られた革製の足輪の数で、勝ち得た愛人の数を誇る。ここで想起せずにいられないのは、アイスキュロスがトロイアのヘレネにポリュアノル、すなわち「多くの愛人を得た」（『アガメムノン』六二）という添え名を与えたことである。このことが、ヘロドトスの話を聞いた聴衆たちの脳裏にも思いうかんだであろうことは想像にかたくないし、またヘレネが異父姉妹のクリュタイメストラにおとらず野心にみちた人物の典型であったことをあらためて印象づける。

これよりももっと「ギリシア的」とされるのは、南方のナサモネス人と北方のマッサゲタイ人である。彼らは正規の結婚は行なうものの、完全な一夫一婦制とそれにつきまとう姦通行為の存在を認知しなかった。ヘロドトスははっきりと彼らの性交の仕方を比較している（四巻一七二章二節、一巻二一六章一節）。彼らにあっては、男が女と寝たいと欲するときには、彼女の住む馬車もしくは小屋の戸の表にしかるべき男性のシンボル（箙《えびら》もしくは杖）を人目につくように掲げておいてから、「何はばかることなく」性交する、という。これはつまり、たとえばアテナイであれば人妻と寝ているところを発見された姦夫が、逆上した夫から受けるであろうような仕打ちを、一切恐れることなく、という意味であろう（実際、前四〇〇年前後に弁論家リュシアスが代作したある有名な法廷弁論で、依頼人である殺人罪の被告は、夫として姦夫をその現場で殺したのは合法的であると主張している）。

だが民族誌家であるヘロドトスは、比較をする際にもさまざまな区別を細心に立てることを怠らなかった。女性を「共有する」ことのほかに、ナサモネス人がマッサゲタイ人とことなっている点とは、一種の集団結婚式を行なうことであり、その際にはいわゆる初夜権が、結婚式に出席したすべての男性客たちにふるまわれたという。だから彼らはマッサゲタイ人にくらべると、それほど「ギリシア的でない」ということになるのである。だからといって、マッサゲタイ人が野蛮であることについては、疑問の余地がないという。というのも、スキュティア人の一部族である彼らは、かつてトミュリスという戦士女王によって支配されていたことがあったが、この女王は身の毛もよだつような見世物を好むという歪んだ性癖があった。すなわちペルシアのキュロス大王の最期について、ヘロドトスがもっとも信が措けるとする話の中で、この女王は切り落としたキュロスの首を血でみたしたバケツの中に浸して辱めたという（この場面はルーベンスが印象深く描いている）。

後に見るとおり、ここでのトミュリスの役どころとは、ギリシア人女性アルテミシアの異民族版先駆者であるとともに、それと好一対をなす存在であった。しかしヘロドトスの読者・聴衆から見れば、トミュリスはもう一つの恐るべき女性像を連想させるものであった。というのも、ギリシア人にとって異民族の女性戦士（これはギリシア語では語義矛盾なのだが）といって思い浮かぶイメージといえば、アマゾン族と呼ばれた女人族だったからである。アマゾン族は、戦士であるギリシア市民男性とはあらゆる点で正反対の理念型として、神話的な機能をになわされていた。それは何よりも、彼女たちがギリシア人的な結婚のあり方を、きっぱりはねつけていると信じられたことからかき立てられた不安感に由来するものであった。ヴィダル＝ナケのことばを借りるなら、「アマゾン族の空想上の国制とは、ギリシア都市国家のそれを正反対にひっくりかえしたものとぴったり重なる」(Vidal-Naquet 1986a: 208)。

しかしながらヘロドトスはアマゾン族を直接、無媒介にギリシア人と対立させているだけではない。彼は世界中の異民族の中でもっとも異様で非ギリシア的だとするスキュティア人と彼女たちを対立させることによって、その差異をもっと複雑なものに見せてもいるのだ。彼はアマゾン族に、スキュティア人に対してこういわせている。「われらは、そなたらの女たちのような暮らしには、とても耐えられまい。われらのしきたり（ノマイア）が、そなたらの女たちとはかけはなれているからじゃ。われらは弓を引き、槍を投げ、馬にまたがる。だが女のする仕事（エルガ・ギュナイケイア）は、一切習いおぼえぬ。そなたらの女たちは……狩りやその他のことをするために馬車から出かけてゆくなどということは、けっしてあるまい」。

いいかえればこの言説においては、アマゾン族の異民族性をよけいにきわだたせるため、スキュティア人は名誉ギリシア人の姿に化けてしまっているのである。だが意識的にであるか否かにかかわらず、こういったやり方がおよぼすもう一つの効果とは、未開状態への一種のノスタルジアをかきたてることによって、ギリシア人女性をスキュティア人女性と同化させることである。つまりヘロドトスの考えでは、異民族的なものすべてが、そのことゆえに野蛮であるというわけではない。彼の話を聴くギリシア人男性の中には、こうしたヘロドトスの巧みな想像力に多少とも幻惑された者もいたのではなかっただろうか。

エピネトロンに描かれた「武装したアマゾン族」
前 510 年ごろ，アテネ，国立考古学博物館

この論点を視覚的に例証するものとして、意匠をこらした前五世紀の陶製のエピネトロン（女性が毛糸紡ぎに用いた道具）に、アテナイの壺絵師が描いた武装したアマゾン族の絵を考察してみよう（リサラーグ Lissarrague 1992: 227, fig. 61)。ここではこの絵が、本質的に家庭的で文明的なギリシア固有のこの道具に描かれているという事実こそ、まさにポリスをもたない異民族の女性戦士族であるアマゾン族の途方もない野蛮性をきわだたせる。描かれている絵姿には何ひとつ、人の心を脅かすような、あるいは常軌を逸するような要素は感じられない。むしろその逆である。アマゾン族を男性的に描くことで、アテナイ市民の女性が家庭内の妻の務めとして家族の衣類を作るのは正常なのだ、ということがかえって裏づけられたのである。これとは対照的に、ヘロドトスが描くアマゾン族の歴史にはさまざまな意味がこめられており、けっしてたんなる気慰めの物語ではない。

ようするに、ヘロドトスが異民族の女性たちのさまざまな「慣習」をとり上げたのは、歴史的・地理的に根拠のある、多かれ少なかれ倒錯した非ギリシア世界というものについて、歴史家としての言説を構築するためだった。その非ギリシア世界は、はるかな悠久の過去に存在する悲劇空間としての神話世界と、遠く霞む未来のかなたに存在する喜劇空間としてのユートピアとの中間に位置づけられたのであった。

しかしながら、異民族の他者世界と対照的な位置にあるとされるギリシア世界というものは、それ自体、この両極対立的な規範的言説が主張するほど安定した均一な世界だったのだろうか。この問題が、まだ残されている。

鏡に映ったスパルタ像

従来あまり注目されず、また深く理解もされてこなかったことであるが、ヘロドトスが民族誌的方法を用いて記述した唯一のギリシア都市国家が、スパルタである。彼はスパルタ人の慣習のあるものを、あたかもナサモネス人の慣習と同様に、ギリシア人聴衆にとって聞きなれず風変わりなものであるかのように描いている。つまりヘロドトスはスパルタ人に、「ギリシア人の中の他者」としての役割を負わせているのである。いわば彼にとってスパルタ人とは、ギリシア人対異民族の両極対立を立証するために、ギリシア人内部に設定した一種の対照群だった。スパルタ人が非スパルタ人をいい表すときに用いる言語コードが特異であるということを、ヘロドトスがあれほど意を用いて力説している理由は、まさにこの点にあると考えられるのである（本書第二章参照）。

それゆえ、ヘロドトスが言及する限りのあらゆるギリシア諸国の女性たちの中で、個人としても全体としても、もっとも顕著な役どころを演じているのがスパルタ女性であるということは、けっして驚くにあたいしない。たとえばクセノフォンなどは、スパルタではギリシア人としては例外的に婚外異性交渉が法的に是認されており、それゆえそこでは（アテナイを典型とするような）姦通という観念は知られていないなどという噂話を伝える（『ラケダイモン人の国制』一章九節。プルタルコス『リュクルゴス伝』一五と比較せよ）。ヘロドトスはそこまでわれわれを楽しませてくれはしない。だが一方で彼は、スパルタ王アナクサンドリダスが側室をめとったという話をした後で、唐突に——不自然なほど唐突に——王の行動は「まったくスパルタの慣習に反するものであった」と述べている（五巻三九—四〇章）。さらに、アリストテレスのようにスパルタが女天下の国だとまではいわないにしても、スパルタでは女性が権力を握っているということを十分ほのめかす記述が、ヘロドトスには見いだされるのである。

たとえばスパルタの二王家に関する長い一節の中で（六巻五一—六〇章。スパルタのような世襲王権の存在は、前五世紀のギリシア都市国家ではそれ自体すでにきわめてめずらしかった）、ヘロドトスはスパルタ王が有するいくつかの世襲大権（ゲレア。まさしくホメロスが用いている語である）に言及しているが、その一つである相続訴訟における判決権について、次のように述べる。「嫁入り前の娘が父の財産の女子相続人（パトルコス。原義は「父の遺産の相続権保持者」）となり、かついまだ誰とも婚約が決まっていない場合、［二人の王は］彼女の結婚相手を決める権利を有する」。つまりスパルタ女性はアテナイ女性とことなり、家督相続権をみずからの権能において保持したわけであり、これは私有土地財産が彼女たちの手に集中することを促す要因となった。アリストテレスの時代にはスパルタの土地の五分の二を女性が所有していたといわれ、アリストテレスはこれをおおいに遺憾なこととして述べている。それゆえ女子相続人は経済的に魅力的な存在であったのみならず、アリストテレスにいわせれば分不相応な権力をふるう能力をもっていたのである。彼によれば、スパルタがエーゲ海周辺のギリシア人世界に対して覇を唱えていた前四〇四年から前三七一年の間、「スパルタで物事を差配していたのは女たちであった」（『政治学』一二六九b三二―三）。

このような文脈にあっては、いわばクテシアス描くアラビアン・ナイト風の世界も顔負けの女性たちが、スパルタ王家の策謀に加担するありさまを、ヘロドトスが描いたのもほとんど当然のことといえよう。王位をめぐる争いや、それにともなって起こされる、誰それの出生には疑惑があるとかいう非難中傷などというものは、フィンリーのことばを借りるならば「僭主や異民族の君主の宮廷の専売特許であって、ギリシア都市国家には見られない」（Finley1981g: 32）。これはまさしくヘロドトス自身の言であったとしてもおかしくはない。なぜなら、彼は明らかにスパルタ王家の慣習とスキュティア王やペルシア王のそれとを比較しており（六巻五八、五九章）、カンビュセス王の一代記とスパルタ王クレオメネス一世のそれとの間には、テキストの内容上明らかにつながりが認められるからである。のみならず、前述のスパルタ王の世襲大権についての余談の直後、民間伝承や叙事詩や悲劇なども少々援用しながらヘロドトスが語る多くの物語の一つに、ダレイオスとクセルクセスをめぐる一連の物語とまさしく瓜二つの話がある。

その物語（ヘロドトス『歴史』六巻六三―九章）とは、スパルタ王ダマラトスの出生、というよりは受胎をめぐる話で、彼が王位を追われるくだりの中に一つの回想場面として挿入されている。彼が王位を追われた正式の理由とは（ヘロドトスによれば、その王位追放を詐欺的で不敬神なやり方で画策したのが、前述のクレオメネスだったという）、彼が先王の実の子ではないということであり、それをデルフォイのアポロン神が神託によって確証したというのである。オイディプスの子供たちを彷彿とさせる話ではないか！　だがイオカステとはちがい、ダマラトスの母親は、彼の妊娠について真実を知っていた。彼女は少しばかりおとぎ話風の潤色を加えて、それを息子に語って聞かせる。それによれば、彼のほんとうの父親とは、法律上の父である先王アリストンか、さもなければアリストンの姿を借りたスパルタの半神的英雄アストラバコスであるかのいずれかであり、彼を身ごもったのは、婚礼から数えてちょうど三晩目であったという。二人の結婚をめぐるこの説話の中心モチーフに共通するものが、ダレイオスとクセルクセスに関する説話の中にも登場する。そのモチーフとは、ある者がまったく予期せずに、しかもどうしようもないほどに、ある贈り物を欲するという筋立てである。なぜならアリストンは、誓約を守らせるといって親友の美人の妻を強引に譲り渡させた――ここで大事なのは、彼女が不妊症であったということだ――からである。

この物語は全編が初めから終わりまで作り話の連続であるが、次の点を完璧に例証するといえる。すなわちスパルタでは、一夫一妻制が根本的に重要視されながらも不安定な要因をかかえており、女性は表向き政治的に無権利で夫に儀礼的に服従しながら、強大な社会的声望と経済的影響力を手中にすることもありえた。したがってそのスパルタ社会の最上層では、女性が大きな役割を果たしていたのである。

驚異のギリシア女性

ヘロドトスの民族誌から、彼が描く個々の人物像に視点を移してみよう。ここでは一人のギリシア女性と二人の異民族女性をとり上げる。ヘロドトスは序文の中で、自分は後世のためにギリシア人・非ギリシア人双方の偉大で驚異にあたいするエルガ、すなわち行為、業績、功業を書き残すのだとの誓約を掲げている。彼の母国ハリカルナッソスの「女王」アルテミシアは、そのような驚くべき人間の一例としてあつかわれており、彼によればアルテミシアはとにかく「賛嘆にあたいする」（七巻九九章一節）人物なのだが、ここにはある種の愛郷心が嗅ぎとれぬでもない。

前述のトミュリス、後述のクセノフォンに登場するマニア、あるいはまた英国古代史に登場するボウディッカ〔訳註36〕と同様、アルテミシアも寡婦であり、夫の死後きわめて強力かつ有能な手腕でみずから統治のたずなを握った。さらに次の点もマニアとボウディッカに似ているのだが、アルテミシアは強大国ペルシアに服属した国の女王であり、ペルシアに従属しながらハリカルナッソスを女僭主として支配していた。ギリシア人の生まれで（ハリカルナッソス人とキュドニア人との混血）ギリシア都市国家を支配し、なおかつ異民族であるペルシア帝国に服属している女支配者という立場そのものからすれば、彼女は周縁的で両価的な存在であった。周縁的な存在に可能な行為とは、あるべき社会的地位の限界線に挑戦してそれを乗り超えるか、それともそれを強化するか、あるいはその双方を同時に行なうかのいずれかである。アルテミシア――というよりヘロドトス描くアルテミシア――は、強化よりもはるかに挑戦にふさわしい人物であった。

まず手はじめに彼女は、クセルクセスが前四八〇年にギリシア遠征をした際、特権集団である王の顧問団への参入を果たしたという。このような王側近の機関は、当然ホメロスに登場するトロイア戦争の際のアガメムノン王とその顧問会議を当時の人々に連想させたであろうが、『イリアス』にでてくる王の顧問団は全員が男性であった。だがアルテミシアはクセルクセスに「最良の判断」(七巻九九章三節)を助言したといい、その点でまことにアイスキュロス描くクリュタイメストラ(『アガメムノン』一一四)さながら、「アンドロブロス(男まさりの助言を行なう女)」の添え名にあたいする女性なのである。

男まさりだったのは、彼女の助言だけではなかった。というのも、他に例を見ないことだが、ヘロドトスは彼女の行為を表現するのに、語義矛盾を承知の上で、勇気を意味する標準的なギリシア語アンドレイアを用いているからである。事実ヘロドトスはクセルクセスに、サラミスの海戦の様子を観戦しながらこう嘆じさせている。わが軍の男どもは女のようになってしまった(これはまさしくギリシア人が用いる侮辱のことばである)が、アルテミシアは男のように戦っている、と(八巻八八章三節)。だがヘロドトスの読者・聴衆から見れば、おそらくこのクセルクセスの感嘆のことばは、案外すんなりと受け入れられたのではないかと思われる。なぜなら「女みたいだ」という表現は、ギリシア人男性がペルシア人男性を想像の上で思い描いていたイメージとぴったり一致したからであり、それはたとえば前四七二年上演のアイスキュロス作『ペルシア人』の中で、もっとも効果的に用いられている。だが他方、クセルクセスをして感嘆の叫びをあげさせたアルテミシアの行為、すなわちアテナイ軍船の攻撃をかわすために、わざとペルシア側の軍船に自分の船を突撃させて敵の目を欺いたという彼女の行為に、ヘロドトスの読者・聴衆ははっと息をのんだのではなかろうか。なぜなら、敵を欺く狡知(メティス)に富んだ彼女のこの行為は、徹底的に男性的な英雄オデュッセウスのわざにそっくりだからである。これまた女の仕業とはとうてい思われぬ、男まさりの行為であった。だが、敵軍のギリシア兵のみならずクセルクセスをも欺いた［訳註37］というのは、結局女性らしい彼女の策謀であったともいえる。

のみならず、自分だけ助かればよいという彼女の態度は、おのれの部署を守りぬき、自分が助かるよりはむしろポリスのために死すべしとする、ギリシア市民の軍事的・政治的倫理観とも相いれないものであった。というわけで、ここではヘロドトスは故国のために異議申し立てをしすぎるあまり、かえってそれがあだになったといえるかもしれない。つまり彼は、故国に着せられたペルシア側への加担という不名誉な罪を晴らそうとして、故国の指導者であるアルテミシアをあまりに都合よく男性化された勇姿に描いたため、このような齟齬が生じてしまったのである。少なくとも世論一般のアルテミシア評は、これとはまったくことなるものであり、また十分予想のつく内容でもあった——彼女は一般には「今アマゾン」と評されていたのである（アリストファネス『リュシストラテ』六七一以下）。だがこの世評にも、イデオロギー的な欠陥がともなっていた。なぜならアルテミシアは、まぎれもなくギリシア人であって異民族ではなかったからである。本節はその冒頭と同じく結論も、両価性ということを強調してしめくくるのがよさそうである。

二つのオリエント的警告譚

これと同じく両性具有の気配がつきまとうのは、ヘロドトスをめぐる本章最後から二番目の次のような事例研究である。これは『歴史』の冒頭部（一巻八—一二章）で物語られる、あるオリエントの王妃にまつわる恋愛物語であり、その神話性と強烈なドラマ性のゆえに、これまで数々の絵画に画題を提供してきた。たとえばウィリアム・エティ画《ギュゲスにひそかに妻の姿を見せるリュディア王カンダウレス》

（一八三〇年）がそれである。また最近では現代的に翻案されて、フレデリック・ラファエルの小説『隠れた私』の題材となっている。

ヘロドトスによれば、リュディア王カンダウレス（実在年代は前七世紀初頭）は「忌まわしい最期をとげるよう運命づけられていた」（一巻八章二節）、という。自然の摂理や神、もしくは運命の女神が王の死を宣告したということなのか、それとも王がたんに忌まわしい死に方をしたというだけのことなのか、それについてはヘロドトスは語らない。だがいずれにせよ王の死が痛ましいものであったのはたしかであり、床の中で死を迎えたとはいえ、王の死は自然死ではなかった。カンダウレス王の悲劇的な弱点とは、美しい王妃への愛に溺れてしまったことにあった。そして王妃の肉体美に魅惑されるあまり、彼はその肉体美のすべてを誰か他の男に見せたくてたまらなくなってしまったのである。その「幸運な」男とは、王の近衛隊長ギュゲスであった。ギュゲスは忠誠心が篤く、またリュディア人の生まれではないという理由から、白羽の矢を立てられたのである。だがこのたくらみは、恐るべき不発に終わった。王妃は——しかるべき身分の女性には当然のことながら、彼女の名前は明かされない——寝室のドアの陰からわが身の裸体をのぞき見しているギュゲスの視線に気づいてしまったのである。彼女は恥ずかしさのあまり（異民族は男性でさえも、ギリシア人男性市民と両極対立の関係に位置づけられるため、裸でいるのを見られるのを恥ずかしがるとされた。まして異民族の女性となればなおさらである）、ギュゲスに拒絶不可能な申し出をする。カンダウレスを殺して王になるか、それともみずから殺されるか、二つに一つを選ぶよう提案するのだ。分別あるギュゲスは前者を選択し、就寝中のカンダウレスを殺す。かくて因果応報の物語が成就するのである。

男の弱さと女の強さの対照というこの物語のモチーフは、「男は強く女は弱い」という支配的イデオロギーのパラダイムの、まさに裏返しである。アルテミシア同様カンダウレスの后も、美しさだけでなく頭脳も兼備していた。彼女の復讐は、極端でそれゆえどことはなしに異民族風かもしれないが、他方でギリシア的ティシス（補償的応報）の典型例であって、その意味で相応の妥当性を有する行為であった。そしてその実行方法は、狡知であるという点でギリシア的であった。ようするにカンダウレスの后の物語は、「ギリシア人対異民族」および「男性対女性」という二つの両極対立をひっくりかえして見せたものであり、だからこそ純粋にオリエント的な色合いとディテールを話の中に含ませるには、よけい効果的だったのである。

さて本章最後にあつかうヘロドトスの物語（九巻一〇八―一一三章）は、『歴史』の結末部に語られるもので、上述の物語と好一対をなす。カンダウレスとギュゲスの教訓譚が両価的で、不安をかきたてさえするものであるとすれば、こちらの物語は読者・聴衆に、オリエント的専制主義とは、異民族であるペルシア人の後宮政治の「他者性」とはこういうものか、というぬぐいがたい印象を与えるのがその意図である。

クセルクセスには多くの妻と、さらに多くの妾がいた。それがペルシア人一般の慣習と考えられていたからである（一巻一三五章）。ところがカンダウレスと同様、クセルクセスも妻の一人を恋慕するという過ちを犯し、彼女に愛欲まで抱くようになってしまった。あろうことか、彼が惚れたのは自分の妻ではなく、兄弟であるマシステスの妻であった。そこで義理の姉妹を正攻法で口説いてみたものの、口説き落とすのに失敗したクセルクセスは、彼女の娘と自分の息子を縁組させるという迂遠な手段に訴える。だがこれは、事態をさらに悪化させたにすぎなかった。というのも、今度はクセルクセスは息子の嫁となったアルタユンテ（マシステスの妻には敬意を払って名前を出さなかったヘロドトスも、こちらの方は名前を明かしている）に惚れこんでしまい、彼女は彼の口説きに応じたからである。だがそれには代償がともなった。アルタユンテはクセルクセスに、第一夫人アメストリスが彼のために織った「色とりどりの外衣」をほしいとねだったのである。こうして複雑に錯綜した話の糸は、そのすさまじい結末にいたってようやく解きほぐされる。クセルクセスがその外衣をアルタユンテに譲ったことを知ったアメストリスは、罪のないアルタユンテの母に、まことに野蛮残虐きわまりない「オリエント的」な方法で復讐したのであった。

ようするに、ギリシア人の成年男性であれば当然期待されるであろう欲望の抑制ということが、クセルクセスにはできなかった。その結果、彼は海外遠征でマッチョなペルシア大王の役割を果たすのに失敗したのみならず、家庭内にあっても自分自身の家を治めることすらできなかった。クセルクセスの女性に対する遇し方は、倫理的・政治的な彼の欠陥を表す顕著なしるしであったのだ。ペルシア王妃アメストリスの行為に女の凶暴さを見てとったヘロドトスの読者・聴衆は、異民族の女性とオリエント的専制主義に対するステレオタイプな見方をいっそう深めたことであろう。ソフィストの影響を受けて啓蒙精神に目覚め、異民族に対して共感を抱いていたヘロドトスではあったが、女性と権力とがからむ文脈では、それにもおのずと限界があったわけである。

しかしながら、ギリシア人の平均的な一般市民のものの見方・考え方は、おそらくヘロドトスとアリストテレスという両極にはさまれた中間のどこかに位置していたと思われる。それを知るため、最後にクセノフォンを見てみることにしよう。

ひかえめな提案

クセノフォンには同情を禁じえない——「忌まわしい最期をとげる運命」に置かれていたわけではかならずしもないけれども、後世「お手軽版トゥキュディデス」と評されるのが通例になってしまったとは。

だが彼のほんとうの姿は、そのようなものではない。クセノフォンはトゥキュディデスとはまったくちがったタイプの歴史家であり、とくにその散文の明晰さや理解しやすさ（これはギリシア語初学者の多くが感謝の念をもって認めるところだろう）の点からいえば、トゥキュディデスよりもずっとヘロドトスに近い。クセノフォンは他方、ギリシア人らしくかなりの功名心を抱いていた人物で、その一見すると素朴な散文スタイルとはうらはらに、その功名心に後押しされた独創性と革新性への志向をもあわせもっていた。にもかかわらず、たいていの場合、「男性対女性」の両極対立についてのクセノフォンの表現の中には、心強いまでの「ふつうさ」しか見てとれないのである。彼の文章に登場する男は男らしく描かれ、女は女らしく描かれる。そして男と女は、神に認められた役割分担と命令系統の枠内で、それぞれおのれの分限をわきまえているのである。

だがしかし、「たいていの場合」以外のケースもないわけではない。クセノフォンの文章がじつは繊細微妙で、引喩やアイロニーをおおく含んでいるとして通説に変更を迫る説もあるが、私はそうした立場からのクセノフォン像に同調するものではない。しかしながら、彼の著作には漫然と読んだだけではわからないもっと重要な意味があるという考えには、すすんで賛意を示したい。クセノフォンは、自分が考えるほどソクラテス的精神にあふれた哲学者では全然なかったけれども、これまで伝統的に評価されてきたよりはまだしもいくぶんかは哲学者的だった、ともいえよう。

まず最初に、家（オイコス）のあるべき経営についてクセノフォンの書いた論文『家政論』をとり上げ、そこに描かれている女性像とアリストテレスのそれとを比較対照してみたい。アリストテレスの『政治学』もまた、家の問題から出発している。これは彼がポリスを家の集合体とみなしているためである。しかしアリストテレスによれば、量の変化は質の変化を意味するという。つまり集合体としてのポリスは、個々のどの家ともことなる性質のものであり、家の領域の内部にとどまっている限り、男子たるもの人生を全うすることはできず、人間としての目的（テロス）を実現することはできない。そんな生き方は、洞窟に閉じこもって暮らす巨人キュクロプス族の首長ポリュフェモスみたいなものであろう、というのである。

ところがクセノフォンは『家政論』の中で、家とは人間が倫理的・政治的美徳（アレテ）を発揮するために必要な、自足的な背景であると論ずるのである。そして家というミクロ次元から、ポリスというマクロ次元におけるほんとうの意味での政治的理論構築へと議論を転ずるや、クセノフォンは、アリストテレスの『政治学』のように現在もしくは未来におけるギリシアを舞台に議論を展開するのではなく、むしろ過去における非ギリシア世界へと議論を投影するのである。

ところが他方、家の領域内部における「男性対女性」の両極対立をイデオロギー的に構築するに際しては、クセノフォンはみごとなほどにアリストテレスと見解が一致する。二人が一致して主張するところによれば、肉体的資質・機能・権力の点で男女両性にわけへだてがあるのは、もともと神が定めたもうたことであり、女性に母性本能を植えつけたのもまた神であった。結婚の主たる目的は合法的な嫡出子を生むことであって、対等者どうしの協力関係ではなく、ましてたがいに知的に刺激しあうことなどではけっしてない。たとえば、『家政論』で主としてソクラテスの話相手になっているイスコマコスなる人物は、女は十四歳になる前に結婚する方が望ましいと信じて疑わない。それは（おそらく妻の二倍ほどの年齢の）夫が、妻に理想的な家事監督者・配偶者となるため必要と思われることを教えこむことができるためである。

唯一クセノフォンとアリストテレスとの間の決定的な差異を感じさせるところがあるとすれば、それはイスコマコスの妻のことを「男のような知性（ディアノイア）を備えた人のようだね」とほめた、ソクラテスの遠慮がちなお世辞の中に見いだせる。だがこの発言にしても本気半分に述べられたにすぎず、いずれにしても男女の性差に対する標準的なギリシア人の両極対立的・階層序列的見解を前提とするものであったことはいうまでもない。それゆえせいぜいいえそうなことは、クセノフォンがある特定の、きわめて少数の女性に対してだけは、比較的寛容な態度をもっていたという程度のことにとどまる（イスコマコスの妻のような女性は、明らかにアテナイのエリート層に属する女性として描かれている）。

このような女性に対するある種の抑制された寛容さ――クセノフォンはそれでもまだ大胆と考えている――という全般的印象は、歴史記述に現れたクセノフォンの女性像を見れば、いっそうたしかなものとなる。彼が善しと認めるのは二人のギリシア人寡婦で、いずれもペルシア帝国支配下の小アジアのギリシア人住民である。『アナバシス』（七巻八章）の中でクセノフォンは、傭兵隊長として従軍していた間にヘラス（「ギリシア」）という名の女性（もしこのような名前の女性がいたとすれば、たしかに印象的な名前だったことだろう）に出会って厚遇を受けたことを詳述し、ヘラスが彼と息子に適切な助言をしたと伝えている。一方『ギリシア史』（三巻一章一〇―一四節）の中では、クセノフォンはマニアという女性についてさらにくわしく記述する。マニアの夫は、ヘレスポントス海峡に面したペルシア属州フリュギア内の飛び地であるギリシア人地域を支配する代理総督であったが、彼の死後夫の跡を継いでその地位にあった。マニアは夫にいささかもひけをとらぬほど、有能な指導者として頭角を現した。その点マッサゲタイ人のトミュリスに似ていたし、とくにハリカルナッソスのアルテミシアにはそっくりだった。実際ギリシア人男性の立場からみても、マニアの働きはきわめて見事であったため、ついに彼女の官邸に詰める男たちは、「わが郷土が一人の女によって支配されているとは恥辱である」との中傷を流し始めた。そこでマニアの義理の息子は、陰謀派の示唆を受けて彼女を殺す。義母ジョーク〔訳註38〕としてはあまり上等とはいえない話だ。

だから一見するとクセノフォン描くマニアは、ヘロドトスのアルテミシアの焼きなおしのようにも見える。だがよく調べてみるとマニアはアルテミシアよりもはるかにおとなしい人物であったことが明らかになる。なぜならクセルクセスに敬意を払わなかったアルテミシアに対し、マニアは宗主国ペルシアに柔順であったばかりではなく、自分の義理の息子が気に入るあまりに気を許しすぎてしまったからである。「女性とはえてしてこういうものだ」とは、クセノフォンの意味深長な私見をまじえたコメントである。

完璧な妻

マニアやヘラスが住んでいたのは、男の世界と女の世界、そしてギリシア人世界とペルシア人世界が、それぞれたがいに境を接しあう、いわば周縁世界であった。しかしながらクセノフォンがもっとも努力を傾注してその個性を描写した女性とは、異民族ペルシア人の世界の内部に住む、ただしまったくの架空の女性であった。『キュロスの教育』の本筋となるテーマはキュロス大王の教育であり、とくに模範的な名君をいかに育てるかという問題である。それに付随して語られる数々のわき筋の物語の中でもっとも印象的なのが、スサのアブラダタスとその献身的な妻パンテイアの愛情物語である。

彼女に「この上なく神のような女性」という意味のこの名前をあてたのは、作者の意図あってのことである。ギリシア神話でイヴと同じ役どころといえばパンドラであるが、その名は「あらゆる贈り物を贈られた女」を意味し、オリュンポスの神々全員からの贈り物を授けられたところからこう呼ばれた。パンドラは結局ギリシア中の男に災いと呪いとをもたらしたのだが、一方パンテイアは、神話に登場するこのパンドラの正反対の存在として、まさしく妻の鏡としてクセノフォンが考えだした女性であった。パンテイアはもちろん肉体美の持ち主であったが、クセノフォンが詳述しようとしたのは肉体よりもむしろその魂の美であった。何より彼が力説するのは、夫に対する彼女の絶対的でゆるぎない貞節心であった。その貞節は夫の生前はもとより、死後にいたってもつきるものではなかった。夫が戦死し無残に切りさいなまれた後で、彼女は彼の遺体をひろいあつめ、ねんごろにとむらった後でみずからも自殺したのである。

賢者ソロンはクロイソスに「結末を見とどけることこそ肝要」と諭したといわれる（ヘロドトス『歴史』一巻三二章）。たしかにパンテイアの結末は、悲劇的で英雄的であった。唯一わずかに不審なのは、ここでクセノフォンが彼女に、ふつうアテナイの悲劇の舞台上で（というより舞台を退場した後で）女性がするような自殺の方法、すなわち縊死を選ばせていないことである。つまり、パンテイアは男の道具である剣を使って果てているのである。ことによるとここでクセノフォンがほのめかしたかったのは、女として自分なりの、夫に従属したやり方ではあったが、パンテイアが生前同様死に際しても夫と対等の仲間であり、彼女の知性は、イスコマコスの匿名の妻と同じく、ほんの少しだけ男性的だった、ということかもしれない。だがひょっとすると、だからこそクセノフォンは、パンテイアの住む世界を、はるかな架空の過去の、しかも異民族の他者が住む異質な世界とした方が無難だと考えざるをえなかったのではなかろうか。

第五章　会員制クラブにて——市民対非市民

ポリスこそ人を教え導くもの。

（シモニデス）

いかなる原則によって特定の政治的権利と権能を市民団内部に配分していたかにかかわらず、概念上もっとも重要な意義を有していたのは、ポリス全体を市民と非市民とに例外なく区分することであった。

（ホワイトヘッド Whitehead 1991: 144）

政治がすべてに優先する？

若かりしころ、古代ギリシア哲学で学位論文を書いた有望な学徒であったカール・マルクスは、近代世界の研究をきりひらくにあたっても、古代世界との接触をけっして失わなかった。中世世界の人々が宗教だけにたよって生活していたわけではないように、古代世界の人々も政治だけが生活の資ではなかった、とマルクスは、彼一流の警句的な論調で書いている。換言すれば、こういうことである。古代ギリシア史の史料、とりわけ歴史書や、マルクスの重視するアリストテレスの著作から、迫力をもって伝わってくるのは、ポリスとポリス市民権こそ人間存在にとってまさしく肝心かなめのものであって、人の善き生活の源泉であり起源であるという観念である。しかしながら、この観念ないし理念は、生産、分配および交換という、それなしには純粋な政治も、まして本来の意味の政治思想なども存在しえなかったはずのむきだしの現実、すなわち一言でいえば経済から、遊離してしまった高みから述べられるのが、残念ながら常であった、とマルクスはいうのである。

物質生活の生産と再生産を第一に重視するマルクスの唯物論は、『ドイツ・イデオロギー』（一八四五年）以来、一世紀半にわたってさまざまな解釈を受け、さまざまな展開をみせて今日にいたっている。その遺産の中でも他に抜きんでて不朽のものは、マルク・ブロックとリュシアン・フェーヴルが創始し、最近ではフェルナン・ブローデルがその代表者として知られているいわゆる「アナール派」の歴史研究の中に見いだされる。アナール派の人々は、彼ら自身けっして狭義の教条的な意味でのマルクス主義者ではないのであるが、むしろそのゆえにこそ広範な影響力をおよぼしている学派であり、政治史中心の歴史記述を批判する点でマルクスと共通の立場に立つ。だから、たとえばトゥキュディデス的な政治史、とりわけ戦争、外交、政策決定などといった政治的事件をあつかう歴史記述には、あっさりと良心的忌避の宣告を下してしまうし、グィッチャルディーニにはじまりホッブズ、マコーリーからランケにいたるまでの、ルネサンス以来のトゥキュディデス礼賛の伝統にとってかわって、習俗、慣習、心性に対するいわばヘロドトス的な問題関心が重視されるに至ったのである。

このような傾向に対して、現代のさまざまな古代史家たちから批判や反動が起こらなかったわけではない。ある批判論者（たとえばラーエ Rahe 1984）は、次のように議論を展開する。古典期ギリシアにおける政治とは、民会、民衆裁判所、アゴラ、劇場などギリシア人ポリスの政治空間もしくは戦場において生起する諸事象という意味に解する限り、他のいかなる生活側面よりもはるかに重要だったのであり、それゆえトゥキュディデスや彼の継承者たちが政治的記述に専心したのは当然であった。たしかにマルクス的唯物論の立場からいえば、ギリシア人は政治だけで食べていたわけではないということになるが、他方彼らの生活経験にきわだった意味と価値を与えたのは政治に他ならない、というのである。

こうした見解が、現実から不当にも目をそらしていると非難されたとしても、いたしかたあるまい。なぜならそれは、女性・子供・外人という、ポリスの政治空間ではけっして、あるいはごくまれにしか活動できなかった、ギリシア人の中でも過半数を占める人々を無視しているからである。まして、たいていは異民族である奴隷などは、考慮の外に置かれている。マルクスは折にふれて、奴隷をギリシア人の政治を支える土台として認識していたのであった（このことが示唆する問題については本書第六章参照）。

だが他方、この種の見解が現実に対してまったく盲目であるとする批判も、また当を得ていないだろう。なぜならテュルタイオス（前七世紀半ば）からアリストテレスにいたるまで、叙情詩・哀歌・祝勝歌・悲劇・喜劇・歴史書・弁論作品あるいは政治理論など、ギリシア人の手になるおよそあらゆるジャンルの公的言説において、公的・共同体的・政治的領域が私的・個人的領域に優先する特別の地位を占めていたことは、まぎれもない事実だったからである。そこで、三百年におよぶこの時代の最初と最後に述べられた二つの言説を紹介して、この点を明晰に例証させてみよう。

アルカイオス（前六〇〇年ごろ活躍）は、その詩的技巧のゆえに後世の詩人たちの間で確たる名声を得た詩人である。たとえば、ともにアルカイオス格の韻律にしたがって詩作した者として、ホラティウスやトマス・ハーディがあげられよう。だがアルカイオス本人にとっては、詩作とは政治の延長であり、その手段の一つにすぎなかった。だから彼が詩の形で表現したのは、レスボス島ミュティレネ出身の保守的貴族の一人として、自己とその党派の立場を守るべく闘争するおのれの主張だったのである。彼がその渦中に置かれていた一連の政治変動は、僭主政のあいつぐ出現をもたらし、また彼自身は故国からの追放という唾棄すべき痛恨事をこうむったのであった。

他国に亡命する身としてアルカイオスが何より恋しがったのは、故国ミュティレネの市民生活の中心であるアゴラにほかならなかった。アゴラという語の字義は「人々が集まる場所」で、それゆえ市場を指す日常的なギリシア語でもある。しかしアルカイオスにしてみれば、それはとりわけ政治的なニュアンスを含んだことばだった。彼にとってのアゴラとは、政治集会が開かれ、ミュティレネの統治にかかわる政策決定や政治闘争が繰り広げられる空間の謂《いい》であったからである。

アルカイオスより二世紀半ほどのち、アテナイ人イソクラテスがひそかに寡頭派的主張を盛りこんだ二つの小論文の中には（弁論一二番一三八節、一五番一四節）、次のような（少なくともここでの議論にとって）注目すべきメタファーが見いだされる。すなわち彼は、ギリシア都市国家の「ポリテイア」とはその「プシュケ」、すなわち「魂」もしくは「鼓動する心臓」であると表現するのである。

古典ギリシア語でいう「ポリテイア」とは、おもに二通りの意味をもつ（これについてはボルド Bordes1982 があますところなく論じている）。第一の意味は、英語でいう「市民権《シチズンシップ》」（この語自体はラテン語の civitas が語源である）に近いもので、「ポリテス」すなわちポリス市民に固有の属性を指す。第二の意味としては、そのポリス市民が、彼すなわち自分［訳註39］の市民権を行使できる範囲を定めた、法規と慣習の枠組みのことであった。後者の意味では通常「国制《コンスティテューション》」と訳されているが、イソクラテスの用法を一瞥すれば、そう訳してしまっては大きな誤解が生じることは明らかであろう。もし今、われわれの集団的・社会的生活に意義と目的を与えるものは何かと問われて、「それは（たとえば）英国の国制である」とためらいなしに答える人は、まずいないのと同じことである。

したがってアルカイオスとイソクラテスから引用したこれらの箇所は、次の二つの点で有用な例証になる。まず明らかになることは、古代と現代との間には、政治というものの認識もしくは概念構成について、大きなへだたりがあるということである。また同時に、古典期ギリシアにあっては政治が何よりも重要な位置を占めており、たんなる付随現象としてあつかうべきではないとする、反マルクス的・反アナール派的見解が、さしあたっては信頼すべきものであることもここから明らかになる。だがその次にわれわれが問わねばならぬのは、彼ら二人にとっての同胞市民たち、すなわちミュティレネとアテナイそれぞれにおいてその「ポリテイア」を共有し、ポリテウマ、すなわち市民団を集団として構成していた市民たちの大多数が、はたしてアルカイオス的アゴラ観やイソクラテス的ポリテイア観を是認したであろうか、そしてもしそうだとしたらどの程度、どのようにして是認したであろうか、という問いである。これまで本書に登場してきたおもな著作家たちが、この問題に関して加えたさまざまな考察と洞察を、次に見てみることにしよう。

「ノモス」の専制とヘロドトス

ヘロドトスはけっして広義の政治生活に無関心であったわけではないが、国制上の構造や慣行の詳細な面については、おどろくほど無関心であった。これは、ほとんど悪名高いといっていい事実である。たとえば、かりにスパルタとアテナイの政体についてとか、両国の政治制度間の大きなへだたりが、ペルシア戦争前夜および戦争中の両国の行動にどのような影響を与えたのか、ということについて知見を得ようとしても、ヘロドトスからはおそらく多くは引きだせないであろう。事実ヘロドトスはその著書全体の中で、ポリテイアという語をただの一度しか用いていない。それは市民権の意味に使われているのだが、この一度の事例だけでも十分に興味深い。というのは、ヘロドトスの知る限りスパルタが外国人に市民権を授与した唯一の例を記しているからである。スパルタ市民権を授与されたのは正確には二人で、卜占をよくするエリス出身の兄弟であった（九巻三四―五章）。

にもかかわらず、次のように主張したとしても、けっして自己矛盾にはならないであろう。ヘロドトスは、トゥキュディデスやアリストテレスにまさるともおとらず（ましてやクセノフォンにくらべればはるかにもっと）徹底して政治的で、かつ政治化された歴史家であった。なぜならヘロドトスの作品を貫いているのは権力、それもとりわけ専制支配権力についての言説であり、彼はジェンダーとセクシュアリティの民族誌（本書第四章参照）に費やしたのと同じ程度の熱意をもって、権力が意味するものを理論と実際の両面から探求しているからである。

とくにヘロドトスがとりつかれた問題意識とは、慣習とか因襲という意味でのノモスと、法律という意味でのノモスとの関係とはいかなるものかということであった。その場合の法律とはある特定の制定法をも、また（支配者一個人による独断的な専制主義とは対極的な）法の支配ということをも含む。さらに彼は、これらそれぞれの意味のノモスが、フュシスとどのような関係をとり結ぶかについても頭を悩ませていた。この場合フュシスとは、人間が自然本来のものとみなしたこと、あるいは純粋に物理的な暴力によって達成しうるがゆえに人間が行なったことを意味する。

こう考えてみると、「国制」にもっとも関心が少ないといわれるこのヘロドトスが、その著『歴史』の中に、ある意味では伝存するあらゆる西欧文献のうちで最古の高度な政治理論ともいえる「ペルシア政体論争」（三巻八〇―二章）を組み入れたのも、さして不思議なことではない。みのりある創造というものがおしなべてそうであるように、この理論に現れた知的革新も、後から見ればおどろくほど単純なものである。あらゆる政治的支配の形態は、一人支配、少数支配、全員支配というわずか三つの種類のどれかにかならず分類されるという発見がそれである。これは、どこの誰とはわからないが、とにかくギリシア人によってなされた発見である（この例のようにギリシア人が三分法を採るのは比較的めずらしい）。この三分法は、論理的にも実際的にも遺漏がない。しかしこうした思想的革新が可能になるためには、それに先立ってまずギリシアのどこかで誰かが、実践的に政治というものを創造していたはずである。この場合の政治とは、共同体にとって重大な意義のある問題について、当事者とされた対等者の間での公開の議論をへて、公の場で（ギリシア人のことばづかいにならうなら「エス・メソン」すなわち「まんなかにもちだして」）決定を下すこと、という明確な意味である。だがこうして政治が創造されるためには、今度はそれ以前にポリスという、なくてはならぬ「市民の空間」の創造が必要であり、そこから市民間の平等という観念が生じたのであった。

もとより私は、もっと昔から、たとえばシュメールなどで、なんらかの政治組織や政治活動が創造されていたことまで否定しようとは思わないし、あるいはフェニキア人やエトルリア人によって（ことによるとギリシアより先に）ポリスに近似した国家形態が生みだされていた可能性まで認めぬとはいわない。だが、まさにここで議論しているような意味での政治理論は、ギリシア人が創造した一つの革新であり、十分内発的な、なんらかの政治的発展が到達した頂点だったのである。

ポリスの成り立ちと本質に関しては、後にアリストテレスの政治理論を論ずる際にふたたびとり上げることとして、ここではこのヘロドトスの「ペルシア政体論争」に注目する必要がある。それにはおもに二つの理由がある。まず第一に、この論争がペルシア人によってたたかわされるという体裁をとっていることは、文化や知性のもつ可能性をヘロドトスがどう理解していたかを知るためには、さほど多くの手がかりを提供しないのはたしかであろう。ごく当然のことながら、この論争の史実性は疑われてきた。ペルシア人がなんらかの形の民主政をそもそも本気で提唱したなどということ自体、滅相もない考えだ、というのがその根拠である。ヘロドトスはこの点に関して、次のように弁解めいた話を述べる（六巻四三章）。すなわち、この「政体論争」が行なわれたとされる時からほぼ三〇年後の前四九三年に、ダレイオスはイオニアのギリシア人居住地における民主政の樹立をついに承認した、という話である。だがこれは、へたないいつくろいにすぎない。なぜならまず第一に、例の論争が行なわれたという前五二二年の時点では、民主政などそもそもこの世のどこにも存在していなかった。第二には、ペルシア帝国西端のギリシア人居住地域に民主政を樹立する、あるいはそれを許容するということと、ペルシア王宮から号令をかけて民主政を帝国全土の統治規範として確立するということとは、まったく別の話である。そして第三に、イオニアに樹立されたというこれらの民主政も、じつはいずれにせよさほど民主的というほどのものでもなかったのである。

この「政体論争」は、じつはギリシア政治哲学の草分け的な習作であり、その起源は早くても前五〇〇年をさかのぼらない。ヘロドトスが描写しているその論争においては、発言者のめいめいは、みずからが善しとする政体の長所を主張すると同時に、相手の議論に対して反駁を加えているが、この論争形態にはおそらくなんらかの形でアブデラのプロタゴラス（前四五〇―四三〇年ごろ活躍）の影響が見られると思われる。彼が民主政支持者であったことは明らかであり、またその著作の中には『打倒論』『両論』などと題するものも含まれるからである。

だがその一方で、ヘロドトスが他者としての異民族、あるいは少なくとも実在のいく人かの異民族を、比較的広い視野でどのように見ていたのかという問題については、この「政体論争」はじつに多くのことを物語る。クセノフォン描くキュロス大王（本書第三章）と同様、ヘロドトス描くペルシア貴族の討論者、メガビュゾス、オタネス、ダレイオスの三人の中に具現化した知恵は、ギリシア人の思考にとってけっしてよそよそしいものではなかった。他方、ペルシア人の理論と実際の乖離というテーマもまた、ヘロドトスのギリシア中心主義にいわばすっかり利用されてしまった。ヘロドトスによれば、「政体論争」の中でダレイオスは当然君主政を主張した。彼が提唱したのは立憲君主政という「善き」形態のそれであり、それを少数支配（閥族による寡頭政）および全員支配（群衆支配、衆愚政）という「悪しき」形態の支配と対置させたのであった。だが実際の場においては、前五二〇年代後半にダレイオスが再建し、前四八六年その子息クセルクセスが跡を継いだペルシア君主政は、結果として、メガビュゾスとオタネスがかつて異議を唱えた悪しき形態の一人支配になってしまった。いわばそれは、オリエント的専制主義の典型的見本となったのである。したがって、「ペルシア政体論争」で軍配が上がったのは一人支配であったけれども、ヘロドトスの言説によれば、結局長い目で見て最後に勝利したのは少数支配と全員支配であり、それこそ古典期ギリシアの都市国家世界で優位を占めていた共和的政体に他ならない、というわけである。

全員支配と少数支配のギリシアにおける典型例（アテナイとスパルタ）に関するヘロドトスの記述を、次にそれぞれ一つずつ紹介してみよう。政治人としての人間が善き生活をいとなむ場所として、ポリスがもっとも優れておりまた望ましいところであると、ヘロドトスみずから信じていたことをあやまたず示す事例である。

最初の事例は、アルクメオン家のクレイステネスがアテナイに民主政を樹立した（六巻一三一章。本書第二章）後の前五〇六年のできごとが背景となっている。このとき南西からはスパルタとペロポネソス同盟軍が、北からはボイオティア軍が、そして東からはエウボイア島のカルキス軍が、アテナイを挟撃したが、アテナイ人はこれを撃退する。その様子を述べた後で、ヘロドトスは、この前代未聞のアテナイの武勲の原因として、アテナイ特有の美風をこのように解説する、というよりは賛美するのである（五巻七八章）。

かくてアテナイはいやましに偉大な国となった。平等と自由が、一事のみならず万事において善なるものであることが、ここに証明されたのである。なんとなればアテナイが君主の下知のもとに置かれていたみぎりには、いくさではどの隣国にもまさることかなわなかったのであるが、ひとたび君主を追放するや随一の強国となったのであるから。これをもってこれを見れば、隷属のくびきにつながれたる時世には、みな主人のために働くのだとて、あえて最善の力をつくすことのなかったものが、隷属から解放されるや、各人それぞれがわが身のため働かんとするゆえに勝利を得ようと努めたこと、ここに歴然である。

ここでは近年試みられたものとして、デイヴィッド・グリーンの訳文を借用した。この訳文は意図的に古風なことばづかいを用いているが、それ以外の点ではことばの上で原文に忠実で、ヘロドトスの講談風な口承的スタイルの味わいをよくとらえているといえる。それとともに原文中のいくつかの重要語のニュアンスも十分にくみとられているのだが、おしむらくは一語だけ例外がある。「君主」という語を（マキアヴェリの『君主論』に用いられているような意味で）使ってしまうと、テュランノス（僭主）すなわち非合法の独裁者を意味し、英語の「タイラント」の語源でもあるギリシア語を、ヘロドトスが用いている事実が覆い隠されてしまうからである。

この引用文で言及されている僭主とは、ペイシストラトス家の僭主、すなわちペイシストラトス（在位前五四五―五二八／七年）とその息子ヒッピアス（同前五二八／七年―五一〇年）のことである。彼らは一世代の間にわたってアテナイを支配し、前七世紀後半から六世紀前半にかけてのアテナイ国内の動乱を鎮定して、前六世紀末の民主政の開幕に向けて懸け橋をわたすという重要な役割を果たした。しかし、ヒッピアスはその在位末年にさしかかり、例の英雄的「僭主殺し」たちの手にかかって弟を殺されると、専制的暴君に変貌したと伝えられる。ヒッピアスがペルシアと縁が深かったことも、祖国への忠誠心を疑われる当然の原因となった。ついに前五一〇年、彼は支配者の座を追われるが、それは国内の市民蜂起というより、むしろスパルタの干渉によるものであった（いわゆる僭主殺し神話の伝えはこの事実に反する。本書第二章参照）。その後しばらく国内の動乱が続くが、前五〇八／七年にクレイステネスが評議会と民会の決議によって民主的改革案を成立させたことにより、一時的に沈静化する。だがスパルタは、その政治的な親縁関係とクレオメネス王の個人的なつながりから、クレイステネスの政敵イサゴラスに肩入れした。かくて前五〇六年、上述のとおりスパルタが先鋒を務めて多方面からのアッティカ侵攻が行なわれ、民主政アテナイの市民たちはその撃退に成功したわけである。

上述のヘロドトスの説明においては、明らかにこの「民主政」ということに力点が置かれている。グリーンの訳文で「平等と自由」と訳されているのは、原文ではイセゴリエという一語で表されている。これは字義に即するならば、アテナイの政治集会で公的発言の機会が人々に平等に与えられていることを意味しており、ヘロドトスの時代にはアテナイ市民生活のもっとも民主的な特徴と解釈されるようになっていた。ただし、イセゴリエが前五〇六年という古い時代に、はたしてアテナイの公的な政策決定における不可欠な特徴としてすでに制度化されていたのかという点になると、はるかに疑わしくなってくる。おそらくヘロドトスは、「ペルシア政体論争」の場合と同じく、この点でも時代錯誤を犯していると思われる。

しかしながらここで重要なのは、ヘロドトスが、一方に民主政と自由な言論の平等を置き、それと僭主政とを両極対立させて、双方の間には越えがたい溝があると考えていることである。事実彼はこのことを、例の第五巻七八章の最後で、読者・聴衆に次のように明確に伝えている。僭主政の支配下におけるアテナイ市民団は、法的には自由人であっても、実際には一人の「主人（デスポテス。奴隷主を表す一般的なギリシア語である）」のもとで働かされている奴隷も同然であった、と。この一文に関しては、最後になんらかの解釈を下しておかねばならないかもしれない。ヘロドトスがいわんとしているのは、次のようなことであろう。イセゴリエが倫理的に称賛すべきもの（スプダイオン・クレマ）であるのは、それをとおして各人は自分自身のために尽力すると同時に、共同体の一員として行動することができるからである。「自分自身のために」というのは、現代では「たとえ共同体の利害に反しても自分のエゴを追求するために」というふうに、あまりに安易に解釈されそうだが、そうではなく、あくまで市民共同体の平等な構成メンバーの一員として行動すること、というのがヘロドトスの真意だったのである。

権力をめぐるこういった言説は、さらに微妙な純化をへて、第七巻でさらなる展開を見る。ここでヘロドトスは、民話の語り手にはおなじみの賢明な助言者というしかけを登場させる。ただしヘロドトスの代弁者に選ばれているのは、アテナイ人ではなくスパルタ人で、しかもスパルタの一般市民ではなく、王位を追われて「メディアに寝返った」先王ダマラトスであった（本書第三章参照）。もう一人の王クレオメネス一世の違法で神聖冒瀆ともいえる計略によって国を追われた経緯を思えば、ダマラトスが憤激のあまりスパルタの無慈悲な敵となり、恩知らずな祖国に対して死と破壊と復讐を誓ったとしても不思議ではない。だが彼は、そのようなことは寸毫も思わなかった。彼は賢明な忠告を行ない、それにしたがえば成功が約束されるのに相手は拒絶する、という悲劇的な役まわりを演じる［訳註40］。だが、ダマラトスの役目はそれに終わらない。彼はスパルタの、ひいてはギリシアの自由の代弁者としての役割を果たしてもいる。ここでもまた焦点になっているのは、政治体制と武勲との関連性であり、ここに登場する「ダマラトス」は、ヘロドトス自身の考えを代弁して、いくさ場での武勇とは市民の置かれている政治的条件から派生するものであるとしてこのように説く（七巻一〇四章）。

> めいめいがバラバラに戦えば［と「ダマラトス」が「クセルクセス」に告げる］、スパルタ人ほど弱い国民はおりませぬ。だがうって一丸となったスパルタ人は、地上でもっとも勇敢なる者どもにござります。それは彼らが自由なるがため——とはいえ、何から何まで自由というわけではござらぬ。彼らはノモスという主人をいただいており、お国の臣民が陛下を恐れるよりもはるかにノモスを恐れるのでございます。

ここには、真の意味でソフィスト的な逆説が作用している。特定の慣習ないし法律を意味するにせよ、あるいはこの場合のように法の支配ということを意味するにせよ、ノモスというものが、あたかも奴隷主が奴隷を支配するのと同じ意味で、人を支配するということは、その定義上不可能である。なぜならみずからの自由意志で法律を作り、法の支配を確立したのは、ほかならぬ市民たちだったからである（もっとも、広く流布したある神話によれば、それはスパルタのリュクルゴス王のような全知の立法者《ノモテテス》の指導によってであったという）。市民たちは相互の合意によってこのようにみずからが作った法を堅く守ることに同意し、そして状況が変わらぬ限り既存の法を、改変するよりは遵守することを選ぶ。市民たちが法の上に位せず、法が支配を行なう限り、彼らは必然的に法の下に置かれざるをえない。このように「ソフィストのダマラトス」は、ギリシア人の契約的・平等主義的・市民的な法の支配の観念を、一人の主人による支配というペルシア人のノモス（慣習）と両極対立するものであり、その転倒した姿であるとして示すことに成功している。ここでは「ノモス」という語をめぐる、ある種の逆説的こじつけと語意のすりかえが用いられている。

その上ヘロドトスの読者・聴衆にとっては、この論法はことのほか理解しやすい方便であった。なぜなら彼らギリシア人の意見によれば、クセルクセスの臣民は実際ことごとく政治的奴隷であり、また彼らが奴隷であるのは、異民族である以上、本性的に奴隷的であるからにほかならなかった（本書第六章）。換言すれば、ペルシアの政治的慣習とは、ペルシア人の本性と合致しているとされたのである。とはいえ、ヘロドトス自身はそこまで考えてはいなかったにちがいない。「ペルシア政体論争」はいずれにせよ、すべてのペルシア人が、ペルシア人であるというだけで市民的自治の長所を理解できなかったわけではない、ということをも暗に意味しているからである。

トゥキュディデスと歴史の有用性

狭い意味での国制史について多くを語らないという点では、トゥキュディデスもまた顕著である。たとえば、前四一一―四一〇年のアテナイにおける「五千人の国制」［訳註41］が具体的にどんな国制だったのかは、明らかにされることはけっしてあるまい。それはひとえに、トゥキュディデスが語ろうとしないからである。もっとも、この国制の少なくとも初期段階に対しては、トゥキュディデスは強く賛意を示してはいるが（八巻九七章二節）。

かといって、政治家・派閥どうしの内部抗争といった、ふつうわれわれがいうような意味での政治にトゥキュディデスが興味を向けていたかというと、そうでもない。少なくとも、公然たる内乱が勃発する前の段階での政治には、さほど興味を示さないのである。

このように物悲しくなるほどトゥキュディデスが沈黙している例を、一つだけ選んでみよう。彼が事実上ほとんど何も詳細に語っていない事件の一つとして、前四一七年前後にアテナイで繰り広げられた重大な内部抗争があげられる。この抗争では、アルキビアデスとニキアスの二人の政治家のうちのいずれかが陶片追放される結果におちつきそうだったものを、どうしたはずみか第三者であるヒュペルボロス［訳註42］という男が、民衆によってお払い箱にほうりこまれるという決着になってしまった（陶片追放の手続きが有効であるためには、アテナイ市民の投票総数が少なくとも六〇〇〇票必要で、市民はアテナイから一〇年間追放したい政治家に対し、その名を陶片《オストラコン》に刻んで投じた。最多得票の候補者がこの反対票選挙の「当選者」となり、その「当選者」の名にあげられるのは、みな名声ある市民であった）。こうして陶片追放が流産してしまったことは、結果として不幸な意見の対立抗争を生みだし、それが前四一五—四一三年のシチリア遠征［訳註43］における惨敗を引き起こす、無視できぬ要因となったのであった。だがこれについてトゥキュディデスが述べているのはただ一箇所、めずらしく道徳的価値判断をむきだしにした、次のような言及のみなのである（八巻七三章）。「ヒュペルボロスが陶片追放されたのは、なにも市民たちが彼の権勢や威信を恐れたからではなく、彼が卑劣な人格でポリスの面汚しだったからである」。

だが別の観点からすれば、トゥキュディデスの歴史記述はこの上なく政治的・ポリス市民的であり、意図的に神話風・伝奇風な物語の要素を排除した（一巻二一、二二章）という意味では、こうした傾向はヘロドトスよりもいっそう顕著でさえある。というのも、トゥキュディデスが何よりその探求の対象としたのは戦争であり、戦争とは個々の政治共同体に組織されたギリシア人どうしの関係が、もっとも目に見えやすく、明確でまた悲惨な形で、おもてに現れたものだからである。そして、それについで彼が探求の焦点にしたものとは、ある都市国家のポリテイアの内部で、その支配をめぐって争われる内乱であった。

しかしながら、「かって存在した中でもっとも政治的な歴史家」というホッブズのトゥキュディデス評を正当に解釈するためには、さらにもうひとつの要因を加味して考えねばならない。つまりトゥキュディデスは、自分の歴史記述が、さしあたってギリシア人どうしの「世界戦争」に焦点を合わせていることを超越して、永遠の有用性をもち続けるよう明らかに意図しているのである。彼はこの意図を、序論の名高い結びのくだりで、次のように表明している（一巻二二章四節）。「私のこの著作は、その場限りの聴衆の好みに迎合して褒賞を得んがためにではなく、永遠の遺産となるべく書いたものである」。

もとよりこれは、一種修辞的な婉曲の虚偽である。なぜなら、こう述べるにもかかわらずトゥキュディデスの『戦史』は、実際には他に抜きんでようという競争心から書かれたものであり、読者のさしあたっての注目を得んがため、おそらくは誰よりもヘロドトスを凌駕することが彼の目的だったからである。しかしながらここで逆説的なのは、自分こそ他に優れているというトゥキュディデスの主張の力点が、「永遠の」という語に置かれていることである。換言するなら、彼が自分の作品を永遠の価値をもつものと考えたのは、人類の歴史には何か永遠不変なるものが作用しているとの前提があったからである。その「不変なるもの」に、彼は「人間の自然の本性」とか「人間界のことがら」など、さまざまな呼び名をあたえた。そしてそれがもっとも決定的に作用する領域として、ポリスの国家関係という世界を考えたのであった。

トゥキュディデスはヘロドトスのように聴衆の前で自作を朗読して聞かせることはしなかったが、音読されるのを想定して歴史を書いた点では同じであった。それにトゥキュディデスは、究極のところホメロスにまでさかのぼる一つの伝統に立脚していたから、叙述だけでなく弁論をもその歴史記述に載せることになんら違和感を感じておらず、その点でもヘロドトスと変わりなかった。だが反面、正確な記述をこころがけようという熱意は相当なものであった。だからトゥキュディデスは義務感にかられてあらかじめ読者に警告を発し、人の弁論を採録するにあたっては、その内容を彼自身が自分の責任において創りだし、それを発言者のことばとして再現するという方法をとらざるをえなかったとして、次のように述べている。「各発言者の発言としては、その時どきの状況から判断してこう述べるのが適切だったろうと考えられる内容を書き記した」(一巻二二章一節)。

こうした方法がもっとも気前よく利用されているのは、これから紹介する二つの弁論である。トゥキュディデスがここで発言させているのは、個人としては名をあげられていないアテナイ人演説者たちの集団で、弁論が行なわれたという時点でトゥキュディデスはアテナイにおらず、実際に発言された内容についての正確な概略さえ手に入れる機会もまったくないという演説であった。そして――これは偶然ではないのだが――これら二つの箇所でともにトゥキュディデスは、さしあたっての現況からじつにあっさりと筆を離し、国家間関係において作用しているとみなされる人間の不変の自然の本性というものについて、高度に抽象的な一般化を試みるのである。

さてまず第一の弁論は、第五巻のいわゆる「メロス対談」(八四―一一二章)に採録されているものである。アテナイとスパルタ、およびその同盟国どうしの戦いが一休みし、みせかけだけの平和が訪れているという状況下で、対談は行なわれる。キュクラデス諸島南方の島国メロスは、中立は保っていたがもともとスパルタ寄りの国であった。前四一六／一五年、アテナイはこれを強引に同盟の傘下に組み入れようとするが、メロスはそれに抵抗する。メロスの寡頭派代表者が、人類と神々の正義に真心から訴えたのに対し、トゥキュディデス描くアテナイ人は、情け容赦のない、あからさまな返答をこのように返す（五巻一〇五章）。

> 神々の恩寵を云々するのであれば、当方にもそちらと同じだけのいい分があると考える。……われらが神々について考え、人間について知っていることから判断するに、どこであれ自分が支配できる限りの領土を支配してよいのは、自然が許した普遍必然の法というものである。この法はわれら自身が作ったものではないし、それが作られてから実行に移したのもわれらが最初ではない。この法はすでに存在していたものであり、また将来われらの子孫もこの法を永久に存続させることであろう。われらはただこの法に則って行動しているまでのことであり、貴国であれ、われらと同等の権力をもった他のどの国であれ、やはりまったく同じやり方にしたがって行動することだろうと思う。

ここでのキーワードは、「法」「自然」「永久」、そして「権力」である（トゥキュディデスの神々に対する態度については、第七章でふたたびとり上げる）。「法（ノモス）対自然（フュシス）」というソフィスト流の両極対立思想を背景に、アテナイ人演説者は強者の支配というものを、国家関係における人間界の自然本来の事実として強調するわけである。だがここでいう法とは、たんに弱肉強食のジャングルの掟というようなものではない。理性、合理性、打算という要素が、この力の論理から排除されることはない——むしろその逆である。まさに市民としてこれらの能力を備えた（たとえばペリクレスのような）政治家こそ、そしてそのような政治家の議論に納得し、それにもとづいて打算的に行動するポリスこそ、トゥキュディデスの描く無慈悲なまでに道徳基準をもたない世界において、生き残り勝ち残る者たちなのである。

市民団が自己の権益を打算的に計算する上で、何がもっとも大きな動機であるとトゥキュディデスは考えていたのであろうか。それを知るにはトゥキュディデスが採録する第二の、やはり無名のアテナイ人が行なった政治弁論を見てみればよい。この弁論のオリジナルとなった演説は、前四三二年にスパルタ民会で行なわれたとされるもので、前四四五年の和約をアテナイに破棄されたと宣言するのを、スパルタに思いとどまらせるのがその目的であったという。だがもしほんとうにその主目的が、スパルタの恐れを和らげ怒りを鎮めることだとすると、トゥキュディデスが採録する形でのこの弁論は、かならずしももっとも明確な方法でその目的遂行をくわだてる内容にはなっていない。むしろトゥキュディデスが登場させているこの「アテナイ人」たちは、国家間の政策を決定するにあたって三つの動機があると再三にわたって主張する。その動機とは、恐れ、名誉心、そして利益であるという（一巻七五章三節、七六章二節）。恐れとは、完全な恐怖心の意味ではなく、ここでは打算的な思惑、国家共同体の安全に対する配慮を意味する。名誉心とは自尊心、威信の意味であり、これまた自由人のギリシア市民と市民共同体に特有の関心事である。最後に利益とは、物質的な利得のことである。

さてトゥキュディデスは、読者に対し、これら三つのうちもっとも重要なのは、恐れであると説く。「戦争が不可避となった原因は、アテナイの勢力が増大し、それがスパルタ人の心にすこしずつ恐れを染みこませていったことにあった」（一巻二三章六節）。トゥキュディデスはここで、筆者として自分自身の主観的な判断を避けるといういつもの原則から明らかに逸脱しているのだが、これにより議論の円環は閉じられ、この無名のアテナイ人たちによる意見と、彼本人が抱く意見との連関が、水を漏らさぬほどに緊密となるのである。

以上がトゥキュディデスの政治史の本質であり、彼はそれによって「永遠に」有用な教訓を教えようとしたのであった。そして彼に続く多くの歴史家たちは、彼の仕事を引きついだ、「オクシュリンコス史家」という呼び名でしか知られていない無名の歴史家にはじまって、十九世紀のレオポルト・フォン・ランケおよびそれ以降にいたるまで、トゥキュディデス的な政治史を、ある種の歴史を超越したモデルとして受け入れてきた。しかしながら、たしかにトゥキュディデスの歴史記述は、ある重要な意味において普遍的であり、また普遍化可能でもあるが、同時にそれは彼をとりまくギリシア市民的環境の産物であり、とりわけ彼が生まれ育ったアテナイ民主政の産物だったのである。この側面は、のちにペリクレスの葬送演説との関連でより深く考察することにしよう。さしあたって次には、トゥキュディデスのもう一人の後継者であるクセノフォンの歴史記述を、トゥキュディデスのそれと比較対照させてみよう。そうすることによって、トゥキュディデスの政治的なものとのかかわりの本質が、さらに明らかになるかもしれない。

クセノフォン――政治的なものの「個人主義化」

一言でいってしまえば、トゥキュディデスの『戦史』は、本書でのヘロドトスの『歴史』の読み方が正しかったことを確証する。つまり、一つの文芸ジャンルとしてのヒストリア（探求）とは、その方法をギリシア人・非ギリシア人の偉大で驚嘆すべき（あるいは恐るべき）行為に批判的に適用する中で、よそおいあらたに改鋳されるならば、それ自体が市民的・政治的言説の一形態だったからである。しかしながらそれは、いかなる意味でも公式の正史とはちがうものであった。事実、たとえばアッシリアのヒストリアとは、およそ正史というや、旧約聖書の列王記とくらべてみればわかることだが、ギリシアのヒストリアとは、アッシリア諸王の年代記ものを――王朝のそれであれ、宗教のそれであれ――否定する典型例なのである。にもかかわらずヒストリアは、エス・メソンすなわちポリスの「まんなかにもちだされた」政治的討論に対する一つの貢献として表現される。この討論の場において、ヘロドトスやトゥキュディデスを読み聞きするギリシア市民の読者・聴衆は、ヒストリアの伝えるメッセージについて考察し、そのメッセージをたえまなく続く公的討論の競争の場へと移しかえるよういざなわれた。そしてその公的討論こそ、古典期ギリシアの政治の本質を構成するものだったのである。

ヘロドトスやトゥキュディデスがこのように崇高な知的・社会的役割を果たしていたのにくらべると、クセノフォンの歴史記述は、一種の堕落と見られることが多い。すなわち歴史家としての技量の点でも、一人のポリス市民としても、彼の書く歴史記述は、優れたものから劣ったものへの衰退を示すものだと見なされがちである。だがそれは、クセノフォンの誤った読み方である。クセノフォンがその『ギリシア史』の中で書こうと試みた歴史というのも、やはり当時一般に認められていた意味での公的な、政治的なできごと（なかんずく戦争）を記録することにつきたからである。

しかしながら、ペロポネソス戦争が終結し、その後、前四世紀のギリシア諸大国間で無気力な膠着状態がつづくといった時代状況に置かれていたクセノフォンが、それ以前の歴史家とはことなった、いわば静寂主義的な方法論に魅力を感じていたことはたしかである。トゥキュディデスは、何よりも直接に国事に影響力を及ぼしそうな実務政治家たちのためにこそ、自分の歴史が「有用になる」ことを望んでいた。ところがこれとは対照的に、クセノフォンが書いた歴史とは、ある種の個人主義化された歴史であった。そして彼がアクシオロゴン（「記述するにあたいする」「重要な」）と考えたのは、あからさまに因襲的な道徳的教訓だったのである。

このような信条をクセノフォンがはっきりと表明している箇所が二つある。一つ目は、それ自体とりたてて重要でもないコリントス戦争（前三九五―三八六年）〔訳註44〕中のある事件に関連して、次のように述べられた箇所である（『ギリシア史』五巻一章四節）。

このくだりで詳述していることが、戦費や危険や軍略などのような、記述にあたいすること（アクシオロゴン）でないことは、よく承知している。しかしテレウティアスが部下にこれほどまで慕われたのは、どのような行動をとったからなのかという問題は、ゼウスに誓って、一人の男として熟考するにあたいすることだと信じるのである。それは一人の男がなしとげたこと（エルゴン）として、もっとも記述にあたいすること（アクシオロゴタトン）であり、大きな富や多くの危険よりも大事なことなのである。

「男」と「アクシオロゴン」という語が繰りかえされていること、また「ゼウスに誓って」という間投句が用いられていることから、これを書いたクセノフォンの熱情が伝わってくる。そして「エルゴン」という語が用いられていることからわかるのは、これほどまであらわにされた彼の感情とは、具体的にはヘロドトスとトゥキュディデスに向けられた競争心であったということだ。なぜなら前者は「大きな富」を、後者は「多くの危険」を、それぞれ人間のなしとげたこととして記録した歴史家だからである。テレウティアスが、クセノフォン自身のパトロンであったアゲシラオスの異父兄弟であったことは、この熱情の炎をかきたてた副次的な原因にすぎない。

さらにこの二巻後で、クセノフォンは、個人というよりは集団が「なしとげたこと」をこのように称賛する（七巻二章一節）。

強大なポリスが、たとえたった一つでも功名となるような手柄をたてると、歴史家たち（シュングラフェイス）は、こぞってそれを書き記すものである。しかし、もしある小さなポリスが多くの手柄（エルガ）をたてているならば、それこそもっと人々に知られる価値があると私は信じる。

これほどにクセノフォンが感情を吐露して述べている「小さなポリス」とは、ペロポネソス半島北東部にあるフレイウスというポリスである。ペロポネソス同盟諸国の大多数がやがて盟主スパルタをみかぎったのに対して、フレイウスは、スパルタが前三七一年のレウクトラの戦いで壊滅的敗北をこうむった後も、一貫してスパルタに忠実であった。フレイウスを称賛する考えは、いずれにせよクセノフォンがもとから抱いていたものであった。フレイウスが親スパルタ国で、その市民団の大多数は民主政に消極的であり、現に前三七九年、スパルタのアゲシラオス王によって寡頭政体が強制されその支配下に置かれたという事実も、先の例と同様、クセノフォンのこの好意的な感情を副次的に助長したにすぎなかった。

クセノフォンにとって歴史家の役割の本質とは、それが公的か私的か、個人によるものか集団によるものかをとわず、およそ人の倫理的美徳というものを称賛し、そして暗々裏に悪徳へ懲らしめの鉄槌を下すことだった。ヘロドトスにせよトゥキュディデスにせよ、道徳的目的をまったく意識していなかったわけではないのだが、しかし道徳的善導を第一義的に重視したのではなかった。ところがクセノフォンが『ギリシア史』の全巻をとおして重視しているのは、個人ないし集団がなしとげた道徳的偉業であり、市民的・政治的分析ないし説明ではなかったのである。

オリエント的専制主義の再評価

『キュロスの教育（キュロパイデイア）』も、本来は以上の文脈に照らして読まねばならない。パイデイアという語は、通常「教育」と訳されるけれども、後述のとおりそれは、そもそもギリシア市民とは何者か、また市民はどのようにして生育するかという問題と分かちがたく結びついていると考えるギリシア人も少なくなかった。つまり、パイデイアが適正に行なわれないと、国家のポリテウマ（市民団）の積極的な成員規定が、不可能にならぬまでも危機にさらされるだろう、と彼らは考えたのである。ところがクセノフォンがそのパイデイア研究のなかでもっとも多くの努力を払って探究したのは、キュロス二世「大王」という一人の異民族のパイデイアだった。しかもクセノフォンは、パイデイアという語を個人に対して用いる場合、一般的とはいえないある拡大解釈された意味を付加している。もともと語源をたどるなら、パイデイアとはパイデスすなわち子供にかかわることがらというのが本義である。だがクセノフォンはこのことばをキュロス大王の全人生に適用し、帝王としての早熟な発達をも含めてそれを書き表そうとする。だからいってみればクセノフォンの考えるこうしたパイデイアとは、君主のための学校であり、市民のためのそれではなかった。

こういった型破りな発想が何に由来するかといえば、ギリシア人一般の思い描く君主、とくにオリエント的君主の典型像に対するアンチテーゼであったことに思いいたる。それは専制君主もしくは僭主であり、法を超越した独裁者の典型像であった。たとえばヘロドトスは、やや中傷をこめて次のように述べている（二巻一四七章）。エジプト人は王なしには生きてゆくことが不可能であるように見えるのに対し、アテナイ人は僭主政を打倒し永久にそれを放逐したことにより、みずからを民主的国民であると考えるようになった、と（五巻七八章）。だからクセノフォンの『キュロスの教育』は、疑似歴史的な小説ないし物語という新しい文芸ジャンルを導入したのみならず、君主政に同情的な、反市民的というより非市民的な一つの政治理論モデルをも映しだすといえる。というのは、ギリシア市民の本質が「じゅんぐりに支配し支配される」ことだったのに対し、キュロス大王の世界に登場する住民たちはすべて臣民、被支配者であり、上から下への一方的な君主権力の流れに服従する民だからである。たしかにクセノフォンは『キュロスの教育』の冒頭で（一巻六章二〇節）、この「支配し支配される」というよく知られた表現を使っているが、にもかかわらず、逆説的なことに、彼はそれをキュロス本人にいわせている。「人間というものは、自分たちを支配しようとくわだてる者に対しては、この上なく迅速に抵抗するものである」（テイタム Tatum 1989 : p. xviii）というのは、たしかに『キュロスの教育』がいわんとする基本的な教訓の一つではある。だがこの作品全体が伝えようとするもっとも根本的な教訓、メッセージとは、そのような抵抗を克服することができるのは、ここに描かれるキュロス大王のような英邁の君主であり、また彼はそれを克服すべきである、ということなのである。

というわけで『キュロスの教育』は、ある意味で臣民たる庶民よりも高潔な、ただ一人の支配者にこそ美徳と知恵を認めようとする、前四世紀のあらたな思潮の典型例を示すものといえよう。この意味で明らかにそれはクセノフォンの他の著作、たとえばいかに善きギリシア人僭主たるべきかを論じた『ヒエロン』や、いかに善きギリシア人世襲君主たるべきかを示した『アゲシラオス』といった作品の系譜に連なるものであり、また他の同時代の君主政論者のプロパガンダ作品（たとえばイソクラテスの『エウアゴラス』や『ニコクレスのために』といった作品。双方ともキュプロスのギリシア人僭主の名である）や、哲人王の理想を説いたプラトンの『国家』とも同系統である。こうした事実を見てとることはたやすい。

しかしながらここで大事なことは、こうした知的潮流が現実の歴史世界におけるできごとになんらかの影響をおよぼしたとして、その意義を過大に見積もってはいけないということである。たとえば前三五〇―三二五年ごろ、マケドニア王国はギリシア都市国家世界に対して圧倒的な政治的・軍事的勝利を得たのであるが、こうした知的潮流がなんらかの形で必然的にマケドニアの勝利の原因となったと考えるのは誤りである。それは、前後関係を因果関係と混同する誤謬例にほかならない。前四八〇―四七九年にペルシア王クセルクセスを打ち破ったギリシア人が、なぜ前三三八年のカイロネイアの戦いではマケドニア王フィリッポスに敗れたのかという問題は、君主政論者のプロパガンダや、ギリシア人の市民共和主義に対する自信の喪失などという、よくいわれるような問題に、単純に収斂できるものではない。たとえばアリストテレスの『政治学』は、ギリシアの市民共和主義がなお活力を失っていないことを生き生きと証拠だてるものといえようが、これが書かれたのはカイロネイアの戦いの前ではなく、むしろ後なのである。そしてさらに重要なのは、クセノフォンの全著作を見渡しても、啓蒙専制主義の勝利が望ましいという前提にけっして全面的に立脚しているわけではないということだ。

いやいやながら傭兵に

たとえばクセノフォンの『歳入論』『騎兵指揮官』『家政論』を考えてみよう。アテナイは前三五〇年代、(このたびはペルシアではなくスパルタに対抗して前三七八年に創設された)第二回アテナイ海上同盟の主要な同盟国に、ひどくあっさりと離反されたことでとくに痛手をこうむり、勢力を後退させていた。にもかかわらず、これらすべての作品は、目下の関心として、アテナイというポリスの存続を前提にしているのである。だが、ポリテイアの価値についてクセノフォンが言及している作品として、一番それらしくないだけにもっとも目を引くのは、『アナバシス』ではないだろうか。たしかに従来『アナバシス』には、ポリスの枠組みの外に置かれた、それにかわる新しいギリシア人の生活様式モデルが認められると考えられがちであった。そこに生きるのは、自由気ままで「フリーランスの」傭兵たちの数千人もの集団であり、彼らクセノイ（「外国人」と「傭兵」の二重の意味）は、市民兵の「ポリス的な」規範にあからさまにそむいてまでも、兵士としての自分の能力をできるだけ高い値をつけた人物に売りつけた、というのである。だが、はたしてそれはほんとうだろうか。

たしかにそうかもしれない。だが、コッパー卿にははばかりながら〔訳註45〕、それはある程度までしか認められない。もし「前四世紀の全般的危機」とでもいうべきものが存在していたとしたら、傭兵志願者の群れが激増したことは、たしかにそうした危機を示す最良の証拠であろう。この当時、自分の力を母国のポリテイアの枠組みの外で発揮しようと欲するギリシア人がますます増大したばかりでなく、非市民である傭兵を雇い、みずからの国益のために、みずからの代わりに戦わせようと欲するギリシア都市国家もまた、ますます増えていた。前六〇〇年ごろのアルカイオスの兄弟のように、個人がオリエントの有力者の傭兵となって他の異民族と戦うことと、ギリシア人ポリスどうしが、主戦力を占めるほど多数の傭兵にたよってたがいに戦いあうこととは、まったく事情がことなっていた。そして、ギリシア諸国がこのように傭兵に依存する傾向は、前四世紀にはいってますます強まっていったのである。アリストテレスは危機感に駆られ、『ニコマコス倫理学』の中でこうした傾向に警告を発している（一一一六b一五―一一二四）。

ところが不思議なことに、クセノフォンは『アナバシス』で、この傭兵依存を理論的に正当化しようとはしない。むしろその逆である。ここに登場するいわゆる「一万人の傭兵」とは、ペルシア王位をねらう若きキュロス王子に雇われて、前四〇一年クナクサの戦いで働いた一万三〇〇〇人を超えるギリシア人傭兵の生き残りたちであったが、彼らはいわば「移動する一つのポリス」と化したのであった（オースティンとヴィダル＝ナケ Austin and Vidal-Naquet 1977 : 380. イッポリト・テーヌを引用)。のみならず、じつは（彼自身述べるところによれば）クセノフォンは彼らを一つの新しいポリスの市民団となし、ギリシア人植民市として黒海南岸に植民させようとまで考えていたという。「ポリスを建設してギリシアの領土と勢力を増やせば、それは輝かしい偉業となるだろうと考えた」というのがその理由であった。もっとも、残念なことに「一万人の傭兵」の過半数は、民主的な手続きにしたがって（というのが注目すべきところだ）、クセノフォンの提案を否決したのではあったが（『アナバシス』五巻六章一五―一九節）。

アリストテレスと目的論的ポリス

ようするに、君主政に対していろいろと憧れはもっていたものの、やはりクセノフォンには、ギリシアのポリスがすでに盛りをすぎてしまったとは、とても考えられなかったのである。この点ではプラトンも大差ない。そもそもプラトンの遺作になった『法律』にしても、クセノフォンがかつてくわだてたような理想の植民市のための青写真を詳細に論じたものであり、ただその舞台設定が小アジアではなくクレタ島であるだけのちがいにすぎない。

したがって、『政治学』におけるアリストテレスのポリス観の基礎が、現象（ファイノメナ）と通念（エンドクサ）にほかならず、彼の説がいわゆる「思慮分別のある人々（フロニモイ）」の考え方を代表するものだという見方には、これまで以上に信を措いてもよかろう。かつて彼の教えを受けたマケドニアのアレクサンドロス大王（在位前三三六―三二三年）であれば、あるいは世界国家の実現などということを夢見たかもしれぬが、アリストテレスには考えもつかぬ夢想だった。さらにまた、当時流行の連邦主義者たちが、その父王フィリッポスによって前三三八／七年に創設されたコリントス同盟にばら色の将来を見、

「ヨーロッパ合衆国」とでもいうべきものを夢想していたにせよ、そのような発想もアリストテレスには無縁のものであった。アリストテレスによれば、あたかもE・F・シューマッハーの考えを先取りするかのように、「スモール・イズ・ビューティフル」であり、ポリスこそ、人類にとって善なる生を実現するためにちょうどよいサイズと形を備えた政治的共同社会（コイノニア）なのであった。

しばしば誤訳され誤解されるのだが、「人間はポリス的動物（ゾオン・ポリティコン）である」という有名なアリストテレスの格言の真意は、まさにここにあった。「政治的動物」という陳腐な訳では、その真意を見失ってしまうだろう。「ゾオン・ポリティコン」とは、人間の潜在的可能性、つまりアリストテレスのいう社会生物学上の「目的（テロス）」を、あますところなく実現するべく、その自然の本性にしたがって設計された生き物を意味する。そしてその目的は、あくまでギリシア人ポリスによって構成された政治的枠組みの内部でしか実現されえない、というのがアリストテレスの考えであった。彼によれば、人間は本性上「共同社会に生きる動物（ゾオン・コイノニコン。『ニコマコス倫理学』一〇九七b一〇）」であるが、他の形態の共同社会がたんなる生存のための手段しか提供しえないのに対し、人類が真に倫理的に善なる生活を営むことができる共同社会は、唯一ポリスのみであるという。そこで営まれる生活こそ、『ニコマコス倫理学』で分析と議論の対象になっている「安寧幸福（エウダイモニア）」にみちた生活なのである（ちなみに『ニコマコス倫理学』はある意味で『政治学』と二部一対を構成しており、前者が第一部、後者が第二部をなす）。

もっとも、人類にとっての善なる生活というものが具体的にどのようなものかという点については、アリストテレスの読者全員が彼と一致した見解をもっていたとは信じがたい。むしろそのような読者は多くなかったかもしれない。ましてや同時代のギリシア人一般が、アリストテレスに賛同したとは考えにくい。

しかしながら、一般のギリシア人であっても、まちがいなくアリストテレスに賛意を示しただろうと思われる点が、いくつかある。第一に、ポリスという生活枠組みが他に類例を見ず、またそれなくして人は絶対に生きてゆけない存在であるということ。第二には、ポリスの基礎にはオイコスすなわち家があり、夫・妻・子供・財産から成り立つこれらのオイコスこそ、人間の社会的結合体として最小の基本単位であって、それらの凝集体がポリスである。そしてその意味でポリスは「自然にかなった」組織である、ということである。アリストテレスはイソクラテス同様（本章冒頭参照）、市民による公的な意思決定を律する規範や規則、すなわちポリスのポリテイアこそ、「いわばその生命そのもの」（『政治学』一二九五a四〇以下）であると主張する。そうであるならば、平均的なギリシア市民にとって、政治《ポリティクス》すなわち「ポリスにかかわることがら」こそ、理論上も実際上も真に根本的に重要なことであったということに、なんら疑念の余地はなかろう。

ギリシア市民とは何か

だが……まだその先に問題はある。アリストテレスは、母国であるカルキディケ半島のスタゲイラでこそ市民身分の生まれであったが、成人して以降の人生の大部分を送ろうと決めたのはアテナイであり、そこではスタゲイラの市民身分は通用しなかった。そこである疑問が生ずるだろう。ギリシア人ポリスにおいて、市民権を得るための正式な法的資格とは何だったのか。なぜその資格基準が適用されたのか。いいかえれば、市民権を授与するにあたってはどのようなイデオロギー的もしくは理論的な動機がその根拠にあったのか、そして市民権というものを実際にもっとも端的に表す市民活動とはどのようなものだったのか、ということである。注目すべきことに、アリストテレスは非市民の身分でありながら、この問いに適切に答えるための十分な材料を提供してくれる。

すでに見たとおり、アリストテレスによれば、ポリス市民とは本性上社会的結合に生きる存在である。それゆえポリス市民は、自分自身自足しているのみならず、自分にとってもっとも近しく愛すべき人間、すなわちオイケイオイ（自分に「似た者」すなわち家族）やフィロイ（「自分に属する者」「友人」）にとっても満足のいく生活を送らねばならない。『ニコマコス倫理学』の第八巻と九巻でアリストテレスが問題にしているのは、自分にとって友人とは何かというテーマであり、これに対しては次のようなじつに合目的的な答えを出している。いわく、友人とは自分が必要としまた相手も自分を必要とするような人のことである、と。こうした友情関係がうまくゆくためには、たとえ不均等なものでもある程度の贈与互酬がどうしても必要であり、そしてそのためには、たがいの間の最小限の平等、すなわち本性上の平等が前提となる。

『政治学』第一巻は、女性がなぜ本性上男性と平等ではないのか（あるいはそう見なされないのか）を、いくつか根拠をあげながら（本書第四章参照）論じ、まさに本性上男性と平等でないがゆえに女性は市民にはなりえないとする。なぜなら女性には真にポリス市民にふさわしいやり方で人を支配する能力が欠けており、それゆえ必然的に男性に支配されるほかはなく、その方が女性にとっても善だからである、といぅ。

『政治学』は、ある見方からすれば、まさしくさまざまな種類の支配についての論考にほかならない。市民にとってふさわしいタイプの支配とは、「ポリス的」もしくは「政治家的」支配であって、「王的」な支配ではない。なぜならポリス市民たちは、たがいに支配し支配される関係にあるからである（一二五九b四）。それのみか、この互酬的原理こそ「［ポリス型］諸国家の救済法」（一二六一a三〇—b五）にほかならない、という。だがこのように一般化してしまうと、ポリス市民のもつ個別具体的なさまざまの特質を把握しそこなうおそれがある。というわけで結局アリストテレスはその第三巻で、ポリス市民の定義とは何かという問題に直接とり組み、次のように述べるのである（一二七四b三一―一二七八b五。とりわけ一二七五b一九―二〇）。「国家の審議と裁判の運営に参加する権能のある者［男性］を、われら「フロニモイ、すなわち思慮分別のある者たち」はその国家の市民と呼ぶ。」

ところが、この定義でもまだアリストテレスは完全には満足しない。つまりこの定義は、理論的にはあらゆる国家のあらゆる市民にあてはまるであろうが、実際上の話となると「それがもっとも適合的なのは、民主政の市民についてである」（一二七五b四―五）という。つまり民主的国制においてのみ、市民たちは実際上も多かれ少なかれ平等にあつかわれるのであり、司法と審議の双方において、ほんとうの意味で順番にたがいを支配するのである。

しかしながら、アリストテレスの考えでは、この民主的国制はそれ自体あまり推賞されるものではなかった。なぜなら彼自身は寡頭政ないし貴族政に同情的であり、それゆえ市民をさらに限定的に定義する方向へむかったからである。すなわち、その定義にしたがえば、彼の考える理想国家の市民団からは、手工業者のみならず農業労働者も排除されるというのだ。だが現実には、まさにこういった人々こそ、前四世紀ギリシア民主政の市民団の大多数を占めていたのである。ではなぜアリストテレスは、手工業者（バナウソイ）と農業労働者（ゲオルゴイ）を市民から排除しようとしたのであろうか。その理由として彼は、彼らの仕事の本質がその魂を奴隷的で卑屈なものにすると考えられているのに対し、「ポリス的な」支配とはその定義上、完全な自由人による、自由人に対する、自由人のための支配だからだ、ということをあげる（一二七七b三―七、一三二五a二八―三〇）。したがって、アリストテレスの考えの中では、市民対非市民および自由人対奴隷という二つの両極対立の間に、相互に補強しあう内的関連性があることになる。なおこの考え方については、「自然にかなった奴隷制」という彼の理論とのかかわりで、のちに再検証するであろう（本書第六章）。

またこのようにいうこともできる。世間一般の見解をかなりの程度反映したアリストテレスの考え方にもとづけば、市民権とは二つの意味で、何よりも出生（ゲノス）にかかわることがらであるとされる。すなわち第一にそれは、人の命（プシュケ）の「もって生まれた」条件、つまり男性で、自由人で、かつギリシア人であることに左右される。第二にそれは、世襲によって（そして世襲によってのみ）継承される地位である。民主政アテナイのように両親ともにアテナイ市民の生まれであることを市民権の条件とする国家では、こうした標準的なギリシア人の考え方がいっそう論理的に徹底され、おまけにアテナイ人の土着性というイデオロギー的結合剤までつけ加わることになった。

よほど図抜けた財力をもち、かつアテナイに特別の貢献をした外国人であれば、ギリシア人・非ギリシア人をとわず、例外的にアテナイ市民権を授与されることもたしかにあった。だが通常の場合、アリストテレスのようにアテナイに永住しようとする自由人身分の外国人は、在留外人（メトイコイ）の地位を与えられていた。だがこの地位はそれ自体、名誉ある特権などではなく、むしろきびしく制限条件をつけられた譲歩にすぎなかった。なぜなら在留外人は参政権のみならず土地所有権も与えられず、市民身分の保護者に従属せねばならず、その上人頭税支払いの義務まで負ったからである。人頭税徴収の必要から彼らは居住地を登録させられ、それゆえ移転の自由を制限されていたから、人頭税はたんに金銭的負担であるばかりでなく、十四世紀もしくは二十世紀のイングランドにおけるそれと同じく、負担する者の人格的尊厳をそこなうことは明らかであった。

またこのようにもいえる。市民権とは職業にかかわることがらであった――というよりそれは、たとえば鉱山労働（これに従事するのは奴隷に限られる）とか製粉所での労働（不従順な奴隷に対する罰）などのような生産労働をしなくてもよい自由のことでもあった。だが出生や職業が条件をみたしたからといって、教育の役割が無視されたわけではなかった。もし教育の役割が認められなかったならば、アリストテレス的な政治理論は無用だということになったであろう。なぜなら政治理論の第一の目的とは、人々を市民道徳へと教導するための制度や慣習を案出することにあったからである（『ニコマコス倫理学』一〇九九b三二）。

しかしながら、政治理論があればそれで事足りたわけではない。ポリスそのものもまた、法律をとおして、現在市民である者たち、そして将来市民となる者たちが市民にふさわしい徳ある行動をするよう教育する役割を担っていた。前五世紀に生きたケオス島出身の短詩作家シモニデスは、ポリス・アンドラ・ディダスケイ――「ポリスこそ［真の市民となるよう］人を教え導くもの」と歌った。それゆえギリシア人にとって重要だったのは、善き市民を生みだすためにポリスはどのような法、どのような形態の国制をもち、どんな教育を行なうべきか、という問題だったのである。

スタシス

この問題に対する一つの答えは、裏を返していえば、それは「スタシス（stasis）」の発生を予防するような法、国制ならびに教育である、ということであった。スタシスということばは、近代語では「均衡状態」を第一義とするが、古典ギリシア語ではむしろ、敵対しあう政治派閥どうしが「不和決裂の状態」になることを意味し、その極端な形態が公然たる内乱だった。ギリシアの政治とは、ありようは競争的でゼロサム的な勢力の張りあいであったから、そのように極端な状況はごく頻繁に現実のものとなった。こうした災厄が例外的にまれだったアテナイにおいてさえ、たとえば前四六〇年前後に起こったエフィアルテス〔訳註46〕の政治的暗殺という事件は、前四五八年上演のアイスキュロス作『慈しみの女神たち』の中に、すぐれて同時代的な反響を引きだす結果となった。さらに前四一一年と前四〇四年〔訳註47〕の二度にわたって起こった寡頭派反動革命は、その後のアテナイ市民の行動とイデオロギーとに永続的な影響をおよぼしたのである。このスタシスというものに対し、アリストテレス、トゥキュディデス、クセノフォンがそれぞれ三者三様の反応を示していることは、きわめて示唆に富む。

まずアリストテレスによる（あらゆる）ギリシア都市国家の市民団の分類法は、究極のところ、二項対立的であるとともに両極対立的であった。そっけないいい方になってしまったが、この種の二分法的分類はもう本書の読者にはおなじみであろう。だがそれをあえてここで強調する必要があるのは、次の点を考慮に入れてのことである。じつはアリストテレスは、ここにもし第三項として、他の二項間のバランスをとってくれるような穏健な中間階層が存在してくれたなら、という切なる願いを抱いていた。しかしながら、経験的事実を重視し、知性に忠実な彼としては、たとえ「中間的な（メソイ）」市民たちが相当数を占めるポリスであっても、現実には彼らがなんらかの変化を生じさせるほどの政治的影響力を行使することはない、と認めざるをえなかった（後述）。

したがって、どのポリスの市民団（ポリテウマ）であっても、たがいに他を排除し、対立し、二者択一的な二つの集団から成り立つ。すなわち「富裕者（プルシオイ）」と「貧民（ペネテス）」であり、すべてもしくはほとんどすべての市民は、この二つに区分される。これはアリストテレスに特有の分析である。つまりその根拠となるのは現象（ファイノメナ）と通念（エンドクサ）であり、それによれば人の政治的見解や行動は、他の条件が等しければ、ほぼその人の経済的地位によって決定されるというのである。もっとも、アリストテレスの分析には、さらに「科学的な」精確さと説得力とがつけ加わってはいるのであるが。かくて、少数（オリゴイ）である富裕者は、何らかの形態の寡頭政（オリガキー。「少数者の支配」が原義）を樹立ないし維持することに尽力しようとし、他方多数派である貧民は民主政（デモクラシー。「デーモスすなわち民衆の主権」が原義）を勝ちとろうとしてこれに対抗するのである。

しかしアリストテレスは、たんに人数のちがいだけで納得していたわけではない。少数の富裕者と多数の貧民との数の差というのは、彼にいわせれば本質的ではなく偶然的なものである。寡頭政と民主政とを本質的に分かつのは、現実的な経済的利害ないし利害意識の差である。もしかりに富裕者が（事実上不可能だけれども）たまたま多数を占めることになっても、彼らはやはり寡頭政の方を選ぶことであろう。なぜなら寡頭政とは本質的に富裕者の、富裕者による、富裕者のための支配だからだ。そして――同じことは貧民と民主政との関係についてもあてはまる、というわけである（一二九〇a四〇―b三、一七―二〇）。

ただしアリストテレスは一点だけ、富裕者対貧民の二分法をあまりに単純な図式かもしれないと認めている。それは、（非常に）裕福な者たちと（非常に）貧しい者たちとの間に、「中間的な（メソイ）」経済的地位とそれに対応する「穏健な（メトリオイ）」考え方をもつ市民たちが存在するという点である。たしかに彼自身、「混合された」国制を提唱し、それに「ポリテイア（国制）」というややこしい名称を与えているが、じつはこの提唱は、これら中間層市民が勢力の均衡を保ってくれるだろうという見通しにもとづいているのである（一二九四a三〇以下）。

しかしながら中間層は、理論上どれほど望ましい存在であったにせよ、現実には富裕者・貧民という二大市民階層の間で均衡力を働かせるほどに大きな、均質な勢力ではけっしてなかった。それゆえ『政治学』第五巻でアリストテレスは、スタシスを予防する方法として他にいくつかの解決方法を処方してはいる。だがそれらの構想にしても、その実現可能性はいちじるしく限られたものであり、それをアリストテレス自身暗黙裡に認めていることは、『政治学』最後の二巻になると議論から真剣味がうすれ、机上のユートピア論に終始してしまっていることからもうかがえる。

事実スタシスは、前三三八年までに、ギリシアの宿痾《しゅくあ》とでもいうほどに蔓延した不安定要因となっていたので、マケドニア王フィリッポスは、コリントス同盟の条約によってこれを禁止しようとした。ヘロドトスがもしこの禁令を知ったら、きっと驚愕したことであろう。もっとも彼にとって、スタシスはそれ自体なんら珍しいものではなかった（たとえば五巻三〇章。八巻三章三節と比較せよ）。これに対しトゥキュディデスであれば、けっしてこの禁令を不審には思わなかったことであろう。事実彼はペロポネソス戦争の決定的な特徴として、このスタシスを記述し分析しているが、その分析は後世の記憶に永く刻まれるものとなった。彼の記述によれば、前四二七年ケルキュラ（今日のコルフ）で起こった寡頭派と民主派との間の内乱が、最初に勃発した大きなスタシスであったが、のちになるとスタシスは「事実上全ギリシア世界を揺さぶることになった」（三巻八二章一節）という。ここで彼が用いている「揺さぶる」という動詞の名詞形キネシスは、「動揺」「変動」を意味する。トゥキュディデスはその序文においてペロポネソス戦争のことを、まさに「これまでギリシア人と一部の非ギリシア人双方が経験した中で最大のキネシスであり、それは全人類にとっても未曾有のできごととすらいえるかもしれない」（一巻一章二節）と性格規定する。

ケルキュラの内乱についてのトゥキュディデスの記述は、あらゆる意味で古典的といってよい。それは

「永遠の遺産」として書いたという彼の自負が、虚言でないことの一つのあかしとなる。何より印象に残るのは、トゥキュディデスが人のことばと行為との関係について鋭い分析を加えている点だ。人の行為がおそるべき欺瞞と暴力の度合いをこれまでになく強めてゆくにしたがって、ことばもまたその価値を問いなおされざるをえなくなった。ときにことばは、その本来の語法とは正反対の意味で用いられたりした。たとえば、ふつうであればもっとも卑怯（デイリア）な部類に属するはずの行為が、今やもっとも勇敢（アンドレイア）な行為と呼ばれたりした。つまりことばは、意味を変えたというよりも、指示する対象を変えたのであり、そのような世界においては、ふつう了解されるような理性（ロゴス。これは「ことば」「弁論」のほかに「理性」をも意味する）の存在する余地など、どこにもなかった。

おそらくそれも一つの理由となって、トゥキュディデスは「弁論」の意味でのロゴスを、ケルキュラをめぐる叙述や分析の中で一度も採録していない。このことは、このテーマをさらに追求している第八巻（四五―九八章。前四一一年アテナイの寡頭派反動革命の記述）についても同様である。なぜならばトゥキュディデスにとって弁論とは（彼の考えるような）合理性を内包するものであり、たんなる情緒的な激情からしか成り立たないような弁論を記述することには、彼はとても耐えられなかったのである。

こうしたトゥキュディデスの態度を、『ギリシア史』におけるクセノフォンの理論と実践に比較対照してみよう。前四〇四―四〇三年に起こったアテナイにおけるスタシスの第二ラウンドは、彼にしてみれば、道徳的価値判断を下したいという熱意を満足させるための、見逃すべからざる絶好の機会を提供するものであった。彼の描く政治討論（寡頭派クリティアスとテラメネスとの対論。二巻三章二四―三四、三五―四九節）にせよ、政治演説（同時代の民主派トラシュブロスによるものが二編。二巻四章一三―一七、四〇―二節。エレウシスの秘儀の伝令クレオクリトスによるものが一編。二巻四章二〇―二一節）にせよ、政治の実践理論（トゥキュディデスならこれをタ・デオンタ、必要欠くべからざるものと呼んだことであろう）に関するものではなく、むしろ忠誠と裏切りの倫理、友情と寝返りという個人的な関係に関するものである。クセノフォンは、過去に加えられた危害を水に流して復讐を思いとどまり、もしどうしても復讐せねばならぬときには、宗教的敬虔心の命ずるところにしたがってその行使を最小限にとどめるべきだと唱道する。

だがしかし、宗教的敬虔心というものは、たしかに平時にあっては「どのギリシア人ポリスにあっても重要な統合要因の一つ」（グレイ Gray 1989: 101）であったかもしれないが、アテナイにおける前四一一年と前四〇四─四〇三年のスタシスを阻止したり緩和したりするには、事実上何の役にも立たなかった。だから市民であることと宗教的敬虔心とを関連づけようとするクセノフォンの考え方は、分析的・記述的というよりはむしろイデオロギー的なものであり、彼の歴史記述とトゥキュディデスのそれとの間に横たわる差異とギャップを測る上での好例といえるだろう（あわせて本書第七章を参照のこと）。

市民の和合という言説

スタシスの裏面、すなわちその対極に位置するものとは、市民の団結と和合であった。アリストテレスの『政治学』が、クセノフォンやトゥキュディデスの記述したようなポリスの内乱に対する一つの応答であったということは重要であるが、これと対照的なのが、アテナイ独特の文芸ジャンルであったエピタフィオス・ロゴス、すなわち葬送演説であり、古典期アテナイ民主政の特徴である、他に類例のない市民の和合をことほぎ、またそれを維持し続けるべく人々を督励するものであった。残念なことにこのジャンルに属する作品は、六編しか伝存していない。一つは一種のパスティーシュであり（プラトン『メネクセノス』中の「アスパシア」を作者に擬した演説）、一つは文学的な再加工を加えられたもの（前四三〇年のペリクレスの演説にトゥキュディデスが手を加えたもの）、そして一つは断片にすぎない（ゴルギアスの作とされる。彼はリュシアス同様アテナイ市民ではない）。残り二つはどちらも作者が同時に演説者でもある（デモステネスとヒュペレイデス）。だがこれらの葬送演説は、書かれた状況も伝存状況もまちまちであるにもかかわらず、おどろくほど同質な、いわば一巻の演説「全集」を形作っている。したがってここでは、このジャンルにおけるトゥキュディデスの個人的な貢献を斟酌して、彼による「ペリクレスの葬送演説」（二巻三五―四六章）を、他のすべての葬送演説を代表するものとしてあつかってもよかろう。

政治的側面から見れば、ここで特別に注目すべき特徴が二つある。第一に、何よりもこの「ペリクレスの葬送演説」は、悲劇以上に、アテナイ市民の言説であるということ。なぜならそれは、現在過去未来におけるアテナイ市民とその家族に対してじかに、そして彼らだけに対して、語りかけるものであるから。前四一三年、シュラクサイ（シラクサ）における大いなる災難の直後、数千のアテナイ市民がまさに死に瀕していたとき、トゥキュディデスによれば将軍ニキアスは「人こそポリスである」と述べたという（七巻七七章七節）。そもそも葬送演説という制度が最初に発案されたのは、まさにこのようにポリスのために戦役で死んだアテナイ市民を讃え、永遠に記念するためであった（前四六〇年ごろのことか）。というのも、「祖国のために死するは甘美にしてふさわしい」〔訳註48〕ばかりでなく、戦闘や遠征での死こそ、アテナイ市民にとって、同じ死ぬのでももっとも甘美でふさわしい、最善の死に方だったのである。ヘロドトスが伝えるところでは、ソロンはリュディア王クロイソスとの架空の会見の中で、ここ以外には名前の伝わらないアテナイ人テロスなる者を例に引き、まさにこのような死こそが人間の幸福であると述べたという（一巻三〇章）。

であるから、ペリクレスの葬送演説が市民にとっての重要な教訓として述べるのは、ようするに男子たるもの勇敢に戦って死ねば、果たすべき役割をすべて果たしたことになる、ということであった。事実それこそ男子の役割であった。なぜなら語源からいえば男らしさ（「アンドレイア」の原義）は勇敢さと同義であり、戦場でポリスのために勇敢に戦うことは市民の価値序列の中でも最重要の要素とされていたからである。だがそれとともに、この演説で「ペリクレス」の苦心の跡がうかがえるのは、こうした価値観はアテナイ人が自発的に選びとったものであって、アテナイ市民はオリエント的専制君主の命令で死に追いやられるのではけっしてないのだ、ということを力説している点である。ロローがいうように、「立派な死とは市民の選択の模範であり、それは自由であると同時に定められた選択であった」(Loraux 1986a : 104)。

ただしペリクレスの葬送演説は、また別の狭い意味でも「政治的」な演説であった。この演説はすぐれて民主主義的な言説であって、だからこそ、アテナイの「全員の全員による、自由で隠しだてのない」支配を、ときにはそれとなくときには名指しで、他律的で権威主義的なスパルタと対比してみせたのである。これほどの情熱と自信をこめて、ペリクレスがアテナイの民主的諸制度と文化を高らかに称賛しているために（アテナイは「全ギリシアの教育の場」とまでいっている）、採録者トゥキュディデス本人も、みずからが育ったアテナイの完全民主政に対して同様の感情を抱いていると誤解されることがある。だが注意深く見れば、この葬送演説にはおどろくほど貴族的な匂いがさまざまにつきまとっているし、それとあいまってトゥキュディデス自身、理論上も実際上も民主政に対して敵愾心あらわな判定を下していることから見れば（二巻六五章七、九節、八巻九七章二節）、このような解釈は問題外である。トゥキュディデスはけっして民主主義的イデオロギーの持ち主ではなかったし、（ファラー Farrar1988 の意見にははばかりながら）彼の歴史記述全般も、いかなる有効な意味でも民主的とはいいがたいのである。

むしろ、この演説が披露された背景設定こそ、アテナイの民主的ポリテイアと完全に一致調和するようなイデオロギー的概念構成を必要としたのだといえる――演説はポリスの中心に位置するケラメイコス墓地で、アテナイの戦死者を追悼するため催された国葬式典で行なわれたものだから。だが、イデオロギーというものにはしばしば――おそらくは必然的に――つきものであるが、この演説に述べられたことと同じくらい重要だったのは、それがいい残したこと、述べなかったことであった。どうしても言及してはならないことが、おもに二つあった。第一に、在留外人（メトイコイ）のことである。定義上市民ではなかったものの、徴兵年齢に達した男子で、重武装の歩兵としての装備を自弁できる在留外人は、重装歩兵としてアテナイのために戦う義務を負っていた。トゥキュディデスの記述によれば、そのような在留外人はペロポネソス戦争開戦時に多数徴兵され、戦死者も出していた。またクセノフォンの『歳入論』（二章三節）には、在留外人重装歩兵の中に「リュディア人、フリュギア人、シリア人その他あらゆるたぐいの異民族」がまじっていると記されているから、おそくとも前四世紀なかばには、在留外人の中には解放奴隷も含まれていたらしい。にもかかわらず、トゥキュディデス描くペリクレスは、在留外人の存在そのものについて、一言も言及していないのである。男女の奴隷たちとならんで、彼らは「内なる他者」を構成していたからであった。

第二には、（おそらく今日のわれわれから見て）かんばしからざることに、アテナイの民主的ポリテイアが女性を、ある種の宗教的役割と機能を別にして、形式上も公式上も、あらゆる活動から排除していたことである。その排除こそが問題であった。ペリクレスの葬送演説の終盤では「このたび戦争未亡人になった女性に説くべき婦徳」なるものについて、いかにも不承不承に言及するくだりがあり、これがこの演説の中でもひどく耳障りな不協和音になっている（二巻四五章二節）。すでに見たとおり（本書第四章）、制度的に見ればこの問題の原因は、アテナイの男性市民が子供の出生と相続の合法性に執拗にこだわったことにあった。すなわち、子供の出生の合法性は、アテナイ市民の男性のみならず、女性によっても等分に授けられねばならぬ、ということになったからである。だがイデオロギー的に見るならば、この問題は何よりも、一般にギリシア人が男女の差異を、自由人対奴隷の両極対立との類推によって解釈していたことに由来するのである。このことは次の章で論ずることにしよう。

第六章　非人間的束縛について――自由人対奴隷

これはおよそ理性に反し、それ自体とも、また常識とも矛盾する。ちょうど正当な言い訳が見つからないときに奴隷がするような、シモニデスのいう「長談義」と同様である。
（アリストテレス『形而上学』一〇九一a五）

緑の並木に河の見晴らし、そして奴隷街区のある町マウントヴァーノン。そんな町がどうして好きになれようか。
（マージ・ピアシー「わが博物館に寄す」より）

家庭からはじまる奴隷制

英国の一般紙上ではときおり、ロンドンで働くフィリピン出身女性の家事労働「スタッフ」の地位と境遇が問題になることがある。それもたいていは、とりわけおぞましい訴訟事とのからみで報道されることが多い。実態からすれば「奴隷」に分類されてしかるべきなのに、こうした女性たちは「二等市民」と呼ばれることもある。だがこの呼び方は誤っている。なぜなら彼女たちは、いかなる意味でも英国の市民ではないのだから。

古典ギリシア人であれば、こうした呼び誤りを犯すことはなかったはずだ。ギリシア人にとって、ギリシア市民とは定義上自由人であるから（ただし非常にまれには奴隷上がりの市民もいた）、そこから敷延すれば、奴隷とは市民のアンチテーゼだということになるからである。一方、例のフィリピン人奴隷たちが外国人女性であるという点では、ギリシア人の目から見れば、彼女たちの地位はさして奇異に映らなかったのではなかろうか。なぜというに、古典期においてギリシア人地域に居住していた非ギリシア人女性は、ほとんどが奴隷身分であったから。それどころか、後述するように、ギリシア人女性でさえも、ギリシアでは文字どおり奴隷の地位に落とされる場合すらありえた。たとえその運命を免れたギリシア人女性であっても、家父長至上主義的なギリシア人自由市民の思考の中では、無条件に奴隷といっしょくたにされるか、あるいはそれと同等と見なされるという、奴隷についでひどい冷遇に甘んじるのがふつうだったのである。

古典期ギリシアにおける奴隷が何に使役されていたか、また奴隷にどんな権利が認められていたかについては、のちにふたたびとり上げることになろう。だがロンドンのフィリピン人女性の事例は、倫理的原則と歴史探求の方法という重要な問題をも提起する。なぜならフィリピン人女性の問題に関しては、いやおうなく次のことを想起せざるをえないからである。一世紀半前にウィリアム・ウィルバーフォースが奴隷制廃止協会設立に尽力し、それが数々の成功をおさめたのは疑いを容れる余地がない。だが、それにもかかわらず、現在なお奴隷制は「隆盛をきわめている」のである。事実、今日英国で奴隷状態に置かれている人々の数は、三〇〇〇人にものぼると見積もられている（その大半は、経済的・性的搾取を被っているフィリピン人家事労働スタッフである）。さらに、世界全体でなんらかの奴隷状態に置かれている人々の数はというと、かつてウィルバーフォースが善行をなしとげつつあった時代のそれを上回ると考えられている。

われわれはこの事態に対して、倫理的に無関心な態度をとるべきだろうか。あるいはとれるだろうか。

たしかにそれはできない。だが、古典期ギリシアにおいて奴隷制があったという事実に対しては、はたしてどうであろうか。これは、少なくとも奴隷制がおおいに命脈を保っていると今でも考えたい人々にとっては、現代の奴隷制よりもっと複雑な問題のからむ問いである。つまり、たんにギリシア社会に奴隷がいたという事実を認めるだけではなく、むしろギリシア文明が何らかの意味で奴隷制に立脚していたと積極的に考えるならば、奴隷制はギリシア文明の奇跡という花の蕾にたかる虫を殺す、きわめて強力な毒素をもっていたことになる。その場合、その毒性をやわらげるためには、何かきわめて有効な解毒剤を考えだすことがたしかに必要になるだろう。

まさにこのような解毒剤としての理論を唱えてきたのが、ハーヴァード大学の歴史社会学者オーランド・パターソンである。彼自身西インド諸島の黒人出身で、それゆえ結果的にはウィルバーフォースが廃止した英国奴隷制の落とし子といえる。彼ほど奴隷状態の本質を比較文化的に定義することに成功した学者はいない。パターソンによれば、奴隷状態とは「社会的死」である（Patterson 1982）。すなわち奴隷は、まず生まれながらにして疎外を経験する。つまり自分が本来属していた血縁的・共同体的紐帯《ちゅうたい》から強制的に引き裂かれるからである。そして奴隷は、自分とは異質な社会に、同化を許されぬアウトサイダーとして強制的に移植され、そこで永久に疎外されて生きてゆかねばならない。奴隷は、奴隷にされた時点で肉体的な死を免れたにもかかわらず、むしろそのゆえにこそ、ある象徴的な、生きながらの死によって、生き延びた代償を無際限に支払ってゆかねばならぬ。

しかしながら、自由の歴史についての近著（Patterson 1991）でパターソンが論ずるところによれば、雄牛〔訳註49〕の屠られた死体から蜜がしたたり落ちるという聖書の字句よろしく、奴隷制が存在したおかげで古代ギリシア人の中に、西欧世界でもっとも貴ばれる自由という価値、すなわち個人の自由、国家主権としての自由、市民的自由が誕生したという。さらに彼はこう論ずる。奴隷制と自由とは一つの因果関係で結ばれておるのみならず、古代ギリシア人から今日のわれわれにいたるまで、自由という価値の伝承は途切れることなく続いてきた。それゆえ彼によれば自由と奴隷制とは、シャム双生児のように分かちがたく合体したものであり、ともにギリシア文明の遺産と西欧文化の伝統の中核的部分を構成するものである、というのである。

パターソンの理論は、ある意味で慰めをもたらすメッセージではある。しかしながら彼の議論は、厳密な意味で証明不可能であるばかりでなく、古典ギリシア人のメンタリティにおいて奴隷制というものがもっていた役割と力が、正確には何であったかという問題をあいまいにするともいえよう。それゆえ私はむしろ、ギリシア人の奴隷所有という遺産の中から一つの項目をとり上げ、それがスペイン人によるアメリカ大陸征服の際にインディオの奴隷化を正当化するために利用されたことに注意を向けたい。それは、「自然にかなった」奴隷制というアリストテレスの理論である。自分の理論がこのような実用的な目的に応用されたことを、アリストテレスが是認したかどうかはもちろん知る由もない。だがのちに述べるように、彼本来の立場になって考えれば、その応用がとうてい正当なものであるとは認めがたかったことであろう。

イデオロギーか哲学か

ローマ人による奴隷の定義の一つに、インストゥルメントゥム・ウォカーレ、すなわち「ものをいう道具」というのがあった。この定義は、ある観点からすれば意味深長である。なぜなら、奴隷主と奴隷との人間関係の本質である非人間化、もしくは非人格化を的確にいい表すからである。だがまたある意味では、皮肉な定義でもある。古代ギリシア・ローマ世界における奴隷は——南北戦争前のアメリカ南部におけるそれとことなり——、徹底して何もわれわれに語ってくれないからだ。古代の奴隷が、奴隷状態に置かれている間に、みずから語ったことばというものは、ほとんどただの一片すらも現代に伝わっていないのである。古典古代をとおして何十万人という奴隷が存在したことを考えれば、これは恐るべき、悲劇的な事実といえよう。しかしながら、古代の女性たちが沈黙していることと同様（本書第四章参照）、このようにその人数のわりには奴隷たちが自分のことばで書き残した史料が少ないという事実は、古典期ギリシアの社会経済史を志す学者にとっては不都合であろうが、この場合私の議論にとってそれほどの障害にはならない。なぜなら、ここでの関心は奴隷制のイデオロギーであり、奴隷と奴隷制が、文字を書けるギリシア人市民身分の奴隷主たちによってどのように表現され、その表現を彼らがどのように受けとめ、それが彼らのためにどのような意義をもったかという問題だからである。

そのような表現の典型例が、自然にかなった奴隷制というアリストテレスの理論である。これは、後述するとおり政治理論としての体裁をもつ『政治学』の枠組みの中に現れる理論なので、この奴隷制理論が哲学として分類されるべきか、イデオロギーとして分類するのが適当なのかという問題は、さしあたって問わないでおくことにする。哲学としてあつかうのであれば、当然アリストテレス自身の哲学体系の枠組みの中に位置づけねばならないだろうが、他方イデオロギーというのは、意識的にせよ無意識的にせよ、哲学的というよりは社会的なさまざまの規範によってより強く規定されるものだからである。

さてこの奴隷制理論は、一見すると、デイヴィッド・ブリオン・デイヴィスのいう「奴隷制固有の矛盾」（Davis 1988: 62）に対する、アリストテレスからの回答であるかのように見えるかもしれない。デイヴィスはこう断言する。奴隷制固有の矛盾の本質とは、「その残酷さ、経済的搾取にあるのではなく、家畜同様自分の意志と意識を自由にもつことができない、譲渡可能な財産としての人間という考えが前提になっていることにある。」――換言すれば「ものをいう道具」という考えである。シモーヌ・ヴェイユも同様の趣旨を展開し、一人の人格を人間としてと同時にモノとしてもとらえるというところに、奴隷所有の矛盾があると述べ、さらに次のようにきびしく指摘する。「論理の上では不可能なことが実生活では可能になり、魂の中に宿されたこの矛盾は、魂をばらばらに引き裂く」(Weil 1986 : 188)。

たしかにアリストテレスも奴隷を「道具(オルガノン)」や「財産(クテマ)」と定義してはいる。しかしながら、にもかかわらず彼は、奴隷が奴隷主同様「魂(プシュケ)」をもつものだということは否定していない。むしろそれどころか、「自然にかなった」奴隷というものは、まさしく「魂のやどった」もしくは「魂を吹きこまれた(エンプシュコン)」道具、もしくは財産であると定義したのである。さてそれでは、たんなる社会的(とりわけ法的)因襲によってではなく、自然の本性によって奴隷を奴隷たらしめている「自然にかなった」奴隷の本質とは、いったい何だとアリストテレスは考えていたのであろうか。

アリストテレスの奴隷制理論は、正確に要約するには困難がともなう。その理由の一つとして、『政治学』は、一般読者向けに洗練された文章で書かれた作品ではなく、むしろ直弟子を対象にした簡潔な講義ノートをまとめたもので、それをこれから弟子との一対一の議論の過程でよりくわしく長いものに仕上げてゆくつもりだったらしい、ということが考えられよう。とはいえ、この理論には、ふつう以上に細心の注意を払うだけの価値がある。それにはおもに二つの理由がある。まず第一に、数学的公式による体系化や分析になじまない問題に関しては、思慮分別があり実生活上の知恵を備えたギリシア人の目から見て、事実もしくは称賛にあたいすると思われることがら、いいかえれば、信頼に足ると見なしうるような世間一般に受容された見解を出発点にすえて考えるというのが、アリストテレスの自認する方法論だったということ。ゆえに、もし自然にかなった奴隷制というアリストテレスの理論が、奴隷制についてのこうした信頼すべき実用的な知恵を洗練した形態のものであったとするならば、この理論をとおして、合理的な思考をするとされるギリシア人の奴隷主が、奴隷制の本質と正当化についてどんな標準的な見解をもっていたかという問題にアプローチするための、なんらかの手段を手に入れることになるのである。

第二には、これと関連することだが、奴隷制がギリシア社会のどこでも見られ、とりわけアテナイで顕著だったにもかかわらず、ギリシア社会がはたして奴隷制に立脚していたと考えてよいかどうかは、また別の問題だということ。つまり、もし奴隷が存在していなかったら、古典ギリシア文明は必然的に、くらべものにならないほどちがったものになっていただろうか、という問題があらためて問われるのである。アリストテレスは、ポリスにおいて自由人が善なる生活を営むためには奴隷が必然的に不可欠であると説くのだが、ここまで冷徹に彼が奴隷の必要性を力説していることは、この重大な問題を解く上での手がかりになるかもしれないのである。

人類にとっての善なる生活はポリスの枠組みの内部においてのみ可能であるという、この第一公準は、アリストテレスにとって決定的に重要なものである。たんなる因襲主義的理論に対しては、どんなものでも異論を唱えるのがほとんど性分になっている彼であるから、ポリスというものが自然にかなった有機体であるということを、彼はほとんど抵抗なく受け入れることができた。政治的人間にとって理想的なこの「共同社会（コイノニア）」の内部においてこそ、そしてそのためにこそ、奴隷制は存在するのであり、また存在せねばならないのである。だが、ほんとうに「自然にかなった」奴隷とは、どうやって見分けをつけられるのか。これについては師プラトンにならい、アリストテレスもおおむね知性にもとづいて自然にかなった奴隷を識別した。真に自由な、市民としての人間を特徴づける規範的な種類の知性を欠いている、というのがその識別の根拠である。アリストテレスにいわせれば、自然にかなった奴隷のプシュケには、論理的思考要素ないし思考能力において、手の施しようがないほどの欠陥が存在していたのである。

これに対する論証なるものを、ここに簡潔に示してみよう（なかでも重要な箇所は『政治学』一二五三b―一二五五b三〇である）。アリストテレスはオイコス（家）の次元から論証を出発させる。オイコスとは、ポリスという有機的結合体の最小公倍数もしくは最小構成単位である。彼の主張によれば、どのオイコスもおおむね、互いに排他的な二つの人間カテゴリーから成り立つ。自由人と奴隷である。だがじつは、この二項対立的分析の背後には、オイコス構成員として三対の下部カテゴリーが隠れている。すなわち主人と奴隷、夫と妻、父と子供である。ここでアリストテレスがなぜこの三対の組み合わせを選び、他の組み合わせ（たとえば女主人と奴隷、母と子供など）を選ばなかったのかといえば、それはここで彼が、家政（オイコノミア。英語のエコノミーと混同してはならない）の実践的観点から、したがってさまざまな種類の階層序列的支配の観点から、ものを考えているからなのである。商業交換によって財物を獲得することが家政のすべて、もしくは最重要要素であるとする対立仮説に言及してそれを退け、しかるのち、アリストテレスはさらに踏みこんで、実践的立場と純理論的立場の両面から、奴隷主の地位、すなわち奴隷主の奴隷に対する支配とはどういうことかを分析する。

この場合もまた、アリストテレスは自説に対立するいくつかの見解に言及することから始め、それらを直接間接に退けてゆく。なかでも次のような異説を、骨折りながらもはっきりと退けているという点はもっとも重要である。すなわち、他人を奴隷として所有することは自然に反し、たんなるノモス（人為的で恣意的な因襲）に属することである、なぜなら自由人と奴隷とは本性上同一であり、奴隷所有は暴力にもとづくものであるがゆえに倫理的に不正義である、という説である。アリストテレスは『ニコマコス倫理学』第五巻を不正義の定義の考察にあてているのだが、「自然にかなった」ポリスというものが、奴隷主と奴隷という「自然本来の」不可欠な要素によって構成されると考える彼にとっては、そのポリスがほかならぬその事実のゆえに不正義であるなどとは、明らかに容認しえなかった。そこで彼は次に、自然にかなった奴隷制という自説を七段階にわけて論証しようとする。

まずその第一段階では、次のように主張がなされる。財産とその獲得術とは家政の不可欠な要素である。なぜならば人類にとってはたんなる生存にせよ善き生活にせよ、必要不可欠な物的財産が入手可能であるか否かにかかっているからである。そして第二の段階では、家政の技術を身につけた人間には、自分の財産にしかるべき加工を行なうための道具が必要であると説かれる。第三にそのような道具は、魂をもっているかいないか、すなわち文字どおりにいえばプシュケがあるかないかのいずれかである、とアリストテレスは論ずる。第四に、もろもろの所有物とは生活を可能ならしめることを目的にこしらえられた道具であり、財産とは一般にそのような道具の総体を意味する。それゆえ道具としての奴隷とは、魂をもった所有物なのである。第五に、アリストテレスは作ることと行なうこととを区別する。すなわち道具の中には、たとえば織機の杼《ひ》のようにものを生産（ポイエシス）するための道具がある一方で、行為（プラクシス）のための道具、つまりその所有者にある特定の行為を可能ならしめるような道具もある。奴隷とは、生産のための（量的な）道具というよりは、このような行為のための（質的な）道具であるとアリストテレスは主張する。第六段階においては、ある所有物は全体の中の一部に相等しいということが論じられる。それゆえ奴隷を一つの所有物と考えるならば、それが奴隷主に属し奴隷主に完全に所有されている以上、奴隷主の一部である。最後に第七段階においては、そのような奴隷こそ自然にかなった奴隷であると主張される。つまり、奴隷が属するオイコスと奴隷主による支配（デスポティケ）とは、それ自体自然にかなった現象であり、奴隷が自分の奴隷主にプラクシスのための道具として奉仕することは自然にかなったことなのである。

しかしながら、以上が自然にかなう奴隷の理論上の定義であるとしても、自然にかなった奴隷なるものが、そもそも実際に存在するのかという疑問は残る。そこでアリストテレスは、客観的な分類から主観的な分類へ、すなわち奴隷の個々の性質による分類へと議論を移行させながら、自然の本性としてこのように（奴隷的な）性質をもっている者が存在するか否かを、まず問題にする。その次に、そもそもある者が奴隷となるということが「よりよいことであり正義にかなう」ことなのか――それともむしろ、対立説の唱導者が主張してきたように、すべての奴隷制は自然に反するということが事実なのかどうか、を問う。だがアリストテレスにとっては喜ばしいことに、これらの問いに対する正解が何であるかは、理論上も実際上も自明のことである。なぜなら彼の主張によれば、あるものは生まれながらにして支配されるべく運命づけられ、またあるものは支配するべく運命づけられているのであって、これら両極化した二つの事物類型の中には、（本筋の議論を逸れて彼が述べるところによれば）多くのさまざまな種類が存在するという。だがそれでは、「自然にかなった」奴隷は、まさに何の故をもって生まれながらにして支配されるべく運命づけられているのか。それを具体的に述べる前に、その論拠を準備するため、アリストテレスは、人間においてプシュケが自然にかなった最善の状態にあるとはどういうことかを入念に論考するのである。

両極化・階層序列化したいくつかの対概念の総合として家政を分析することができるのと同じように、あらゆる生き物（ゾオン）においても、そのプシュケ（魂、心、知性）と肉体との間に一種の二項対立的・階層序列的区別を置くことが可能である、とアリストテレスはいう。人間において自然にかなった最善の状態が実現するのは、もっともすぐれたプシュケがもっともすぐれた肉体を支配するときであり、それは奴隷主が奴隷を支配するのと同様である。そして人間のプシュケが自然にかなった最善の状態にあるのは、すなわちプシュケの中で理性（ロゴス）を包含する部分であるヌースが、情欲や感情をつかさどる部分を支配しているときである。それはちょうど市民や王がそれぞれ同胞市民や臣民を支配するのと同様である。それに対し、ヌース・ロゴスと情欲・感情とがたがいに対等に支配しあう関係にある状態は、あらゆる場合において害をもたらす。ましてや、ヌース・ロゴスが実際に情欲・感情に支配されているときにはなおさら有害である、というのである。

魂と肉体の間の、もしくは魂内部における理想的な関係と状態についてのこうした分析をさらに補強するため、アリストテレスはここでもまた類推によって議論を進める。プシュケによる肉体の支配、そしてプシュケの中の理性的部分による情欲的・感情的部分の支配は、人間による動物の支配、そして人間の男性による女性の支配と相似する。なぜなら人間ないし人間の男性は本性上優位に立つもので、それゆえ支配者とならねばならない、その方が支配されるものにとって有益である、という。このように論拠を入念に準備した上で——もっともむらがあってつかみどころのない点もあるにせよ（とくに魂と肉体の関係の比喩としてまず先に奴隷主と奴隷の関係をもちだしている点に注意）——ようやくアリストテレスは、自然にかなった奴隷ということについて、奴隷主との自然にかなった関係とは別に、奴隷を本性上奴隷的なものにしている要因とは何かを明らかにすることができるのである（一二五四b二二—二三）。つまり、本性上の奴隷は理性をわけもっているにせよ、それはごく部分的にわけもつにすぎない。つまり奴隷主にそなわった、よりすぐれた理性にしたがうべきであるということを奴隷が認識するに足るだけの理性ではあっても、それはみずから独自の推論を行なう能力はまったくない、というわけである。

おまけにアリストテレスは、次のようにつけ加える。本性上の奴隷の劣等性は、プシュケに限られるわけでもない。それは肉体の劣等性でもある。なぜなら本性上の奴隷の姿勢は、本性上の奴隷主のそれにくらべてまっすぐではなく、したがって前者はかがみこまねばならない仕事（手細工や農業）により向いているのに対し、後者は戦時と平時双方においてポリスの政治に能動的にかかわるギリシア市民の生活、すなわちポリティコス・ビオスを実践するよう自然の本性によって定められたからである、と。この議論の後半の部分は、ひかえめにいっても補強論拠としては弱く、むしろ役立たずな議論である。だが、アリストテレスがそれを提示する理由は、もはや明らかである。つまり、ある人のプシュケの性質を確実に見きわめるのはそれほど容易なことではないが、他方その人の姿勢というものは、ただちに反駁不可能なほどに明白だからである。そして、同じころの論文『人相学』（八〇六a七―八）でもアリストテレスが述べているとおり（ただしこの著作では、まっすぐな姿勢は自由人身分よりはむしろ男性性に結びついている）、「永続的な肉体上のしるしは、永続的な心理上の性質を示すであろう」。ところが、この議論を提示しながらも、アリストテレス自身、その論拠の弱さを暴露して見せる。彼はこう白状する、「まったく正反対のことも、非常にしばしば事実である」と。つまり「本性上の」自由人でも、身体がかがんで奴隷のように卑しい肉体をもつ者もいるということである。

しかも、自然にかなった奴隷制という自説についてアリストテレスが正直にも認めた問題点は、これにとどまらない。「奴隷である」とか「奴隷」とかいう用語それ自体が、多義的であることも彼は認める。なぜなら――これは因襲主義論者に対する大きな譲歩となるのだが――「ノモスによってのみ奴隷であるというものも存在する」からである。ここでノモスによる奴隷とは、戦争捕虜のことを指していっているのであり、彼らは本性上の奴隷でない場合でも、事実上かつ法理上の（つまり征服による）奴隷である。しかしアリストテレスは、用心深くこれ以上の譲歩はしない。つまり、奴隷の内面的心理的性質という例の問題を顧慮することなしに、因襲主義論者のテーゼを奴隷制すべてに敷延してあてはめるということには、彼はけっして賛同しないであろう。ここにいたり、アリストテレスはほこらかに次の結論へと移る——いずれにしても、戦争捕虜とは正しくはノモスにのっとった奴隷であると主張する人々であろうと、それはどのみちギリシア人の戦争捕虜のことをいおうとしているのではなく、異民族の戦争捕虜のことを指しているにすぎない。だから、自分が譲歩するよりも、自分の論敵の方が自然にかなった奴隷制という学説を、そのまま厳密に受け入れさえすればどれほどよいことか。自分の学説は、異民族を奴隷化するのは正当だと考える彼ら論敵の説と完全に調和する。なぜなら本性上の奴隷にとって、自分を所有する奴隷主の奴隷として奉仕することは、正当であるとともに利益にもなるからである。それのみか、そのような本性上の奴隷と奴隷主の間には、限られた範囲の、条件つきの形態ではあれ、手段としての友情が存在することすらありうる、というのがアリストテレスの結論であった（『ニコマコス倫理学』一一六一a三五—b五と比較せよ）。

アリストテレスの通俗性

このように見てくると、一般的にいっても、またギリシア人ポリスという個別具体的な文脈においても、アリストテレスの学説は、奴隷制の自然性を哲学的に順当なやり方で論証したものとはとうていいえない。あらゆる奴隷制を暴力にもとづくゆえに道徳的に不正であるとして正当にも糾弾した、くだんの無名の論敵たちの見解にくらべると、アリストテレスの学説は倫理的に後退したものであり、それとともに、ろくに検証もしていない多くの仮定条件にもとづくゆえの欠陥も露呈しているのである。したがって、当然ながら次のような疑問が浮かび上がる。西欧哲学的論理の創始者ともあろうこの思想の巨人が、ここではいったいなぜこれほどまでに調子を狂わせてしまったのだろうか。どうしてアリストテレスは、議論の諸前提を台なしにしてまでも、奴隷制が正義であり正当化されるという結論にこれほどこだわったのであろうか。

私の考えでは、二つの要因がはたらいて、いつものアリストテレスらしい倫理的・知的誠実さを圧倒してしまったのではないかと思われる。まず第一に、奴隷制というものがギリシア人にとっての現象（ファイノメナ）と通念（エンドクサ）にあまりに深く根を下ろし、そして（太古の昔から、あるいは少なくともホメロスの時代からこのかた）ギリシア人が呼吸する空気の中にあまりに大きな部分を占めてきたという要因が考えられる。であるから、アリストテレスの同時代の比較的啓蒙された論敵たちでさえも、奴隷制廃止を要求するという行動を起こすまでにはいたらなかったのは明白な事実であった。ようするに、「奴隷制が温存されねばならないということに、異を唱える者など一人もいなかった」（フィンリー Finley 1980: 121–2）のである。

第二には、そのような一般のギリシア自由人の奴隷制観に対する解釈を、継ぎ目なく織りこむことによってこそ、ポリスに生きる人類にとって善なる生活とは何かという問題をめぐる、アリストテレスの反因襲論的・目的論的理論が成り立ったということがありうる。つまり、純粋に概念上の自動操作を別にすれば、特権階層であるギリシア市民たちが政治や哲学的思索というプラクシスを行なうために必要な余暇（スコレ）を供給してくれる手段として、アリストテレスは奴隷制以外の選択を想像できなかった。当時の格言には「奴隷に余暇はいらない」といわれていた（アリストテレスはこれを『政治学』一三三四a二〇―一で引用する）。市民にみずからの余暇を提供したのは、奴隷の方だったからである。

さらにこれら二つの要因を強力に補強したものは、ギリシア人の社会生活の中に容易に観察しうる、ある一つの事実であった。すなわち、アリストテレスが生きた前四世紀の第三・四半世紀におけるギリシア世界において、奴隷の地位にあった何千という人々の大多数が、異民族の生まれ（ゲノス）であったという事実である。すでに第三章で見たとおり、異民族が本性上劣等であるというステレオタイプな観念は、すでにおそくとも前四五〇年ごろまでには確立していた。その原因の過半は、前四八〇―四七九年にギリシア人がペルシア人に勝利したことにあった。したがって、ギリシア人であることが自由――政治的自由のみならず精神的・社会的自由――と同一視され、また奴隷であることと異民族であることが等置されていた以上、ギリシア人の文明・文化・心性は、イデオロギー的に奴隷制に立脚していたということが可能であろう。この陰鬱な結論こそ、アリストテレスがその複雑きわまる哲学的方法によって、実質上事実と認めようとしていたことなのであった。

だが、自然にかなった奴隷制というアリストテレスの学説は、たんにギリシアにおける既存の現状を追認するにとどまらず、それ以上の影響を及ぼし、また及ぼすことを期待されたのではないか、とも考えられる。アリストテレスは『政治学』の最後で、彼の考える完璧な理想国家なるものを独自に構想するにいたるのであるが、そこで彼はそこまでの議論と十分首尾一貫させて、国家に必要不可欠な農業および手工業生産者の労働力は、すべからく異民族の奴隷によって構成されるべきであると提唱する。そしてアリストテレスは彼らをペリオイコイ（「周辺に居住する人々」の意）と名づけ、文字どおり政治的・社会的に周縁の地位に置かれるべきものと考えるのである。

しかしながら、この発想もしくは理想は、リュケイオンの頭脳集団内における純粋に理論的思索の領域から飛びだしてゆく運命にあった。というのは、前三三〇年代なかばに『政治学』が編纂された直後、アリストテレスのかつての弟子であったマケドニアのアレクサンドロス大王が、中東地方の大部分を征服するという事業をなしとげたのであるが、その事業の中でも決定的に重要だったのは、あらたにギリシア風の都市を多数建設し、その労働力としてまさに異民族のペリオイコイである奴隷たちを用いたからである。そしてさらに、先に言及したように、のち近代の帝国主義的征服の時代になると、南北アメリカを征服したスペイン人のコンキスタドールたちは、アメリカ原住民を奴隷化するのを正当化するため、アリストテレスの学説に依拠したのであった。もちろん、これの責任をアリストテレスに転嫁するのは公平とはいえない。だが、古典期ののち、ヘレニズム時代に奴隷制が地域的に拡大していったことに対する彼の責任は、容易に否定したり無視したりすることはできないのである。

自由人と奴隷の間に

もし異民族の奴隷がいなかったら、物質的のみならず心理的・精神的にも、古典期のギリシア世界はすっかりちがったものになっていたはずである。どれほどちがうものになったかは、もう少し後で明らかにしよう。そのちがいは、奴隷がギリシア世界においてどのような用途に用いられていたか、そしてまた「奴隷のような」という侮蔑的な形容句による比喩がいかに広範に用いられていたかを見れば、一目瞭然である。

だが、「自由人対奴隷」の対立関係についての概念の定義をめぐる純理論的な議論を終える前に、アリストテレス後に現れた「自由人と奴隷の間」というきまり文句を、まず考察してみたい。というのもこのきまり文句は、自由人と奴隷という対立関係が、じつは厳密な論理の上でも社会学的事実の上でも、両極対立などではなかったことを証明するとともに、奴隷制についての古代ギリシアの歴史記述がしだいに洗練されていったことをも反映しているからである。

このきまり文句は紀元後二世紀の古辞書に収録されているものであるが（ポルクス『オノマスティコン』三巻八三章）、その典拠はおそらく前三世紀の文献学者ビュザンティオンのアリストファネスにまでさかのぼるものと考えられる。それは次のように述べる。「自由人と奴隷の間に位置する身分としては、ラコニアのヘイロタイ、テッサリアのペネスタイ、マリアンデュノイ人のドロフォロイ、アルゴスのギュムネテス、シキュオンのコリュネフォロイがある」。この記述は、法律的に的確とは言えないし、事実関係についても申し分なく精確というわけではない。だが重要なのは、自由人と奴隷を二項対立的に分類する価値規範的な方法によるのではなく、不自由身分にもさまざまな程度と種類が存在するという事実をしっかり認めている点である。

ギリシア世界においてドゥロイと呼ばれるこれら多様な社会集団は、その地位を得るにいたった経緯もさまざまであれば、奴隷として規定されるその法的・社会的条件もまた多種多様であった。たとえば彼らの大部分は異民族だが、中にはギリシア人もおり、また集団ごとそっくり奴隷化された者もあれば、個人としてそうなった者もいた。ある者は他の者たちより多くの権利をもち、より多くの「自由の要素」を生活の中で享受できた、等々。さらには、このきまり文句によれば、自由人と奴隷とは、たがいに排他的で階層序列をもった二つのカテゴリーというよりは、むしろ単一の社会身分の延長線上に位置するものであるかのように見られていたことになる。いいかえれば、このきまり文句が言外に意味しているものとは、「一方の端に自由人市民が、他方の端に［動産］奴隷が位置し、その間に実に多様な程度の独立身分が並んでいる、身分のスペクトル」（フィンリー Finley 1981i: 98）であった。ヘレニズム時代より前であれば、このような考え方が広く流布することはなかったであろうし、ましてかくあるべしという規範としてとらえられることなどなかっただろうと私は思う。だがヘレニズム時代になると、独立国としてのギリシア人ポリスの勢力や特権は限られたものになってしまい、それゆえギリシア人政治哲学者や注釈学者の想像力の中では、自由なギリシア人市民というものが名誉ある地位を喪失してしまったわけである。

さてポルクスに名前をあげられたこれら諸集団の中で、群を抜いてもっともよく知られており、歴史的にももっとも重要な集団は、スパルタのヘイロタイであった。どれほど正確に彼らを分類すべきだとしても、次に述べるような芳しからざる栄誉を授けられたのは、彼らをおいてほかにありえなかっただろう。前四二一年、ペロポネソス戦争最初の一〇年の段階が終結した後、アテナイとスパルタとの間で同盟条約が誓約されたのだが、その条文の中でヘイロタイははっきりと次のように言及されている。「万一奴隷階級（ドゥレイア）が蜂起した場合、アテナイ人は全力をあげてその能力のおよぶ限りスパルタ人救援におもむくべきこと」（トゥキュディデス『戦史』五巻二三章三節）。このように、一つの集団的脅威として見なされたのは、おそらくヘイロタイだけだっただろう。そして、アテナイ人の奴隷が蜂起した場合にスパルタ人がアテナイ人を救援すべしという互恵条項がここで欠落していることは、あることをじつに雄弁に物語る。つまり、ギリシア人であって種族的に均質であり、集団ごと所有され、子孫を残し、限られた範囲で家族と財産権をもっていたヘイロタイと、他方多国籍（たいていは異民族）出身者からなり、個人ごとに所有されているアッティカの動産奴隷との間には、容易に越えられない深い溝が横たわっていたのである。

しかしながら、この条約から五〇年後、スパルタはボイオティア地方のレウクトラの戦いでテバイ率いる連合軍に敗退し、それに引き続いて、国内人口の過半数を占めるメッセニアのヘイロタイが（ふたたび）スパルタに対して蜂起した。蜂起は成功し、彼らは恒久的独立を勝ちとったのである。ギリシア人世界の中で長い間奴隷化されてきた人々が、このように集団的に解放されたということの衝撃は大きかった。

これに促されて同時代の一人のソフィストは、「神は何びとをも奴隷になし給わざりき」という、奴隷解放論の原型ともいうべき主張に到達したのであった（アルキダマスの主張。アリストテレス『弁論術』一三七三aについての古注釈による）。

奴隷制をめぐるギリシアの歴史記述

さらにその三〇年ほど後、このメッセニア人蜂起はもう一つ、これにおとらず顕著な知的副産物を生みだすこととなった。あの気むづかしやの歴史家、キオス出身のテオポンポスが、記録に残っている著述家としてははじめて、いわゆる「動産奴隷」とその他の形態の不自由身分――たとえば人によっては農奴と呼ぶ身分など――との間の質的な区別について、ある歴史記述を書き記したのである（F・ヤコービ編『ギリシア歴史家断片集』一一五断片一二二）。テオポンポスによれば、彼の故国キオスの人々の祖先たちは、市場で奴隷を一人一人個別に買った最初のギリシア人であり、それがのち古典期になって一般的な奴隷獲得の方法になった。一方、それ以前のギリシア人は、国内においてであれ征服戦争によってであれ、奴隷を集団として手に入れていたのだ、というのである。この少々自国びいきな主張が何を経験的根拠としているのかはともあれ、このような区別が行なわれたのが、時あたかもアレクサンドロス大王が中東諸国の原住民を征服、奴隷化し、それによって従前のギリシア人の奴隷獲得方法を一新しつつあった時期と重なっていたことは、けっして偶然ではなかった。

テオポンポス以前の時代であれば、奴隷制という事実そのものが、ギリシアの歴史家たちの興味を引くということはなかった。実際、すでに見たとおり、はるか太古より先例があるということで、奴隷制はごくあたりまえのものとされたため、テオポンポスのように決定的な区別をすることがさまたげられてきたのである。そのかわりに歴史家たちの興味を引いたものは、尋常でない奴隷獲得の方法、尋常でないほど多数の奴隷の集中、そして尋常でない奴隷の行動ないし処遇、ということであった。たとえば彼らの想像力をかきたてたのは、前四〇〇年ごろのスパルタでキナドンがくわだてた陰謀〔訳註50〕とその流産といったようなエピソードであった。なぜならそれは、政治の舞台において、自由人と奴隷との協同と称するきわめてめずらしい見世物を提供してくれたからである。

アリストテレスはキナドンのエピソードを、「貴族的な」形態の政治組織の内部で、どのようにスタシスが起こりうるかということを例証する実例として紹介している。すなわちそれが起こるのは、「アゲシラオス王の治世においてスパルタ人貴族に対する陰謀をくわだてた首領キナドンのように、進取の気性に富んだ人間が名誉と役職を剝奪されるとき」なのだという（『政治学』一三〇六b三三―六）。だがこのエピソードについてのアリストテレスの知識は、今日のわれわれと同様、クセノフォンのきわめて詳細な叙述（『ギリシア史』三巻三章四―一一節）を情報源とするものである。一方クセノフォンがその情報源に仰いだのは、彼のパトロンであり友人でもあるアゲシラオス王その人であった可能性が非常に高い。アリストテレスと同様クセノフォンが興味を引かれたのは、「劣格者」（市民身分を剝奪された者）キナドン自身であり、彼の同志とされた者たちや将来の支援者たちなどではなく、またヘイロタイにとりたてて注目しているわけでもない。しかしたしかにクセノフォンは「劣格者」のメンバーの中に、ヘイロタイ、ペリオイコイおよびネオダモデイス（解放されたヘイロタイ）を加えており、彼らはホメロス風にいえば「スパルタ市民を生のまま食ってやりたい」と望む人々だったという。結局陰謀は、スパルタ人が反乱鎮圧体制を有効に整えたのが功を奏して失敗した。しかし、このようにいくつものカテゴリーの劣格市民たちが革命を目的に協同することが可能であったことをスケッチして見せるだけでも、スパルタの政体がとりわけアテナイとくらべていかに特異であるかを例証するためには、一つの適切な方法だったのである。

クセノフォンが『ギリシア史』の中で非動産奴隷に言及する箇所はさらにあと二つあるが、その場合でも同様に、クセノフォンは彼らそのものに興味があるのではなく、主たる関心事に間接的に光を照射する限りにおいてとり上げるにすぎない。その第一のものは、テッサリアのペネスタイであり、前述のポルクスが「自由人と奴隷の間」に分類した諸集団の一つである。クリティアスとの生死を賭けた闘争の中でテラメネスが前四〇四年に行なった演説を、クセノフォンは採録している。それによればクリティアスは、前四一一年アテナイで「四百人」による極端な寡頭派政権が崩壊した後、亡命生活をしばらくテッサリアで過ごしたこともあった。そのとき彼は、同地に民主政を樹立しようとしてペネスタイに武器を与えたのだという(『ギリシア史』二巻三章三六節)。寡頭派のクリティアスが奴隷反乱による民主派革命を醸成しようとくわだてたという話はあまりに唐突だが、それゆえかえってその申し状が真実であることを確証する。クリティアスの動機が何だったかは別として、社会学的に見て重要なのは次の点である。ペネスタイのような奴隷たちは、ヘイロタイ同様ギリシア人であり、また異民族の動産奴隷には禁じられたある種の権利を享受していたので、そのゆえにこそ彼らだけが、この種の政治的活動をくわだてるのにふさわしいと見なされたのではないか、ということである。

この問題に関するクセノフォンによるもう一つの記述は、ポルクスがコリュネフォロイ(「棍棒もちども」)と呼んでいる人々にかかわるものである。彼らはより正確にはカトナコフォロイ(「粗布マントを着た者ども」)という名前で知られていた。前三六〇年代、エウフロンという男がシキュオンの僭主になることに成功した。クセノフォンによれば、この男はとんでもない悪人だった。彼はスパルタを裏切ったのみか、民主的形態の独裁政をしいた。だから彼が(テバイで)暗殺されたのは、まことに当然のことであった、という。だがクセノフォンは、エウフロンの殺害が正当であったことを読者に納得させようとして、暗殺者たちに自己弁護の演説をながながとさせてみせた。その演説の中には、次のようなエウフロン糾弾のくだりがある。エウフロンは、シキュオンの上流階級市民たちを殺害しその不動産を没収した一方で、「奴隷を解放したばかりか、彼らを現に［シキュオンの］市民にしてしまった」という（『ギリシア史』七巻三章八節）。農奴的な不自由人を解放して市民身分にしてやったギリシア人僭主というのは、エウフロンが最初ではない。シュラクサイのディオニュシオス一世の方が、その点では先輩である。だがカトナコフォロイというこの中間的な奴隷身分に属するギリシア人を解放し、市民にしてやったのは、エウフロンが最初であった（これに対し、ヘイロタイが解放されてネオダモデイスになっても、スパルタ市民としての政治的権利は与えられはしなかった）。そして広義の民主的な政体を促進する目的でこれを行なったのも、やはり彼が最初であった。それゆえエウフロンに市民権をもらった人々は、感謝のしるしとして「彼の遺体を［テバイからシキュオンに］もち帰り、それをアゴラに埋葬して、市を創建した英雄として崇めた」という（『ギリシア史』七巻三章一二節）。

戦時における動産奴隷

動産あつかいされない農奴的な身分の人々を、このように一度に大量に解放するということは、それだけでも十分めずらしいことであったが、これよりさらにまれだったのは、自由市場で購入した動産奴隷の大量解放であった。理由は明らかで、それが私的所有権を侵害したからである。にもかかわらず、動産奴隷の大量解放はときおり行なわれることがあった。なかでももっとも有名なのは、大ペロポネソス戦争の末期段階であった前四〇六年に起こった事例である。

前四七〇年代以来いっそう広い範囲で、アテナイ帝国とその国際的支配力を支えてきたのは、その三段櫂船の海軍であった。アテナイ艦隊の資金の供給源は、一部はアテナイの最富裕市民から徴収する税金に、また一部はラウレイオンの国有銀山（アイスキュロスはこれを「大地の宝」と呼んだ）からの収入に仰いでいた。だが、それよりもことのほか大きかった財源は、いわゆるデロス同盟においてアテナイに服従する同盟諸国に課せられた、同盟貢租その他の賦課による負担金であった。これによってアテナイ艦隊は、前四一三年までは、事実上他になんら制せられることなくエーゲ海の波濤を支配していたのであった。

ところがこの年、シチリアへ派遣されていたアテナイの遠征軍は結局のところ壊滅し、兵力と海軍物資の双方において巨大な損失を出してしまった。ペルシアから軍資金の援助を受けたスパルタは、そこでようやくアテナイの海上覇権に対して重大な挑戦を開始しうる立場に立った。そして前四〇七年には、提督リュサンドロスの指揮のもと、スパルタ連合軍はノティオンでの重要な海戦でついに勝利をおさめたのであった。

これに対するアテナイの対応は、こうした場合の一つの典型例であった。残された帝国の領土を防衛し、にわか水兵の分際でペルシアに寝返ったスパルタに復讐するため、使用できる人的・物的資源はことごとく投入した。そしてこのとき、アテナイ人が状況の逼迫をどれほど切実に感じとっていたかを何よりも裏づけるのは、艦隊勤務のために奴隷人員の加勢を命じる決議が民会を通過したことである。アテナイ艦隊に非アテナイ市民の漕ぎ手を乗り組ませることは、けっしてめずらしいことではなかった。現にそれまでにも、アテナイ艦隊が漕ぎ手の定員を充足させるため、外国人傭兵に頼るということはよくあった。理由は単純で、それだけ多くの人員が必要とされたためである（二〇〇隻もの大艦隊に必要な人員は四万名で、これは前五世紀の第三・四半世紀における全アテナイ市民団の総数にほぼ匹敵した）。しかしこれまでこうした臨時の乗員は、ギリシア人の自由人市民（多くはアテナイの同盟国市民）から動員してくるのが常だった。だから、奴隷の漕ぎ手を新兵に補充するというのは、――罪人や奴隷の乗組員にガレー船を漕がせていたローマ人とちがって――アテナイ人にとって重大な原則違反となるはずだったのである。

そこで、この前四〇六年のアルギヌサイの海戦に臨んで、次のような妥協策が採られた。すなわち、クセノフォンのひかえめな表現によれば、アテナイ人は「これらの軍船に、奴隷か自由人かを問わず、兵役年齢に達したすべての者たちを乗り組ませた」（『ギリシア史』一巻六章二四節）という。だが、これよりもっと多くを語るのは、前四〇五年前半に上演されたアリストファネスの『蛙』である。それによれば、このとき志願した奴隷たちは、人格の自由を与えられたのみならず（これは国家の資金で奴隷主から彼らを買いとることによって保証された）、アテナイ市民権をも授与されたという。ようするに、奴隷身分から市民身分への集団的移行であった。このようなことはおそらくそれ以前に前例がなく（ただし前四九〇年のマラトンの戦いに際して行なわれた可能性もなくはない）、またそれ以後二度とふたたび起こることはなかった（前三三〇年代には、そのようなことを提案しただけで提案者は死刑に処せられた）。もちろんこうして新市民になった者たちの多くは、おそらく自分自身予期していたとおり、この海戦で命を失った。だがそれにもかかわらず、期待どおり勝利はアテナイのものとなった。ただし、非常な犠牲をともなう勝利ではあったが。

前四〇六年にアテナイで起こったこうしたできごとは、前四二七年のケルキュラでも起こっていた。当時ケルキュラの現体制であった民主政権は、民主派側に立って戦えば自由を与えると奴隷たちに申し出た（ただし市民権までは約束しなかった）。だがアルギヌサイの海戦が国家間の紛争であったのに対して、ケルキュラで奴隷たちが参加を呼びかけられたのは、内戦であった。この状況が興味を引くのは、寡頭派の側も対抗上同様に自由を与えると申し出たにもかかわらず、「奴隷たちの大多数は民主政の側に味方した」(トゥキュディデス『戦史』三巻七三―四章)ことである。興味を引くといったのは、トゥキュディデスがわずかにこれしか述べていないからで、それゆえにまた隔靴掻痒の観もある。奴隷たちがケルキュラの民主派を選んだのは、そちらに勝ち目がありそうだと慎重にソロバンをはじいたからなのか。それとも、奴隷たちは民主派の方が奴隷に「やさしい」と考えたのであろうか(実際、テラメネスのような寡頭派の宣伝者たちはそう主張していた。たとえばクセノフォン『ギリシア史』二巻三章四八節)。

ペロポネソス戦争で奴隷を戦闘に利用した国が、もう一つある。動産奴隷の創案国とされる、テオポンポスの故国キオスである。この事実を伝えるのはトゥキュディデスではなく、同時代のある碑文であって、それは今のところ次のような説得力ある解釈を与えられている。すなわち、戦争の最終段階においてキオスは、おそらくまちがいなく海軍に動員する目的で、奴隷を解放し、そして彼らを「十人組」なる組織に配属させた、というのがこの碑文の意味であるという。だがトゥキュディデスがキオスの奴隷について現に語っている内容も、十分興味を引くにあたいする。それはとりわけ彼が、キオスとはことなるタイプの奴隷をかかえたスパルタと直接に比較して、次のように述べているからである。「キオスには多くの奴隷(オイケタイ)がいた。実際それは、スパルタを別にすれば、他のどのポリス一国におけるよりも多い数であった。それゆえ、数の多さのために、キオスの奴隷は罪を犯すといっそう苛酷なあつかいを受けたのである」(八巻四〇章二節)。この意味は、犯罪を犯さなかったときにくらべてよりいっそう苛酷なあつかいを主人から受けたということか、あるいはもっと見方を広げて、ギリシア世界一般において逸脱行為をした奴隷がふつう受けるであろうよりも苛酷なあつかいを受けたということなのか(ちなみにトゥキュディデスが自分の直接経験によって知っているギリシア世界とは、アテナイ一国の範囲を超えて、少なくともトラキアのアンフィポリス周辺地域にまでおよんでいた。四巻一〇五章)、いずれかであろう。

数字は信頼できるか?

さて奴隷の数についてのこのトゥキュディデスの陳述は、もとより額面どおり信じるわけにはいかない。そもそも面積八五八平方キロメートルほどのキオス島に、これよりはるかに広くて(二四〇〇平方キロメートル)豊かで人口稠密なアテナイ本土を上回る数のオイケタイがいたなどということは絶対にないし、またあろうはずもない。だから、おそらくトゥキュディデスがいわんとしていたのは、キオスやスパルタでは自由人市民の人口にくらべて、奴隷人口が占める相対的割合が高い、ということだったのであろう。じつは以上の推論は、デイヴィッド・ヒュームがすでに早くも一七四二年に優れた論文「古代諸国民の人口稠密度について」の中で唱えていたものである。ただし、ラコニアとメッセニアに住むヘイロタイほど多くはないにせよ、アッティカにはキオスのそれを上回る数の(動産)奴隷がいたことは、まったく疑念をさしはさむ余地はない。だがそれでは、古典期アッティカにおいて、どの時点であれ正確には何人の奴隷がいたのかということになると、これは少なくともヒューム以来、久しく学者たちが議論を戦わせてきた問題なのである。古代の記録に残されている数字によれば、前四世紀末期に行なわれた人口調査の結果、奴隷の総数は四〇万人を数えたとされる。また成人男子奴隷が一五万人だったという数字もあり、これに女性や未成年の奴隷を入れると、やはり総数四〇万人ほどという計算になる。だがやっかいなのは、これらの数字がいずれも現実ばなれした、物理的に不可能な数だということである。

現代の学者の推定数(もしくはあて推量)には、大きな幅がある。少なく見積もるもので二万人といい、これを支持する学者は、奴隷を所有できたのはとびぬけて富裕なアテナイ市民と在留外人に限られていたと主張する。一方多く見積もる意見では、前四三〇年代のアテナイの繁栄の絶頂期にはおよそ一〇万人の奴隷がいたとする。私はどちらかといえば後者の数字がより真実に近いと考えるのだが、かりにこの高く見積もられた数字を採用するとしても、その場合全人口に占める奴隷の割合はたかだか約四〇パーセントにすぎなくなるということは、強調しておく必要がある。これは、古代にくらべてはるかに記録がよく残っているブラジル、カリブ海地域、アメリカ南部といった近代の奴隷制社会の場合にくらべても、さほどひどくかけはなれた数字ではない。他方、もしある任意の時点における奴隷の最高数を、六万から八万人程度に見積もった場合、次に見るとおり、いくらかは信用するに足る同時代史料中の数字が、特別重要な意味をもつことになろう。

すなわちトゥキュディデスによれば（七巻二七章五節）、前四一三年にスパルタがデケレイアを占領した後の数年間、「二万人にのぼる奴隷（アンドラポダ）の逃亡が二度以上もあり、彼らの大多数は熟練手工業職人（ケイロテクナイ）たちであった」。トゥキュディデスが何を根拠にこの数字を主張しているのかはわからないが、関連する文書証拠を目にすることができた可能性はある。だが、かりにそれが「知識にもとづいた」憶測にすぎないとしても、アッティカ奴隷の総人口の四分の一から三分の一が失われたとすれば、それが経済に与えた惨憺たる被害は相当なものだっただろう。だからトゥキュディデスはこの事件の原因を、デケレイア占領に帰したのではなかろうか。さらにもし、トゥキュディデスがあげている熟練手工業職人の多く、もしくは大多数が、ラウレイオン銀山で補助労働力として雇われていた者たちだったとするなら――地理的な距離関係を見ればそれはおおいにありそうなことである――、彼らの逃亡が与えた影響は、たんに経済的なそれにとどまらず、政治や軍事にまで波及したことであろう。なぜなら銀山からの収益は、アテナイ艦隊の建造・維持のための基本的な財源だったからである。

人間の足をもった生き物たち

奴隷を表すギリシア語は一ダースほどもある中で、もっとも一般的なのがドゥロイという語であるが、トゥキュディデスはすでに見たように、これ以外の用語も用いていた。たとえばキオスやスパルタについて語る場合、彼が用いたのはオイケタイという語であったが、これは字義どおりには「家政（オイコス）の構成員」を指示することばであって、それゆえ不自由人だけではなく自由人の構成員にも用いられることがあった。だが他方、何万人というアテナイの奴隷を指すためにトゥキュディデスが選んだことばは、まぎれもなく奴隷にしか用いられないアンドラポドンであった。「人間の足をもつもの」が原義であるこの語の成り立ちは、畜牛を表す標準的なギリシア語が、「四つ足」を意味するテトラポダであることからの類推である。だからこのアンドラポドンという語は、奴隷は人間以下の生き物であって当然というギリシア人の価値規範的概念構成を、これ以上望めないほど完璧に示す例証なのである。ところが、（一般に奴隷を意味するギリシア語の用法は、厳密というには程遠いのだが）アンドラポドンという語がより厳密に用いられる場合には、戦争で捕虜となり奴隷商人たちによって売られることで入手経路に入る、主として異民族の奴隷たちを指し示す専門用語だったらしい。「戦争捕虜にする」という動詞はアンドラポディゾ、そして軍隊のあとについて行く奴隷商人をアンドラポディスタイと呼んだ。この種の奴隷について、そして奴隷の出身地や職能などギリシア人の奴隷所有や売買に関する他の多くの側面について、とりわけ多くの情報を提供してくれる証言者は、ヘロドトスである。

ごくあたりまえのことながら、たいていの場合、ギリシア人側の史料がより興味を示すのは奴隷としての異民族であって、異民族が所有している奴隷ではない。だが例のごとくヘロドトスだけは、もっと広い視野をもっていた。クセノフォン描く架空の人物キュロス大王が確言するとおり（『キュロスの教育』七巻五章六節）、たしかに宦官奴隷は格別信頼のおける奴隷だったかもしれないが、ヘロドトスにいわせると、だからといって、実在のペルシア王宮が宦官奴隷を獲得する際に用いた「世にも不敬神な」やり方まで正当化されるものではないという。とくに奴隷貿易がギリシア人にゆだねられており、パニオニオス（「全イオニア代表」）という仰々しい名前をもったキオス人（ここでキオス人が登場するのはもう不思議ではなかろう）などが奴隷商人として活躍したころのやり方は、ひどいものだったという（ヘロドトス『歴史』八巻一〇四―六章）〔訳註51〕。もう一つ、ヘロドトスが述べる一節が暗に示すところによると（一巻一一四章）、かつてペルシアを支配していたペルシア人の同族メディア人は、奴隷を養育してやるのが常であったが、ギリシア人はそれを、経済的理由から避けるのがふつうであったらしい。ギリシア人が通常どのような方法で奴隷を入手していたかは、ヘロドトスにおいては鉄則である例の「鏡の論法」をとおして明らかになる。たとえばヘロドトスは、スキュティア人の王が現金で奴隷を買うことをしないと強調しているが（四巻七二章一節）、これを裏返せば、現金での奴隷売買はまさしくギリシア人がふつうに行なっていたということになるのである。

しかしながら、ヘロドトスにとっては悲しいことに、ギリシア人はかならずしも「正当な」方法で「正当な」たぐいの奴隷を購入していたわけではなかった。レスボス島での話になるが、いつともわからぬ古い時代のこと、この島の五つのポリスが結託して、残る一つのポリス、アリスバを攻略した。不幸なアリスバは、アンドラポディスモス、すなわち生き残った住民が奴隷に売り飛ばされることによって、滅亡してしまった。この行為に対するヘロドトスの倫理的糾弾のはげしさは、「彼らは血族どうしであったにもかかわらず」（一巻一五一章）という譲歩句の中に集約されている。ギリシア人が同胞ギリシア人を奴隷化することは許されないというこうした観念が、第三章で考察したように、ギリシア人らしさとは何かについてあの有名な説得力あふれる定義（八巻一四四章二節）を行なったヘロドトスによって表明されていることは、けっして不思議なことではない。

だが、これから四〇年ほどのちにも、プラトンが同様の主張を『国家』（四六九ｂｃ）の中でふたたびくりかえさざるをえなかったという事実は、この理想がしだいにそれを侵犯するという形でしか尊重されなくなってきたということを示す。この場合もその変化の張本人は、長くて残忍なペロポネソス戦争であった。この間ギリシア人がギリシア人を奴隷化した例をあげればうんざりするくらいの目録ができあがるほどで、トゥキュディデスによってわずかに記述されているトロネ（五巻三章四節）やメロス（五巻一一六章四節）の運命は、その中の二例にすぎない。そこからうかがえるところによれば、敗北したギリシア人ポリスの男子で生き残った者は殺され、女子供だけがギリシア内であれその外であれ、海外へと連れ去られて奴隷にされる、というのが標準的な慣行だったようである。性別と年齢によるそのような差別は、成年男子市民身分の下に置かれた者たちこそ、本性上奴隷的な性質をもっているのだとする、自由人のギリシア男性が抱くステレオタイプ的観念を強化するのに役だったことだろう。

供給源としての異民族

とはいえ、奴隷となる人間の供給源としてギリシア人に好まれたのは、一般にはやはり異民族であり、またそうあるべきだとも考えられていた。そしてヘロドトスの記述を他の文献・碑文および図像史料によって裏づけた結果から判断すると、もっとも重要な奴隷の出身地はトラキア、すなわちほぼ今日のブルガリアにあたる地方であった。現代英語ではブルガリアに由来することばとして、同性愛による肛門性交を意味するバガリという語が知られているが、同じように、古代ギリシア人にとっては明らかにトラキアということばは奴隷とほとんど同義であった。トラキア人のうち貧しい者は、養えない子供たちを慣習的に奴隷商人に売っていたという。このことをヘロドトスは、ためらいなしに信じていた（五巻六章）。そしてヘロドトスが非ギリシア人奴隷の例として個別に名前をあげている三つの事例は、いずれもトラキア生まれの奴隷である。

それらの奴隷のうちの一人目は、ゲタイ族のザルモクシスである。伝えられるところによれば（ヘロドトスはこの伝えには懐疑的であるが）、彼は前六世紀のサモスの数学者で道徳哲学者であったピュタゴラスの奴隷だったことがあるという。アリストテレスが伝えている対立概念の一覧表を作ったとされる、あのピュタゴラス学派の学祖である（三八ページの表1参照）。「かつてほんとうにこのような名前の人間がいたのか、あるいはザルモクシスとはゲタイ族の土俗神の名前にすぎないのではないか、ということは問わないことにして、もうザルモクシスには別れを告げよう」（五巻九五―六章）。二人目は、これも伝説的人物であることにさほど変わりはないのだが、あの寓話作者アイソポス（イソップ）である。彼もまたサモス人を主人にもつ奴隷であったと伝えられる。しかしアイソポスの場合、サモスをよく知るヘロドトスは周辺状況について詳細な事実を補足しており、その主人の名前がイアドモンだったといっている（二巻一三四章）。だがアイソポスについては、ほとんどすべてのことについて真実性を疑われる余地があり、彼があの寓話の作者であったかどうかさえ疑わしい。とはいえ、かりにその作者が実際はアイソポスではなかったにしても、内に隠れた抵抗というものを教え、抑圧された無力な者の視点から語られるイソップ寓話が、奴隷の作とされていることには、ある奇妙な適合性がある。

ヘロドトスが名前をあげる三人目のトラキア人奴隷はロドピスといい、これまで述べた二人にくらべてはるかに史実性のある人物である。もっとも、彼女がイアドモンを主人にしていたときの奴隷仲間がアイソポスだったというのは、あまりにできすぎた話ではある。ともあれその「アイソポス」が（かの寓話作者だったとして）精神を労働に用いたと伝えられるのに対し、ロドピスがイアドモンに搾取されたのはその肉体であった。イアドモンは彼女を、ナイル・デルタにあったギリシア人とエジプト人の貿易港ナウクラティスで、売春婦として働かせていたからである（「ばら色の頰」を意味するロドピスという名前は、ギリシア語の源氏名にすぎない）。ヘロドトスが断言するところによると、性的にたいへん魅力のあった彼女は、奴隷の境遇にあった者としてはたいそうな蓄財をした。その証拠として、彼女がデルフォイに寄進したぜいたくな奉納品を、ヘロドトスみずから目にしたという（二巻一三五章）。しかしながら結局最後には、彼女の稼ぐ金のゆえにではなく（いずれにせよその過半はイアドモンの懐に入ったのだろう）、その美しさに見ほれて、ある人物が彼女を身請けした。それは前六〇〇年ごろのことで、身請けしたのはスカマンドロニュモスの子カラクソスという人、この人物は詩人サッフォーの兄弟であった（なんと世間は狭いことか！）。彼は「巨額の金でロドピスを請けだし」、そのおかげで彼女の名前は千載の後世に伝えられることになった、というより、少なくともほぼそれに近いことになった。というのも、のちにテニソンがロドピスを讃える詩を書いたのはよかったのだが、名前をロドペに変えてしまったから。もっとも、詩人としてはまあ許される範囲のことであろう。

さて前六世紀初頭のおとぎばなしめいたナウクラティスから、今度は前五世紀末の現世的なアテナイへと舞台は変わる。ギリシア人の奴隷所有について洞察を促すようなめずらしい文書証拠が、いわゆる「アッティカ碑文」〔訳註52〕の中に見うけられる。これは前四一五／一四年、ヘルメス神像を破壊し、もしくはエレウシスの秘儀を冒瀆したという瀆神の罪で有罪となった、五〇人あまりの人々から没収された財産を、競売によって国家が売りに出した際の売却記録である。それらの記録の一つが示す財産目録の中には、(市民でなく)在留外人のケフィソドロスから没収された一六人の奴隷が記載されている。その奴隷のうち五名(うち女三名男二名)がトラキア人であり、これは六民族からなる国際的なこの奴隷集団の中の最大民族である。あたかもこれは、奴隷たちを所有するなら同一民族出身者であってはならないというプラトンやアリストテレスの厳命を、ケフィソドロスが先取りしたかのようであった。この戒めは、スパルタ人がヘイロタイの対処に苦慮していたことから考えついたものである。

トラキアがアテナイの奴隷人口の供給源として重要であったことを確証するもう一つの証拠としては、女奴隷にごくふつうにつけられたいわば「芸名」がトラッタ(「トラキア女」)であり、男奴隷の場合にはゲタス(トラキア人の一部族名)であったことがあげられる。だがこれよりもっと図像的な例証としては、前四七〇年ごろの、優美な赤絵式のヒュドリア(水差し)がある。絵つけをしたのも奴隷の絵師だったらしい。そこには三人の女性が泉から水を汲む様子が描かれているが、彼女たちがトラキア人の女奴隷であることは、腕に精巧な入れ墨をしていることからわかる。この入れ墨は、民族を示す一種の烙印だったのである。

さまざまな奴隷の職能

ヘロドトスは、奴隷のいろいろな職能についていくつか言及している。それはけっして網羅的な記述とはいえないし、動産奴隷と非動産奴隷との区別をつけていないのが難点だが、しかし奴隷の職種について十分広い範囲に目配りしていることもたしかであり、古典期ギリシアにあっては「奴隷はどれもみな同じ」ではなかったことをあらためて想起させる。

奴隷の等級の中でもトップクラスの位置にあったのは、たとえばテミストクレスが息子たちの養育のために雇ったパイダゴゴス（「教育役」）の、シキンノスのような奴隷であった。シキンノスは、（もとより格段の有力者だった）主人テミストクレスのあっせんによって、のちに人格的自由を与えられた上、中部ギリシアのテスピアイの市民権まで得たのであった（ヘロドトス『歴史』八巻七五、一一〇章）。ちなみにテスピアイはペルシア戦争中、他のボイオティア人がみなペルシア側に加担したのに対して、唯一ギリシア側についたポリスであり、その市民は、たとえばテルモピュライの戦いで、将軍レオニダス率いる三〇〇人の英雄的なスパルタ兵士と肩をならべて戦ったりしたことがあった。次にシキンノスより一格おちるクラスには、男性性の喪失とひきかえに宦官としてペルシア宮廷で高い地位についたり、あるいは女性であればペルシア人貴族の妾になったりしたギリシア人奴隷たちがいた。後者の例としては、スパルタの摂政パウサニアスのクセノスだったほどの高名な父をもつ、コス島出身の貴族の女性（名前はあげられていない）がある（ヘロドトス『歴史』九巻七六、八一章）。

これより一段と低い地位にいたのが、スパルタのヘイロタイであった。彼らはある見方からすれば「自由人と奴隷との間」に位置したといえなくもないが、とはいえやはり不自由身分の労働者として、日々の仕事に従事する義務を負わされていた。ヘイロタイの大多数は農業労働にしたがっていたが、しかし個々のヘイロタイの中には比較的特権的な地位にあった者もいて、たとえばヘロドトスが述べているものでは、王の従者や牢獄の獄卒などがあった（六巻六八、七五章）。おそらく一般的には、エウロタス平原やパミソス平原で農業労働者として追い使われるよりは、中心市スパルタで給仕人になるか（プルタルコス『リュクルゴスとヌマの対比』二章七節）、あるいは女性であれば家内奴隷となった方が（プルタルコス『アギス伝』三章二節）、より楽ではあっただろう。他方ヘロドトスは、前四七九年のプラタイアイの戦いにスパルタ人がヘイロタイを軽装兵として徴兵し、その数三万五〇〇〇と述べている（九巻一〇章）。もしこの数字がおおむね真実に近い値であるとすれば、ここで徴兵されたのは、比較的特権的なスパルタ市居住のヘイロタイだけではなかっただろうと思われる。

動産奴隷に属する者の中では、もっとも特権的な地位にあったのが、主人や女主人のために働くだけでなく、自分でも収入を稼いでいた奴隷たちであった。ヘロドトスが述べている中では、例の遊女ロドピスがその代表格であるが、彼女のような女性の（もしくは男性の）売春奴隷を別にすれば、経済的にもっとも実入りのよい奴隷とは、熟練技能をもつ手工業職人であって、主人から開業資金を与えられて店をもたせてもらい、生産品の販売収益から一定割合の額を自分の取り分にすることが許された者たちであった。こうした「独立生計の」奴隷たちについて最良の証拠を提供してくれるのは、前四世紀アッティカの弁論家たちである。

動産奴隷の中でもごくありふれた、どちらかといえば非熟練の奴隷たちが、古典期ギリシアの中小農業経営における労働力として広く用いられていたのかどうかという問題は、現代の学者たちの重要な論争点となっている。残念ながらヘロドトスはこれに関して直接の証拠を提供してくれない。もっとも、ピュティオスという名のギリシア化したリュディア人が農業奴隷を所有していたという話は伝えている（七巻二八章）。しかしながらごく大ざっぱな目の子勘定としては、重装歩兵の武具を自弁できた市民層、すなわち上から約三〇ないし四〇パーセントの市民たちであれば、せめて一人は男性奴隷をもちたいと願うのがふつうであり、これが戦役の際に従兵として主人に奉仕したであろう、との推測は許される。しかし、ピュティオスと同格の、裕福で余暇に恵まれたギリシア人土地所有者であれば、農業労働に使役するためにそこそこ多数の専有奴隷の労働力を保持していたとしても不思議ではなかろう。当時一般の社会通念では、奴隷を五〇人ももっていれば実際非常に多い方だと見なされていた（プラトン『国家』五七八a）。

ふたたびイデオロギーについて

だがいずれにせよ、奴隷所有とは、たんに経済や実用の問題にとどまらなかった。なぜなら、他の人間の労働力をおのが意のままに使うということは、自分が「本性上」自由であることを証明するための、この上ない方法だったからである。そこで本章残りの数節では、ギリシアの奴隷制をめぐるイデオロギーにもう一度立ちもどることにする。そこではまず、ここでとり上げたいくつかの記述史料の中に、アリストテレスの「自然にかなった奴隷制」という学説の、何らかの先駆けが見いだされないかどうかを問題にする。しかるのちに、この「自由人対奴隷」という両極対立観念が、本書であつかう他の四つの主要な両極対立、すなわち「ギリシア人対異民族」「男性対女性」「市民対非市民」、そして次章のテーマ「神々対人間」と、どのように交錯し、それらを補強しあるいはそれらに補強されたのかを検証する。

哲学誕生以前にある種の「自然にかなった奴隷制」的発想が現れ、しかもそれが現実と思われていたことを伝えるのは、ヘロドトスである（四巻一―四章）。これはあながち不思議ではない。この話の舞台は、ギリシアではなくスキュティアであるが、ここでのスキュティアは、ヘロドトスや彼の読者・聴衆から見ればギリシアにとってよそよそしい存在としてでなく、奴隷所有の本質を映しだす鏡としての役割を担っている。この物語は「歴史としてではなくイデオロギーとしては一つのパラダイムを示す。なぜなら最初から最後まで虚構だから」（フィンリー Finley 1980 : 118）。

その話によると、昔スキュティア人がメディアに遠征し、三〇年ほどそこにとどまっていたことがあった。ところが遠征が長引いた結果、故国に残された彼らの妻たちは、盲目である以外能力に欠陥のない自分の奴隷たちと性交してしまった。この交わりによって生まれた子供たちは、全員が奴隷との混血で成り立つ一世代をなし、スキュティア人の夫たちがついに異国を遊歴する旅からもどってきたときには、容易にスキュティアの地を明け渡そうとはしなかった。その結果一連の闘争が起こり、帰還した夫たちにとって事態は一向に進捗しなかったが、ついに彼らの一人が次のことに気づいた。「われわれがふつうの武器をたずさえているのを見るから、やつら［奴隷たち］は自分たちが生まれも性質もわれわれと対等だ（ホモイオイ・エクス・ホモイオン）と思い上がるんだ。だが、われわれが武器（ホプラ）のかわりに馬の鞭をもっているのを見たなら、やつらは自分たちが奴隷（ドゥロイ）であることに気がつくだろうし、これに気づけばわれわれには抵抗できなくなることだろう」。

そして、事実そのとおりになった。この警告譚が伝える同時代の（すなわち前五世紀中葉の）明瞭なメッセージとは、奴隷は、生まれにおいても人格においても奴隷主とは対等でなく、一言でいえば自然の本性として主人に劣っている、ということなのである。話の舞台はスキュティアであっても、ここで明らかに意図的にスパルタを想起させることば（ホモイオイ）が用いられていることから示唆されるとおり、それはギリシアにあてはまるものである。その点では、ややちがった形であれ、スキュティアの王たちは奴隷を現金で買わないという先に引用したヘロドトスの主張と、同様の適合性をもつ。

さらにはギリシアの諸ポリスについても、同じような物語がいろいろ伝えられているが、それらの結末はさまざまである。たとえば前五世紀初頭のアルゴスにおける、いわゆる「奴隷による政権奪取」の物語である（六巻八三章）。アルゴスではスパルタによる虐殺で成年男子市民数が一時的に不足したしたことに乗じて、虐殺された市民の息子たちが成人するまで、「奴隷たちは、政治のあらゆる局面とすべての支配を肩代わりした」。だが奴隷たちは、成人した自由人市民に政権を穏便に返上することを拒絶したのでアルゴスから追放され、その後も隣接するティリュンスから戦争をしかけ続けた。「戦争は長期にわたったが、ついにからくもアルゴスが支配権を勝ちとったのである」。この物語は、例のスキュティア人の物語同様かならずしも史実性のあるものとはいえないが、やはり同様に真実らしく作られた話ではある。

ギリシア人対異民族・自由人対奴隷

『歴史』を書くにあたってヘロドトスがどんな立場や目的をもっていたかを知る上で、もっとも重要な章節は半ダースやそこらは見つかるが、その中の一つに、ペルシア側についたスパルタ王ダマラトスがあらたに君主と仰ぐクセルクセスと出会うという、例のくだりがある。ダマラトスが、形式的には臣下という無力な立場にありながら、大胆かつ逆説をこめて、ノモスすなわち法の支配こそスパルタ人の認める唯一の主人（デスポテス）であるのに対し、クセルクセスの臣民は彼の奴隷になることしか知らないと主張するという、あの一節（とくに七巻一〇四章四節）は、ギリシア人対異民族という題目ですでに第三章で十分に考察した。だがこの『歴史』第七巻にはもう一つ、この文脈で注目にあたいする、同様に重要な一節が現れる（一三三―七章）。

話の舞台はダマラトスとクセルクセスとのやりとりから四年ほどさかのぼった、前四八四年あたりのことである。スパルタ人はこのときはじめて、クセルクセスがギリシア侵攻をくわだてていることを、風の便りで耳にした。ヘロドトスが二度にわたって強調しているところによると（五巻六三章二節、九巻七章）、スパルタ人はなみはずれて信心深い、というより迷信深い人々であったという。これより以前、かつて前四九〇年代末にダレイオスが臣従のしるしを差しだせと要求する使者を派遣してきたとき、スパルタ人はそのペルシア人使者を殺害してしまった。ところがその後、前四八〇年代に入って、国家祭儀で屠った犠牲獣の内臓が、毎年何度やっても一様に凶兆を示し始めると、これはあのとき使者を殺すという不敬神な行為をしたことに対して、神々が下した裁きであると彼らは解釈した。スパルタ民会では市民たちがこれをめぐって白熱した議論を戦わせたが――それ自体めずらしいできごとだった――、その結果、彼らは、ダレイオスの子クセルクセスに、しかるべく敬虔なやり方で罪の償いを行なうこと（ポイネン・テイセイン）が必要であり、また時宜にかなったことでもあるとの結論を下したのである。彼らはそこで、同じ報いを受けて罪滅ぼしにしようというわけで、代々使者の家柄であるタルテュビオス家出身の裕福なスパルタ人貴族二人を、犠牲として命をさしださせるべくクセルクセスのもとへ送った。ところがスサへの道中で、二人はペルシア帝国西部領の総督であったヒュダルネスという人物に捕捉され、会見に応じるよう要請された。おそらくサルディスでのことであろう。

そこでヒュダルネスは二人にこう命じた。クセルクセス王に臣従せよ。しからば王は二人を正当に遇し、いずれギリシアを服属させたあかつきには、そこを支配するペルシア官僚として、いわば「最恵国」待遇をもって仕官させるであろう、と。だが二人のスパルタ人は頑としてこの取引に応じようとせず、このようにいったという。「貴殿らはいかにすれば（クセルクセスの）奴隷となれるかをよくわきまえておられるが、いまだ自由の何たるかを味わったことはあるまい。それゆえ貴殿らは、自由が甘美なものかいなかを知らぬのじゃ」。そこでヒュダルネスは二人をさっさとスサへと追い立て、そこで彼らは王の前に導かれた。だが王宮護衛兵が、彼らに慣例どおりクセルクセスに対して跪拝の礼（プロスキュネシス）を無理にもさせようとしたところ、二人のスパルタ人ははげしくこれに抵抗した。「ただの人間にプロスキュネシスをするのは、スパルタ人の慣習（ノモス）にもとる」というのがその理由だった（「ただの人間」を、男《アネル》ではなく人間《アントロポス》といい表したのは、ギリシア人ではなく異民族の人間というニュアンスを補足するためだったと思われる)。

この話がみごとに例証しているのは、少なくとも「自由人対奴隷」および「神々対人間」という両極対立、さらにおそらくは「ギリシア人対異民族」の両極対立の間の、相互の密接なつながりと補強との関係である。ヘロドトス描くスパルタ人がいいたかったのは、自由な人間は誰にも強制されず神々だけを崇める。それは神々と人間との間の超えられないへだたりを尊重しているからである。対するに異民族ペルシア人のような奴隷たちは、その中でももっとも高い位についている者たちでさえ、たんなる死すべき人間を拝むことを強いられている、ということであった(史実においては、プロスキュネシスは宗教的服従ではなく社会政治的な臣従行為であったのだが、もとよりこれはここでのイデオロギー的論点に抵触しない)。しかしながら、おそらくヘロドトスはこうしたイデオロギー的意味づけを認めていたにもかかわらず、ここではその道徳的寓意をはっきり表に出して指摘することはあえてしなかった――ノモスが主人であるという、これと同類の例の対話を物語る際には明示したのであるが。それどころか、じつに驚くべきことには、ここでヘロドトスはあべこべにスパルタ人に対して逆ねじを食わせ、異民族の専制君主であるクセルクセスに、より大いなる面目を施させているのだ。

というのは、クセルクセスはスパルタ人がこの二人を罪滅ぼしの犠牲として差しだすというのを「おおいなる魂の偉大さ(メガロフロシュネ)から」断り、自分はスパルタ人とホモイオス(ここでもこの語は地口になっている)になるつもりはない、つまり彼らと同じまねをして同等のレベルにまで身を落とそうとは思わない、ときっぱり断言したのである。なんとなれば、スパルタ人はダレイオスの使者を殺したことで「全人類のノミマを破った」からだ、と。「全人類のノミマ」とは、別の表現にしたがえば(たとえばソフォクレス『アンティゴネ』四五三―七、同『オイディプス王』八六五―七〇、トゥキュディデス

『戦史』二巻三七章三節)、異民族かギリシア人かをとわず、すべての人類が共有する「文字に書かれざる」法と呼ばれているものである。さらにこれには後日譚がある。クセルクセスは二人の使者を殺すことを拒否したが、それからおよそ五五年ほどのち、他ならぬその二人の使者の息子たちが、半異民族のマケドニア人の裏切りにあって殺されたという。そのくだりで、ヘロドトスは現に次のように誇らしげにいう。「私の考えるところでは、明らかにこれは神々のなしたもうた業(プレグマ・テイオン)である」。彼にいわせれば、これはまちがいなく父の罪が息子に降りかかった事例であり、彼の『歴史』では神々に対する不敬な行為(つまり相手が異民族とはいえ、その役目柄この上なく神聖な使者を殺すということ)は、純粋に人間としての領域においては、ギリシア人の自由という大義すらをも無効にするものであった。

自由人対奴隷・男性対女性?

さきに第二章では「神話対歴史」という題目で、レムノス島占領を正当化するためのアテナイ人の「憲章」神話を考察した。だがこの神話は、ギリシア人男性の価値規範的思考における、女性と奴隷性との結びつきとも関係をもつ。ヘロドトスが伝えるこの神話によれば、アテナイ人の娘たちは、昔は泉から水を汲んでくるのが仕事であった。「なぜなら、当時はアテナイ人も他のギリシア人も、家内奴隷(オイケタイ)をもたなかったから」(六巻一三七章三節)。同様のことは、おそらくユーモアを交えて、喜劇作家フェレクラテスも述べているところである(オースティンとヴィダル=ナケ Austin and Vidal-Naquet 1977 : no. 15)。つまり奴隷制の発明は、女性の家内労働の代替物として説明されたのである。だが、女性と奴隷との観念上の結びつきは、こうした説明よりもはるかに根が深かった。それはけっして神話という、回顧的な言説だけに限られたものではなかったのである同時代の人々が現実と考えていた歴史の言説の中では、すでに見たとおり、戦争で負けた側のギリシア人は、男ならば勝った側のギリシア人に殺されたが、女（と子供）は奴隷にされるのがならいであった。しかしもっと示唆的かもしれないのは、当時客観的と考えられていたアリストテレスの『政治学』における言説の理論の中では、女性は夫との関係において奴隷と同等に位置づけられていたということである。つまり奴隷と奴隷主との関係は、妻と夫との関係に等しいとされたのである。アリストテレスのいう「自然にかなった」奴隷の何が自然にかなっていたかといえば、それは奴隷にはヌースもしくはロゴスが完全に欠落しているということであった。アリストテレスによれば、女性ではその欠落は完全なものではないが、にもかかわらず男性とくらべれば決定的に重大なものであった。ようするに男性は、すべからく女性を支配しなくてはならないのであった。もっとも、少なくともアリストテレスは、聖パウロほど徹底したいい方はしていない――パウロは（理想的な）妻の夫に対する服従と、奴隷の奴隷主に対する服従とを、まったく同じことば（ヒュポタッセスタイ）を使っていい表しているから。大事なことは、異民族は妻に対する支配と奴隷に対する支配との間のしかるべき区別をつけられないとアリストテレスが考えていたことである（『政治学』一二五二a三〇―b一五）。

自由人対奴隷・市民対非市民

その一方でアリストテレスは、次のようにも主張する。民主政の世の中では僭主政と同様（民主政を支持しないアリストテレスは、こういういい方をする）、奴隷と女性（および子供）が享楽的に生きている。もし成年男子市民が彼らをきちんと監督していたのなら、そんなことにはならなかったはずだ、と（『政治学』一三一三b三五、一三一九b三〇）。このように民主政の傘の下で奴隷と女性がけしからぬ連合を結ぶという考えから連想されるのは、トゥキュディデスが記述した例のケルキュラでのスタシスである。そこでは無秩序にも、女性と奴隷がある公的・政治的な文脈において、力を合わせて民主政の側を応援したのであった（三巻七三―四章）。このことはまた、両極対立どうしの相互連関として最後に、「自由人対奴隷」と「市民対非市民」との連関についての考察へとわれわれを導くのである。

「自由」は、最終的には民主政のスローガンとして認識されるようになった。アリストテレスのように民主政と僭主政を結びつけるなどということは、民主政イデオロギーの持ち主であれば問題外だったことであろうし、少なくともアテナイの民主政支持者にとってはそうであった。僭主殺しの神話から明らかなように（本書第二章）、民主派は民主政の本質を、僭主政のアンチテーゼであると解釈していたからである。民主政と反僭主政とのこのような同一視は、早くはアテナイのイセゴリア［訳註53］を民主政イデオロギーとして賞揚したヘロドトス（五巻七八章）にはじまる。そして下っては、カイロネイアの戦いでアテナイがマケドニアのフィリッポス王に敗北し、翌前三三七／六年に王が組織した反民主政的なコリントス同盟にアテナイが組みこまれた直後、僭主政樹立のくわだてを厳禁する法律［訳註54］がアテナイで制定されたときまで、こうした同一視は連綿と持続する。アテナイ民主政は、専制的な僭主政から解放されたところから誕生したのだと信じられていたのである。だからアテナイの民主派は、民主政の基本原理はエレウテリア（自由）であるという、ギリシア全土の民主派に共通した（とアリストテレスは考えている）考え方を、ことのほか強く支持したはずだ。つまり、民主政において、市民であるために必要かつ十分な、唯一の基準とは、自由人で市民身分の出身ということであり、貴族の出身であるとか、裕福であるとかは一切関係ない、という発想である（トゥキュディデス『戦史』二巻三七章二節）。さらに民主政のもとで市民であるということは――寡頭政とは反対に――、自分が望むことを行ない、自分が望むとおりの生活を送る最大限の自由、他人から指図されない最大限の自由をもつということを意味していた。これこそ、トゥキュディデスに採録されたペリクレスの葬送演説の基本メッセージの一つであった（本書第五章参照）。

　このように、アテナイの民主派は自由をきわめてイデオロギー的に解釈したのであったが、実際この解釈を支持するような歴史的事実が存在していた。すなわち民主政が導入される以前の時代であるが、前五九四年のソロンの改革で市民を債務奴隷にすることが非合法とされ、それによってアテナイでは市民と非市民との身分差が厳密に定義されることになったのである。このソロンの法は、民主政の世の中になってからも成文法に残され、おそらく前三二二年にマケドニアによって民主政が転覆されるまで重大な侵犯を受けずに存続したらしい。

　ところがアリストテレスは、いかにも彼らしく、自由という民主政スローガンをむしろ戯画化しようとした。そして民主政の自由とは、たとえ社会にどのような結果が降りかかろうとも自分がやりたいように生きるんだという、アナーキズムに近い要求の謂であるとして、これをわざと歪めて表現したのである。実際アリストテレスの主張によれば、極端な民主派は極端な自由意志論者であるがゆえに、ポリスの法にしたがう義務を一種の奴隷的服従と考えている、という（『政治学』一三一〇a二五―三六）。だがことの真実は、その正反対であった。アリストテレスの時代、アテナイの民主派は、法の至高性は何ものも犯しえないということにおどろくほど固執し、法の条文を追加や削除によって改変することにきわめて慎重であった。だが、アリストテレスが肩をもつアテナイの寡頭派連中は、こうした事実によっても信念に迷いを生ずることなどなかったわけである。

　アテナイの反民主政的プロパガンダの実例がいくつか記録に残されている中で、最高位を与えられるべきはおそらく、一見迫力のないクセノフォンの『ソクラテスの思い出』に収録されているそれであろう（一巻二章四〇―六節）。これは民主派の筆頭政治家ペリクレスと、彼の被後見人で無定見日和見主義者のアルキビアデスとの対話として創作されたものである。このプロパガンダの主たる眼目は、以下の論点をペリクレスに認めさせることにある。すなわち民主政の多数決による政策決定とは、市民団の中の貧民大衆が少数の有産階級に対し、彼らにとって不利益な決定を無理やり呑ませるようなやり方であり、それは実のところ偽装された僭主政の一形態にほかならないのだと。この論点の特徴がよく表されているのは、二人の論争が法律の制定――寡頭派にいわせれば、それこそ民主派のための軽薄できまぐれな気晴らし――ということに焦点をあてたくだりである。「あのなあ、アルキビアデスよ」とペリクレスはいらだっていう。「お前くらいの年頃には、私だってこうしたたぐいの議論がうまかったものだ」。対してアルキビアデスは、「願わくば、ペリクレスよ、あなたの精神力が一番優れていたころにお会いできていたら、と思います」と生意気にも返答した。これには相手も二の句がつげなかった。

いいかえるなら、寡頭政イデオロギーの持ち主にとって、民主政とは「プロレタリアート独裁」とほぼ同義であり、たまたま民主政の体制下に生きていた寡頭派は、自分や富裕者の同志たちが、多数の無産市民に奴隷のように服従させられていると本気で考えていたのである（トゥキュディデス『戦史』四巻八六章二節）。だが、寡頭派が国内の政敵・民主派との階級闘争に際して奴隷制イデオロギーを一つの武器として利用するやり方としては、これとはまた別の、社会学的方法もあった。つまり彼らは、特定のいくつかの職種を「奴隷的である」と規定し、それらが奴隷だけにふさわしいもので、それゆえそれに従事する者の性格を奴隷の状態にまでおとしめ、市民権を行使するにふさわしくない人間にしてしまう、と主張したのである。寡頭派最右翼の中にはこの見解を極端に解釈し、すべて生産労働というものは、真に自由な人間の究極の特徴である完全な余暇を、その労働者から剝奪するがゆえに、奴隷的であるとの烙印を押す者までいた（前述）。だが大多数の寡頭派は、この問題に関して二つの差別を設けていた。すなわち自分のために働くことと他人のために働くことの差異、そして農業と職人的な手工業との差異である。

そもそも人がなんらかの生業につかねばならないとするなら、決定的に重要なことは、独立自営であると見なされた。なぜなら、他人に雇われて働くことは他人の利益のために働くことと不愉快なほど似かよっており、そして他人の利益のために働くということは他人の強制のもとで働くという意味に容易に転化しうるからである。換言すれば、人に雇われて、とくに長期間働くことは、完全な合法的奴隷状態に類似し、むしろほとんどそれと同然で、なんら選ぶところないと、ごく容易に解釈されうる、というのであった。これら入念な差別観の数々は、すべて結局のところ、奴隷制に（何らかの意味でイデオロギー的に）依拠した社会にあっては、現実の合法的な奴隷制からできるだけ遠くに身を置かねばならないということに起因するものであった。

それを示す最良の例証の一つが、これまたクセノフォンの『ソクラテスの思い出』の中に見いだせる（二巻八章）。エウテロスという男がいた。彼は以前にはアテナイ帝国の恩恵にあずかってたいそう裕福だったが、前四〇四年にその支配が崩壊した後は零落してしまい、今では日雇いの肉体労働をして、かつかつ口を糊するありさまであった。そこでここに登場する「ソクラテス」は、もっと楽で安全な職についたらどうかと忠告する。そうすれば年をとっても働き続けられるだろうと。そして、ある大地主の土地財産の管理人もしくは差配人になってはどうかと勧めた。だがエウテロスは即答する。滅相もない、だってそれでは奴隷の仕事と同じではないですか、と。この態度の基底にあるのは、一つには、土地財産の監督人（エピトロポイ）というのが現に奴隷である場合もあり、あるいはより一般的には解放奴隷であることが多いという事実であった。しかしまた、自由人であるということは、他のどの個人にも永続的に義務を負わないことを意味するというイデオロギー的先入観も、この態度に深く染みついていたのである。

農業労働と職人労働との区別に関する限り、大多数の寡頭派はこう考えていた。少なくとも小自作農として働く限り、土地を耕作することの方がくらべものにならぬくらいに優れていて正当と認められる仕事であり、それこそいわゆる「戦士の学校」なのである、と。しかしながら、耕作する前に茨の灌木を切り開いて土地を開墾するというような重労働は、やはり「奴隷にふさわしい労苦（ポノス・ドゥロプレペス）」（ヘロドトス『歴史』一巻一二六章五節）だとして片づけられることがあった。そして、理想国家で直接に農業にたずさわる生産者は異民族出の奴隷であるべきだというアリストテレスの意見（『政治学』一三三〇a二〇）に同調する人々は、けっして少なくなかったのである。だが、小自作農による農業それ自体が上流階級から見下されることはなかったにせよ、一方これとは対照的に手工業職人の仕事は、いかにそれが熟練したものであれ、蔑視はまぬがれなかった。つまり、そのような熟練職人（陶工、武具職人、靴職人など）は奴隷であるのがふつうだったこともあって、彼らの職業は真の市民の自由とは本質的に相いれないものと見なされていたのである。

たとえばヘロドトスは、ギリシア人がそのようなテクナイ（職人の技）に対する侮蔑的態度を、他のほとんどすべての異民族同様に、エジプト人から学んだのかどうかは、不明であると考えていた。だが、ギリシア人がみな熟練手工業職人（ケイロテクナイ）を軽蔑し、その点もっともはなはだしいのがスパルタ人で、逆にもっともその度合いが少ないのがコリントス人であると確信していた（二巻一六七章）。もっともだからといって、職人たち自身も、もしギリシア人で市民身分であった場合、このような否定的な概念構成を内在化していたかというと、かならずしもそうではない。事実、クセノフォンでさえもある種の形態の熟練手工業労働を称賛したい気持ちはもっていた（『家政論』四章二〇―五節）。だがしかし、こうしたヘロドトスの確信をアリストテレスは完全に裏づける。つまりアリストテレスは、あたかも市民であることと手工業に従事することとが本質的に矛盾するかのごとくに、バナウソイ（手工業者）を市民とすべきかどうかを論争点としてとり上げるのである（『政治学』一二七七b三五）。少なくともこの場合、アリストテレスはギリシアの支配階級のイデオロギーを忠実に代弁しているのであり、また支配階級の観念こそギリシアを支配する観念であったことは信じてもよかろう。

外在化された自由と独立

ここまでは、ポリスの内部で奴隷制がメタファーとしてどのように用いられていたかを論じた。そこで最後に、ポリス相互の関係におけるメタファーとしての奴隷制を考察したい。この場合、主たる史料はトゥキュディデスである（これにくらべると、本物の奴隷制について彼が伝える情報は乏しい）。前四三一年にペロポネソス戦争が勃発したころ、ギリシアの国家間外交においてもっとも重要なスローガンは、アウトノミアとエレウテリアであった。これらのスローガンの根底にあったのは、明らかに、市民であることと、国制をもっていることとは何を意味するか、というギリシア人の解釈であった。たとえばアウトノミアとは、字義どおりにはある国固有の法律を制定し執行する権利を意味し、他方エレウテリアとは第一義的に対外的な自由、ある国の内政に他国から干渉されない自由、すなわちその意味での主権を意味した。ところがプロパガンダ的に用いられる場合、これら二つの概念は、少なくともトゥキュディデスの堅実なことばづかいを信用してよければ、互換的に用いられたのである。たとえばトゥキュディデスによれば（一巻一三九章三節）、前四三二／一年にスパルタ人がアテナイ人に突きつけた最後通牒は、次のようにいったという。「もし汝らアテナイ人がギリシア人にアウトノミアを許すなら、スパルタ人は戦争を望まない」。ところがトゥキュディデスはこれに自分個人の意見として、みずから次のようにコメントをつけ加えた。「世論は圧倒的にスパルタ人に好意的であった。それはとりわけ、彼らがギリシアを自由にする（エレウテルシン）ことこそ自分たちの目標であると宣言したからである」（二巻八章四節）。

つまりスパルタにいわせれば、アテナイは他国の自由と独立を脅かす僭主のようなポリスだというのであった。これは明らかに、われらの国は僭主政を蛇蝎のように忌み嫌うと主張するアテナイの公式見解に対する、意識的なあてこすりだったわけである。トゥキュディデスはこの公式見解をペリクレスにもクレオンにも確認させているし（二巻六三章二節、三巻三七章二節）、彼自身、この見解については、いわゆる「メロス対談」（五巻八四―一一六章）の形をかりて最大限に省察している。そしてヘロドトスが、ややためらいがちに、先のペルシア戦争においてアテナイは「ギリシアの救済者」としての役割を果たしたのだと、みずからの最終結論を表明したのも（七巻一三九章一、五節）、この公式見解にかんがみ、それを下敷きにしてのことであった。

トゥキュディデスが明らかに読者に与えようとした印象とはうらはらに、アテナイが僭主のようなポリスだという考えをスパルタ同様に抱いていたのは、ギリシア人の全部というわけではなく、その大多数ですらなかった。それはたんに（ヘロドトスが示唆したとおり）多数だったというにすぎない。なぜならアテナイ僭主論を奉じていたのは主として、アテナイに従属していたデロス同盟諸国の「いわゆる上流市民（カロイカガトイ）」だったのであり、他方、それら同じ諸国の下層市民は民主政アテナイを、上流市民の専横から自分たちを保護してくれる国とさえ認識していたかもしれないからである。さらにそういうスパルタ自身、ペロポネソス同盟諸国の自治を侵害しなかったわけではけっしてなかった。たとえばスパルタは、それら諸国の上流市民に全般的な援助を与えることによって、下からの民主的クーデターを阻止するのを助けたり（トゥキュディデス『戦史』一巻一九章）、あるいは前三八五年のマンティネイアの場合のように（クセノフォン『ギリシア史』五巻二章七節）、その国の有産階級の側に味方して直接かつ不法にも軍事介入をすることで同様の目的をとげたりしたのであった。だからようするに、トゥキュディデスはこの問題については二枚舌を使ったわけである。いわば編集者としての彼の論説は、報道欄の内容とかならずしも完全に一致するとは限らないのだ。

しかしながら、国家間関係についてダブル・スタンダードを用いたギリシア人は、ひとりトゥキュディデスだけではない。一般原則として、自国の自由と主権を油断なく守ることは、理論上も実際上も、別のギリシア国家から自治と独立を奪うことに矛盾するとは考えられなかった。その一方で、この上なく野心的かつ無節操な政治家にとっては、権力諸機関を正式に支配したいという、何にもまさる欲望を充足させるためであれば、ほかならぬ自分たちの祖国の自由と自治すらも犠牲にしてかえりみなかった。こうした政治家たちの一連の行動様式を典型的に示す例をトゥキュディデスに求めるとすれば、それは前四一一年のアテナイにおいて、急進寡頭主義の政治家たちがみせたふるまいである。恐怖支配によってかろうじて樹立させた寡頭政権も急速に国内の支持を失いつつあったため、彼らは国外の勢力、すなわちスパルタにすがりついた。寡頭派が何よりも求めたのは寡頭政権の維持であり、それと同時にまたアテナイ帝国の支配権であった。だが後者がスパルタに拒絶されると、彼らは少なくとも海軍と市の城壁、およびアテナイ一国の自治政権（アウトノメイスタイ。寡頭政権の維持を彼らは婉曲にこう表現した。親寡頭派のスパルタなら認めてくれるだろうと考えたのである）は失いたくないといいだした。だがそれもまた拒絶されると、彼らは、スパルタ軍がアテナイを占領したら、せめて彼ら個人の命乞いを受け入れてくれるだろうと期待したという（八巻九一章三節）！　ようするに古典期ギリシアの自由とは、おどろくほど分割可能だったわけである。

第七章　おのれの分限を知る――神々対人間

ポリスであれ人間であれ、神々の助けなくして他にぬきんでた者はいない。あらゆることに狡猾な者、それが神。死すべき人間には、悲嘆の種にならぬものはない。

（シモニデス）

ギリシア人には宗教ということばがなかった

ギリシア人には、今日われわれのいう「宗教《レリジョン》」に相当するものを一語で表すことばがなかった（レリジョンという語は「縛る」を意味するラテン語のリガーレから派生し、人間が超常的・超自然的現象に直面したときに感じる、身を縛られるような畏怖という意味に由来する）。またギリシア人にとっての「聖なるもの」と「不敬神なもの、世俗なるもの」の区別にしても、われわれのそれとまったく同じというわけではなかった。神聖と敬虔を表すギリシア人の語彙は、むしろ適正と秩序という概念を核としており、ものごとや人がその本来あるべきところにきちんと位置づけられ、そこにとどまっているかどうかということに左右されたのである。

だが、なんらかの一神教的な宗教文化に生まれ育った者にとって、古典ギリシア人の宗教を理解する上でもっとも大きな障害となるのは、彼らの多神教信仰なのかもしれない。ミレトスのタレス（前六〇〇年ごろ活躍）がいったとされるとおり、彼らの世界は「神々に満ち満ちている」のであった。あるいははるかに時代を下って、カルロ・レーヴィが南イタリアのガリアーノ村に住む十分にキリスト教化されていない農民たちについて書き記したことばを借りれば、ギリシア人の心的世界において「宗教」の占める余地がなかったのは、「彼らにとってはすべてのものが神性にあずかっており、象徴としてではなく現実に、神性がありとあらゆるものに宿っているから」（『キリストはエボリにとどまりぬ』）であった。

もとよりキリスト教と異教信仰との間には、非連続性だけではなく重要な連続性が存在することもたしかである。キリスト教は、ローマ帝国の東方ギリシア語圏で誕生した。のみならず決定的な意味において、それ以外の地域では誕生しえなかった。だが、その後発達をとげたキリスト教と、異教信仰との間の差異は、この連続性よりもはるかにもっと重大であり、根本的で本質的でさえある。こうした本質的差異を明らかにし、それによって、古代ギリシア人の宗教をキリスト教的な誤った前提によって解釈するという弊害を避けるために、キリスト教とギリシア人の異教信仰との間のいくつかのいちじるしい対照性を列挙するところから、本章を始めるのが有益であろう（なお、ここでいうキリスト教とは一つの理念型として見たものであって、キリスト教諸宗派内部もしくは相互間の教義上・宗派上のさまざまな対立はすべて無視することにする）。

キリスト教は、その一方の母胎であるユダヤ教と同様、霊的な一神教である。それは神の啓示に対する信仰を前提とするもので、啓示は合理的信念を超越し、燃えるような情念をともなう。これとは対照的に古典ギリシア人は、共同体が認めた神々にしかるべき崇拝を捧げ、その意味で神々を「認知」したのである。したがって彼らの信仰とは、主として信心深さの問題であり、宗教儀礼を行なうことであった。キリスト教が啓示を信仰し、その信仰が宗教の根本をなすということは、ただ一つしかない聖典、職業的聖職者、および教会（実際には複数の教会）を保持していることに深く結びついている。ところが古典ギリシア人は、その市民共同体宗教に聖典も教義も必要としなかったし、異端という概念とも無縁であり、そして職業的聖職者――ないし女性聖職者――をもたなかった（キリスト教とちがって、ギリシア人は女神官という発想を許したのみならず、それを不可欠なものと見なしてもいた）。

キリスト教はその教祖以来、宗教と、それ以外の領域における社会的交流や個人的経験とを峻別してきた。なかでも宗教と政治の区別はもっとも顕著に行なわれ（「カエサルのものはカエサルに、神のものは神に」）、また後にはこれが再定義されて教会と国家との区別となった。こうした分裂は、歴史のみならず歴史記述にも重要な結果をもたらすことになった（後述）。他方、古典ギリシア人は、たしかに「神的なもの（ト・テイオン）」ないし「神（々）のもの（タ・トゥ・テウ／タ・トン・テオン）」と呼ばれるものと、純粋にあるいはおおむね人間の領域に属するものとの区別をつけることはできたものの、彼らのポリスは（アウグスティヌスの『神の国』とはちがって）神々のポリスであると同時に人間のポリスでもあった。つまり彼らの目から見れば、宗教と政治（および経済、戦争その他）は、解きほぐせないほどに絡まりあっているものだったのである。

キリスト教においてそのような区別が成り立ちうる主たる理由は、キリスト教徒にとって宗教とは本質的に個人的で私的なことがらであって、ある一個人の不死なる魂と全能なる神との関係である、ということなのかもしれない。対照的に古典ギリシア人の宗教は、集団としての人間と神々との諸関係に焦点をあてるのが特徴であり、集団的で公式・公的な儀礼、なかでも祭典という形で表現された。さらにもう一つ、キリスト教と異教信仰とでは、それぞれの体系の中で道徳というものが置かれている位置がまったくことなる。キリスト教徒によれば道徳律とは、教義の創設者が定めた道徳原則に直接もとづいているという厳格な意味でキリスト教的なのであるが、それに対し古典ギリシア人は、これに匹敵するような道徳的権威の源泉を一切もたなかった。

最後に、エドワード・ギボンの『ローマ帝国衰亡史』の有名な第一五章から引用するならば、次のようなことがいえる。「来世という教義が、ギリシア・ローマの信心深い多神教徒たちの間で、根本的信仰箇条と見なされることはまずなかった」のに対し、「キリスト教団がこうむった恩恵とは、永遠の生命というそれであった」。たしかにギリシア人も死後の生命を信じてはいたし、秘儀宗教に加入する者も多かった。しかし古典期の大半を通じ、彼らの大多数にとって明らかに重要だったことは、今、ここということ、すなわち嘆かわしくもうつろいやすい現世での生なのであった。来世と現世とのこうした優先順位がどうして発生するかというと、自分たちは人間であるがゆえに、その定義上死すべき運命にあるから、というのがそのしごくもっともな理由の一つであった。ギリシア人お得意の思考法にしたがってこれと両極対立させるならば、不死であることこそ神々の本質であった。ギリシア詩人たちがけっして倦むことなく、くりかえし歌ったように、神々は「永遠に死ぬことも齢をとることもない」存在だったのである。

文化的自己規定体系としてのギリシア宗教

さて、キリスト教と古典ギリシア人の異教信仰とがそれほど本質的にたがいに異質で、かつ相反するものならば、そもそも後者を宗教と呼ぶことは有用かどうかという問いが浮かぶのも当然かもしれない。クリフォード・ギアツは、宗教を五つの点から定義した(Geertz 1973b)。ギアツの定義をそっくりそのまま、少なくともその用語法全部を借用するには抵抗を覚える向きがあるかもしれぬが、かりにそれにしたがうならば、ギリシア人には宗教があったとはっきり答えられそうである。ギアツによれば、宗教とは

(1)さまざまなシンボルの体系であり、(2)人がある特定の様式によって行動し、考えるための下地になるような「気分と動機づけ」を提供し、(3)全般的な存在秩序(ギリシア語ではコスモス)についてのなんらかの概念を定式化し、(4)これらの気分、動機づけ、秩序づけに、一つの共同の集団的文脈を与え、そして(5)本質的には共通点のない日常生活のさまざまな要素をたばねて、それらすべてを包括するような意味が浸透した、一つの首尾一貫した全体性へと統合するものである、という。

もしヘロドトスが今日に生きており、象徴人類学を知っていたならば、絶望的なほど自分とは異質な現象を理解する上でこうした定義が助けになるということに、おそらく賛意をしめしたかもしれない。少なくともこの定義は、ギリシア人らしさ(ト・ヘレニコン。八巻一四四章二節)とは何かについてヘロドトスが与えた説得力ある定義と調和する。これはギリシア人対異民族の両極対立に関連してすでに見たところであるが(第二章)、ここでの文脈でも、もうすこしくわしく検証してみるにあたいするだろう。前四八〇/七九年冬、ペルシア軍総司令部は、小規模でともすれば解体しそうなギリシア同盟からアテナイを離反させようと画策し、仲介者として臣下であるマケドニア王アレクサンドロス一世を使いに出した。ヘロドトスによれば(八巻一四三章)、アテナイ人はアレクサンドロスにむかって妥協の余地なくこう反駁した。「日が東より上り西に沈む限り、われらがクセルクセスと手を結ぶことなどかまえてなかるまい。いな、われらはわれらの同盟国に対してと同様、神々と半神たちに全幅の信をおき、クセルクセスに終わりなき戦いを挑むであろう。なんとなればクセルクセスが、神々と半神たちの神殿(オイコス。「住まい」が字義)と神像(アガルマタ)とを焼き払うという侮辱を与えたがゆえである」。つまりアレクサンドロスの申し出は、人間界の価値基準に照らして裏切りであるばかりでなく、神々の定めに反する不敬神、すなわちアテミスタでもあったのである。

ヘロドトスの記述は続く。ペルシア人の申し出をはねつけた後、アテナイ人はいそいでスパルタ同盟軍に安堵するよう伝えるのだが、スパルタ側はそれでもアテナイ人がペルシアの黄金に誘惑されて寝返るのではないかという恐れを捨てきれなかった。これに対してアテナイ人は、ヘロドトス描くインドのカラティア族が「慣習こそ王である」とたとえたのと同様（三巻三八章）、次のように断言した。たとえ世界中の黄金をもらっても、またどんなに肥沃な領土で誘惑されようとも（アッティカはけっして肥沃ではなかったのだが）、寝返ることはないだろう。なぜなら、ペルシア側に寝返るのは「全ギリシアを奴隷状態に陥れること」になるであろうから――これこそ、ギリシアと自由、異民族ペルシア人と隷属とをそれぞれ等置する価値観に、ずばり訴えかける議論であった。アテナイ人はいう（八巻一四四章二節）――自分たちが寝返りしない理由は多くかつ重いが、とりわけ次の二つの理由がある。（1）個別的には、クセルクセスは罰あたりにも神々のアガルマタとオイケマタ（住居）を焼き払った。これに対して復讐せねばならぬ、ということ。（2）より一般的には、「自分たちがギリシア人であるということ」。さらにアテナイ人はこれを次の三つの要素に分ける。（a）共通の血統と言語、（b）犠牲のための共通の宗教儀礼（テオン・ヒドリュマタ・コイナ・カイ・テュシアイ。「神々のための共通の神殿と犠牲」が字義）、および（c）共通の生活とものの見方の様式（エテア・ホモトロパ。これには「宗教的」生活様式も含まれるがそのすべてではない）。それゆえここでは、宗教がまさに中心的位置を占めているのがわかる。つまり彼らの宗教は、「人種的」および言語的に規定されたギリシア人の民族性と、神々と人間の関係を支配すると見なされた互酬制原理（「魚心あれば水心」の原理）に由来する、彼ら特有の宗教的義務観との間にはさまれ、それらを補強する位置にある。ギリシア人にとって、聖所が人間に破壊されるということは、神々の名において報復と復讐を果たすための自己正当化の大義として、つねに認識されていたのである。

神々の起源

こうして古典ギリシア人の宗教は、明らかにイデオロギーとしての文化的意味をもつということが、あざやかに例証されたわけであるが、これはわれわれにとって、宗教というものがギリシア人の心的世界の形成にどのように寄与したのかを理解しようという探究の、ほんの入り口にすぎない。完全に理論武装ができたところで、いよいよわれわれは解釈の最前線に立ち、一連の学問的議論の戦場へとのりだすことにしよう。その際、問題になるのは三つの解釈問題であり、それらはたがいに重複しあい容易に分かつことが不可能である。すなわちまず第一にギリシアの神々の起源について、第二には神々の本質について、そして最後に神学がギリシアの歴史記述の中で果たした役割についての問題である。

ヘロドトスは、エジプトについて論考する中で「ほとんどすべての神々の名前は、エジプトからギリシアへ伝わった」と大胆な主張を展開した。すべてのギリシア人の宗教上の慣習（ノマイア）はエジプトからギリシアに伝わったのであって、その逆ではけっしてないとする彼の一般理論（二巻五〇章一節、二巻四九章三節）が、ここに一つの具体的な形を現したわけである。古典ギリシア文化全体がエジプト人やフェニキア人の移住者によって直接に移植されたものであるとするマーティン・バーナルにいわせると（Bernal 1987 : 99）、ヘロドトスのこの主張こそ、彼の「黒いアテナ」理論全般の決定的証拠をただちに提供するものであるという（本書第三章参照）。だがこうしたヘロドトスの主張を利用する前に、まずそのさまざまな含意を解釈することがどうしても求められる。つまりヘロドトスは、ギリシア人の宗教の起源について何と主張しようとしていたのか、そして歴史記述として彼の主張はどこに位置づけられるか、という問題である。

ヘロドトスがいいたかったのは、ギリシア人が神々の呼び名をエジプトから借用した、ということではけっしてない。なぜなら彼は、ギリシアの神々に相当する神が、エジプトではどのような名前で呼ばれているかをかならず示すからである（たとえば二巻四二章五節。エジプト人はゼウスを「アンモン」と呼ぶ）。それゆえ、明らかに彼が主張しようとしていたことは、エジプトからギリシアに渡来したのは神々自身、ないしは少なくとも神々の概念だったということなのである。この推理を確証するのはこれより数章後の、有名な次の一節である（二巻五三章二節）。「神々の系譜を作り神々に添え名を与えたのは、ホメロスとヘシオドスが最初であった。彼らは神々にそれぞれ栄誉（ティマイ）と特別な能力（テクナイ）を割りあて、そしてその御姿（エイデア）を描いた」。これは、ホメロスとヘシオドスが神々をまるきり出まかせに創作したということではなく、ギリシア人に理解しやすくまた崇拝できるように描き、定義づけることにより、ギリシア人にふさわしい神々をいわば再創作したということなのである。別のいい方をすれば、まずエジプト人が神々を（あるいは唯一ほんとうの神々を）創作し、次にギリシア人がもっと後になって借用し、文字どおり変形し変容させた、というのがヘロドトスの真意だったのである。

これはそれ自体、十分注目にあたいする主張である。だがかならずしも、バーナルが解釈したような意味で注目すべきなのではない。『歴史』第二巻のほとんどを通じていえることだが、ここでヘロドトスが特別に意を用い、また特別に愉悦を感じながら行なおうとしているのは、ギリシア人の自民族中心主義を痛烈にやりこめることなのである。これより一世紀のち、ヘロドトスとはまったくことなる独自の目的から、プラトンが明言することになることば（『ティマイオス』二二b）を借用していうなら、ヘロドトスはギリシア人の読者・聴衆に、いわばこう告げようとしていたのである。ギリシア人とその文化は、エジプト人にくらべたらほんの子供みたいなものである。エジプト人は太古の昔から生きてきて、「ギリシア的」と信じられている文化のもっとも基本的な部分を、はるか昔にギリシア人に教えたのである、と。つまりこれは、異民族だからといって全部がひとしなみに卑しむべき民族ではないのだ、というメッセージなのである。換言すれば、ギリシア人の神々の起源はほんとうはどこなのかということは、厳密にはまったく問題になっていなかった。なぜならある意味で、ヘロドトスは次のことを両方ともいいたかったのであるから。つまり神々は、「メイド・イン・ギリシア」であると同時に、そうでないともいえる、と。

しかしながらヘロドトスのメッセージは、これにとどまらなかった。ここには彼の二つの問題提起が隠されており、それらが同時に関係してくるのである。というのは、この『歴史』二巻五三章二節の記述と比較、というより対照すべきものとして、ある別の人物の思想をとり上げてみなくてはならないのである。それは、ときに自然宗教の最初の言明として称賛されることがあるのだが、より正しくは、ギリシア人の多神教の神々を人間中心的かつ合理的に説明しようとした――そして、この点がヘロドトスとするどく対立するのだが、その神々を拒絶しようとした――知られうる最初の試みであると理解した方がよい。伝統宗教の神々の不死性と擬人性とを神学的に攻撃した、コロフォンのクセノファネスの思想がそれである。

今日伝存するクセノファネスの六脚韻詩は、こう歌っている。「ホメロスとヘシオドスは、盗みだの、姦淫だの、だましあいだの、およそ人間たちが恥や不面目とするありとあらゆることを、神々の所業だとしている」(断片一六六)。「しかし人間たちはこう考える。神々は生まれ、人間と同じ衣服やことばや身体をもっているものだと」(一六七)。「エチオピア人は、神々がしし鼻で色が黒いといい、またトラキア人にいわせれば神々は目が淡青色で髪の毛が赤いという」(一六八)。「もし牛馬やライオンに手があって、あるいはその手で絵を描き、人間と同じ仕事(エルガ)ができたとしたら、馬は神々の姿形(イデアイ)を馬のように描くだろうし、牛は牛のように描くだろう。そして神々の像を、それぞれ自分のような身体に作ることだろう」(一六九)。

ヘロドトスがクセノファネスに言及していないことに、何か意味があるのかどうかはわからない。だが私が思うに、ヘロドトスがクセノファネスのこうした過激な相対主義に、どんな反応を見せたかは想像に難くない——おそらく、死者を火葬にせよと要求されたときのインドのカラティア族（三巻三八章）に似た恐怖を示したのではなかろうか。なぜならクセノファネスは、ギリシア人による神々の投影が、たんに擬人的な姿に描かれているのみならず、行動様式まで人間そっくりであることを、比較的やんわりと非難しているのであるが、理論上はそこからまったくの無神論の段階、つまり伝統的神々の存在を信じず、その結果それへの崇拝も軽視してしまうという段階までは、もはやさして遠くないからである。

だが信心深く敬神の念篤いヘロドトスとしては、年下の同時代人であるメロスのディアゴラスのような無神論者になるなどもってのほかで、著名な友人プロタゴラスが唱えた哲学的不可知論でさえじっくり考えてみる余地などなかったのである。プロタゴラスはこのように述べた。「神々については、存在しているのかしていないのか、またどんな姿でいるのかということを、私には述べられない。この問題は本質的に解しがたく、それに答えるには人生はあまりに短い」。プロタゴラスは神々の存在を（どんな姿形・性格であろうと）完全に否定したわけではなかったが、いかなる個人も宇宙の真実を見きわめることは不可能であると断じた。だから彼の考えによれば、神々は合理主義的・人間中心主義的な説明の言説から追放するのが一番よいというのである。しかしながらヘロドトスは、宗教儀礼慣習も含めた人間の社会慣習についてプロタゴラスが唱導する民族的相対主義にたとえ賛同していたとしても、伝統的なギリシア人の神々が現実に独立して存在することをほんの少しでも疑うような態度に対しては、確固たる拒絶を示した。事実、ヘロドトスがはっきりと自分の信仰心を吐露しているような箇所を別にしても（たとえば神託の有効性について、八巻七七章)、彼の著作全体を、このような過激な無神論神学に対する暗黙裡の抗議と見ることはできよう。そういうわけで、ギリシアとエジプトの神々の差異についてヘロドトスがとった相対主義の前提には、文化の差異を超えて神々そのものへの信仰は連綿として続くのだという信念があったのである。

鏡としての宗教——ヘロドトス

というわけで、擬人主義の問題についてはのちに(ふたたび)論じるとして、その前にヘロドトスが諸民族の宗教上の慣習をどのように比較・記述しているか、もうすこしくわしく探ってみよう。それによって、ヘロドトスがその歴史記述の鏡をどう操作しているかが照らしだされてくるからである。ここでとくに注意を引くのは、死者の葬り方、および動物供犠という二つの側面である。アルトークはヘロドトスをあつかったその著書(Hartog 1988: 初版 1980)の補完編として、ヘロドトスに記述されているスキュティア王の葬礼についてきわめて優れた研究を行なった(Hartog 1982)。彼の研究の目的は、歴史学者ヘロドトスの一般的相対主義テーゼが「あなたの死に方を教えなさい。そうすればあなたが何者かをいってあげよう」であったと例証することであった。アルトークのもくろみは、もっとも非ギリシア的なものからもっともギリシア化されたものにいたるまでの、多岐にわたる、もろもろの異民族の葬礼のスペクトルをあとづけることであった。彼はまず最初に、紀元後二世紀の風刺作家ルキアノスの、次のことばを引用する(『哀悼について』二一)。死者を「ギリシア人は火葬し、ペルシア人は土葬し、インド人は草葉の陰に放置し、スキュティア人は食べ、エジプト人はミイラにする」。この陳述は、事実としては正確ではない——ギリシア人は火葬ばかりでなく土葬も行なっていたから。だがここで火葬がギリシア人に帰せられているのは、両極対立化された民族誌的言説の論理にしたがっているからである。それはちょうど、例のギリシア人とインドのカラティア族について、ヘロドトスが相対主義的立場から一寓話を述べている場合と同様なのだ（三巻三八章）。つまり非ギリシア人こそは「他者」であり、それゆえ彼らは「他者らしい」やり方で死者を葬るにちがいない、という論理である。

同じようにルキアノスにしてみれば、ほんとうにスキュティア人が死者を食べるかどうかは、まったくどちらでもよいことがらであった。一方ヘロドトスによれば、葬礼の際に死者を食う慣習はインド人の儀礼であるという。しかしながらアルトークにとっては、ヘロドトス描くスキュティア人が、正確にはどのように彼らの王を葬っているのかということこそ重要な問題であった。なぜなら彼の関心は、まず第一に、スキュティア人と葬礼の領域との関係が王の葬礼をとおしてどのように輪郭を明らかにするかということであり、第二には、その葬礼がヘロドトスの言説の中で、スキュティア人という「他者」とギリシア人とを比較対照させる方法として、どのような機能を果たしているか、ということだったから。

十分予見できることだが、このスキュティア王の葬礼の中には、一つの古典的な例として、「さかさまの世界」としての他者化を見いだすことができる。ギリシア人の葬礼にあっては、遺体はまず死者の家に安置（プロテシス）され、弔問者はそこを訪れて告別し、しかるのちに遺体は馬車に乗せられて家から運びだされ（エクフォラ）、葬列がそれに続く。そして城壁外の墓地で埋葬された後、弔問者に饗応がなされる。ところがスキュティア王の葬礼では、王の遺体はこれとまったく順序がさかさまのとりあつかいを受けたという。まず遺体はもっとも近親の者によって馬車に乗せられて運びだされ、友人の家を順々に廻って行き、それぞれに立ち寄っては饗応を受けるということを、最終的な埋葬まで全四〇日間も続けるのである。ヘロドトスは読者・聴衆に自分の意図が誤解されぬよう、懇切にも次のように釘を刺している

（四巻七六章一節）。「スキュティア人はあらゆる外国の慣習を極度に嫌うのであるが、なかでもギリシア人の慣習を嫌悪することがはなはだしい」。これにからめてヘロドトスは、スキュティア人の中でも比較的啓蒙された、つまりギリシア化した二人の者が、その同化主義的傾向のゆえに、あわれにも殺害されるという悲話を語っている（四巻七六―八〇章）。

しかしながら、例の「女性たちの風俗慣習」（本書第四章）の場合と同じで、野蛮な異民族の葬祭慣習に対するヘロドトスの視野は、異民族の（そして野蛮な）スキュティア人と文明化したギリシア人とを単純に倒置させるというものではなく、ましてやそれらを直接に対立させるというものではなかった。なぜなら「ギリシア人」というものがそれ自体、（単純な両極化にはもってこいの）均質なカテゴリーではないということを十分明らかにしたこと、これこそヘロドトスがおおいに称賛されるべき点なのだから。ふたたびアルトークのことばを借りるならば（Hartog 1982: 150）、「スキュティア王の盛大かつ多くの点で他に類例を見ない葬礼は、いくどとなく、スパルタとの比較へとわれわれをいざなう」。つまりスパルタは、民族的純粋性という観点からはまぎれもなくギリシア人の都市国家なのだが、その世襲王は代々ぜいたくな葬礼を許されていた。これについてはヘロドトス自身がきわめて詳細に、そして一見すると民族誌的にも見えるやり方で記述しているのである（六巻五八章）。ヘロドトスは、スパルタ王の葬礼を、異民族全般のそれと比較して「大部分の異民族と同じやり方である」とはっきり述べているが、その他にも、ここではある言語的トリックを使うことで、スパルタ人の非ギリシア的雰囲気をうまく表している。つまりヘロドトスは、スパルタ人の女性たちが葬儀に際して哀哭することをいい表すのに、ふつう使われる「トレノス」のかわりに「オイモゲ」という語を用いているが、この語はアテナイの悲劇でごくふつうに見られるものの、ヘロドトスの場合はペルシア人にしか使わないことばである。いいかえれば、スパルタ王の葬礼は、それが「共和主義的」でも「ギリシア的」でもないという意味で異質であるばかりでなく、とりわけオリエント的専制主義のにおいがするものとしても、表現されているわけである。

ギリシア人と比較対照する上での基準点をヘロドトスに提供するもう一つの異民族が、このペルシア人である。こちらの方の比較では、ギリシア人はひとまとまりの集団としてそれなりにあつかわれているのだが、ここで焦点となるのは、宗教の根本となる供犠ということがらである（一巻一三一―二章）。この場合にもヘロドトスの比較はなかなか複雑で、その真価は、スキュティア人の供犠についてのはるかにくわしい記述（四巻六〇―三章）を、第三項として考慮に入れてはじめてはっきりする。だがスキュティア人についてはアルトークの方がより正確な評価を行なっているから（Hartog 1988 : 173–92）、私としてはペルシア人に関する言説に話をしぼろう。

さてヘロドトスの意見によれば、ペルシア人は「祭壇を築かない。祭壇を使うのは愚かなしるしだと考えるからである。」だが動物供犠（テュシエ）は、彼らも行なう。それを捧げるのはある種の非擬人的神格たち（太陽の神、月の神、風の神など）に対してであり、「次のように供犠は行なわれる。ペルシア人は祭壇を築かず「このことはくりかえし強調される」、灯明も上げず、酒を灌《そそ》ぐこともしない。笛（アウロス）も奏でず、花冠を着けることも聖別された大麦菓子を供えることもない」。つまりここでヘロドトスがいいたいのは、たしかにペルシア人には動物供犠を行なう慣習があるが、そのやり方はギリシアとは反対だということなのである。犠牲を捧げる主がかならずしも正式な神官でなくてもよかったギリシア人の供犠とはことなり、ペルシアでは専門の神官であるマゴスによって挙行されなければ、供犠は有効と見なされなかった（マゴスはほんとうはメディア人であってペルシア人ではないが、どのギリシア人にも見られる傾向として、ヘロドトスは両者の区別を無視している）。ギリシア人のように犠牲獣を神々の取り分と人間が食べる分とに区別することもしないし、内蔵を肉から取り分けて火であぶり、残りは煮るということもしなかった。そのかわり肉はすべて煮られ、それをどう処理するかはマゴスの望むとおりにゆだねられた。なぜならマゴスはギリシア人とちがって、肉の一部もしくはすべてを供犠の参加者たちに配る義務がなかったからである。

こうした一連の両極対立の文化的意義を、ヘロドトスがことさら強調するのはなぜか。その理由をごくおおまかな形ではあれ示唆するのは、ギリシア人らしさとは何かという、ヘロドトスによる例の説得力ある定義である。そしてもし、あるギリシア人を慣習の上でも規範の上でもほんとうの「ギリシア人」たらしめるような、一つの宗教儀礼があったとすれば、それは血を流すこの動物供犠に参加する資格であり、この供犠こそ厳密な意味でのギリシア人の信仰による共同体的行為を構成する要素だった。したがって、完全な権利をもつ（つまり成年男子の）ポリス市民にとって、動物供犠はポリスの要石そのものであり、この特異な政治的・社会的組織を構成しそれに参加するとはどういうことかを、明確に定義づけるものであった。だがこうした狭義の共同体的意味のほかに、動物供犠は、ある宇宙論的・存在論的な機能と象徴的意義をもあわせもっていた。なぜなら、人類全体を「獣と神々との間に」（ヴェルナン Vernant 1980 b）位置づけるものこそ、ほかならぬこの儀礼だったからである。であるから、「あなたの死に方を教えなさい」云々のアルトークの一般原則に、ギリシア人のアイデンティティを示す文化的指標としてもう一つ、同じくらい重要な決定因子をつけ加えるとしたら、「あなたがどのように（そして何を）殺すかを教えなさい」ということになろうか。

だがこの場合もまた、「ギリシア人」という概念は、区別のカテゴリーとしては精度が不十分である。なぜならごく少数とはいえ、自分たちの宗教的アイデンティティの本質として、動物の肉はまったく食べないのを善行とするギリシア人もいたからである。オルフェウス教徒やピュタゴラス教徒がその典型であった。換言すれば、血を流す動物供犠とは、たんにギリシア人らしさ、あるいは、異民族の対極にあるギリシア人らしさの指標であったばかりではなく、市民としての身分を表す指標でもあった。というのは、ギリシア人の中でも厳格な菜食主義者であるこうした人々は、同時に、ポリスという市民共同体における供犠にもとづいた完全市民権に対し、良心的忌避を申し立てた人々でもあったからである。ギリシア人の宗教とは本質的に共同体的・市民的な営みであったことを、ここにあらためて思い知らされるのである。

擬人主義論争ふたたび

ヘロドトスは残念ながら、J＝P・ヴェルナンやM・ドゥティエンヌら「パリ学派」がギリシア人供犠に関して行なった洞察の恩恵を被るには、あまりに遠い過去に生まれた人物である。彼は現場を共にする観察者にすぎなかった！　だが、おもしろいことに彼は、なぜペルシア人がギリシア人と同じように供犠をしないのかについて、あえて説明しようとくわだてた。すでに見たように、ペルシア人は祭壇（および、ギリシア人の供犠にとって重要だが祭壇ほど不可欠ではなかったあと二つの設備、すなわち神像と神殿）の建立を、ただ「愚か」としか見なさなかった、と指摘した後で、ヘロドトスはこう続ける（一巻一三一章一節）。「これは、ペルシア人がギリシア人のように神々を人間に似ていると信じてないことによると思われる」。一見すると議論の余地のないようにみえるこの意見こそ、じつは本章で私がとり組みたいと思う第二の主題の核心にかかわるものなのだ。

A・D・ノックは、ギリシア人の宗教的態度に関するある著名な論考の中で（Nock 1972b）、ギリシア人の神々を「なみはずれて大きなギリシア人」と分類した。その意は、ギリシア人の擬人主義を字義どおりかつ正面から解釈しなくてはならないということにある。なぜならノックによれば、ギリシア人の目から見れば神々は本質的に超人であって、基本的には彼ら自身と同じ姿をしているが、いわば巨大な宇宙スケールのスクリーンに投影された姿だった、というのである。この説は、ギリシア人の歴史記述によっても裏づけられるだろうか。クセノフォン、トゥキュディデス、ヘロドトスがそれぞれに描く神々は、同じ舞台を共有する超人俳優たちだといえるだろうか。その舞台設定のために、まずは多かれ少なかれ通念的なアリストテレスの考察と見取り図から話を始めよう。

アリストテレスによれば(『天上について』二七〇b五―一〇)、すべて人間はなんらかの神々の概念をもっており、神々が存在すると信じる者たちはみな、自分たちの価値尺度の中で最高の地位を神々に与えている点で一致する。アリストテレス自身は、哲学者ではあってもけっして無神論者ではなく、また不可知論者でも懐疑論者でもなかった。彼は、それが神々にかかわることである限り、神話の普及を容認しようとさえした(『形而上学』一〇七四b一―一四)。事実、彼が年をとればとるほど神話が好きになっていったのも(断片六六八)、まさにこのゆえだったのかもしれない。だから、神々の実在と必要性についてのアリストテレス自身の考えが、世間一般の現象(ファイノメナ)と通念(エンドクサ)に一致するのであれば、彼が『政治学』の末尾で抄述しかけた理想国家が、人間のみならず神々にとっての理想国家でもあるべきなのは、必然の理屈であった。たとえば神官たちの「部族」を、彼は理想国家における本質的に重要な要素と見なした。なぜなら「神々が市民たちに尊崇されるのはごく正当なことであるから」(一三二九a二七以下)。また理想国家の神殿は、人目によくつく場所で、市域の中心部の共同食事場のごく近くに建てるべきである(一三三一a二四―三一)。他方田園部(コラ)には、神々や半神をまつる祀堂がいたるところに分散してあるのがよい、という(一三三一b一七―一九)。

その一方で、明言しておかねばならないのは、アリストテレスが理想的国制の宗教的要素をことさら強調しようと努めてはいないことである。むしろ彼は、ポリスの位置選定、食料供給、教育制度、共同食事制度、性習慣、結婚規定、優生保護といった世俗的な諸問題の方に、はるかに多くの精神力とスペースを割いている。これを、プラトンが『法律』の中で構想している（彼のものとしては『国家』の次に）優れた理想国家論と対比してみよう（アリストテレスは明らかに意図的に、プラトンと対照的な議論を行なった）。直接にはプロタゴラスに返答する形で、「アテナイからの客人」（当時八十歳だったプラトンその人の代弁者）は、人間ではなく「神が万物の尺度」（『法律』七一六c）であるのは自明の理であると述べる。ようするに、ある現代の著名な学者が述べているとおり（バーカート Burkert 1985: 333）、「『法律』の理想国家とは、理論上一種の神権政治である」。神に固執するプラトンと、世俗を第一の関心事とするアリストテレス、いったいどちらがギリシア人一般の規範に、より近かったのだろうか。

それがアリストテレスであろうことは、予測できぬことではない。だが『政治学』の中で理想国家ではないふつうのポリスの宗教について述べるアリストテレスの筆致には、皮肉な調子がまじらぬでもないのである。ようするにアリストテレスは、非常に現世的な人物であった分、宗教がいかに世俗的で政治的な目的のために操作されやすいものであるかが、わかっていたのである。だがさらに、同様に予測のつくことだが、ここでのわれわれの関心にもっとかかわってくるのは、アリストテレスの考える神々の――ないしは「神性」「神的なるもの」の――概念が、彼のいうフロニモスな（つまり平均以上の知性と分別を備えた）人間の考えるそれよりも、はるかに知性的で、高尚で、哲学的だったことである。

ヘロドトスを超越し、むしろクセノファネスと同じ論調で、アリストテレスは『政治学』の冒頭部分（一二五二b二六―八）においてこのように指摘する。人類は――ここではおそらく、とくにギリシア人のことであろう――神々を二重の意味で擬人的に想像する。つまり神々の姿（エイデ）だけではなく生活様式（ビオイ）についても、その想像は擬人的なのである、と。ここにはノックの「なみはずれて大きなギリシア人」説がそのままあてはまろう。だがアリストテレス自身の意見は、これと重要な点でくいちがう。すなわち『宇宙について』での議論と同様（三九七b一〇―四〇一b二四）、『政治学』（一三二六a三二）でも彼は、神を「万物を総括する神的な力（テイア・デュナミス）」として、つまり全宇宙に充満する原理としてとらえているのである。のみならず、他の箇所で彼はこの考えにはっきりと主知主義的な形を与え、神と心とを同一視する（断片四九）。さらに彼は、神々を「ふつうのことばづかいの」擬人的な表現で語る意志が十分あるにもかかわらず、神々と人間との質的な差異を再三にわたって強調する。両者が同じ基準では測れず、その間には越えがたい溝があるということを、もっともありありと表現しているのは、あるいは『大道徳学』の中の一節（一二〇八b二七―三一）かもしれない。そこでアリストテレスは、人間には神と友達になることも、ゼウスを愛することもできないと述べる。つまり、人間がどれほど敬虔であろうとも（敬虔とは、一般ギリシア人の通念ではさまざまな儀礼行為――奉納をし、祈りを捧げ、供犠に参加するなどなど――を営むことを意味した）、両当事者の間に純粋な意味での互酬は成り立ちえない、なぜなら両者間の不平等はあまりに大きいから、というのである（『ニコマコス倫理学』一一二二b二〇―二二と比較せよ）。

このようにアリストテレスと一般ギリシア人との間では、同じ擬人主義的なものの見方でもさまざまな相違があるのだが、しかし、その相違をあまり誇張するのはよくない。たとえば動物供犠には、人間と神々との間のコミュニケーションを図る手段として象徴的機能があったが、同時にそれは、両当事者を引きはなす埋めがたいギャップを示すしるしとしての役割も担っていた。こうした人間と神々とのへだたりを象徴的に表しているのが、ヘシオドスの『神統記』と『仕事と日』に語られるプロメテウスの神話である。犠牲を捧げるために人類は、不死なる巨人ティタン族のプロメテウスに助力を求めねばならなかった。だがそのプロメテウスですらも、人類の味方となって人間が犠牲を捧げられるようにするためには、まず火を盗んでこなければならなかった。そして彼は、全能の神ゼウスを欺き、神々の取り分として犠牲に捧げられた獣の残り香だけを受けとらせるという計略を用いざるをえなかったわけであるから。

クセノフォンは、人間がほんとうは神々のような姿形をしているわけではないと確信していた点でアリストテレスと似ていたが、だがその確信を彼ほどはっきりした形では述べなかった。それはクセノフォンが、師であり崇拝の対象でもあるソクラテスの命を奪い去ったのと同じ不敬神の罪に、自分もまた問われることを恐れたからである——ソクラテスは前三九九年、「国家が公認する神々を不当にも認めず、新奇な公認されざる神格を導入しようとした罪」で死刑を宣告され、処刑されていた。クセノフォンが伝統的信仰の否定にもっとも近似したことを述べているのは、『ソクラテスの思い出』に現れる、冗長でプラトン的スタイルの対話においてである（四巻三章）。ここで彼はソクラテスに、エウテュデモスを次のように教え諭させている。「神々が目に見える姿で現れるまで」ぐずぐずしながら待つのではなく、むしろ神々がなし給うたさまざまな業から、神々の存在と人間界への積極的な関与を推論せよ、と。そして、神々は目には見えないけれどもたしかにその摂理は働いているということを、「ソクラテス」は類推による議論で次のように確証する。神々と同じで、人間の心もまた目に見えない。だが「心は人間に属するものの中でも、もっとも神性にあずかるものであり［思考することによって人間はもっとも神々に近づく、という意味］、心がわれわれを支配する部分であることは明瞭だ。しかし、その心さえも目には見えない」。

ところがじつをいうとクセノフォンは、人間界の事象に神の意志が介入してくるだけでなく、あらゆる点で神も人間的性向を備えていると単純に信じていた。彼は『ギリシア史』の作者として、人間の自由な意志や選択など、歴史の動因としては事実上無視してさしつかえないと考えていた。しかし、たとえ彼の考える神々、神もしくは「神的なるもの（ト・ダイモニオン）」が、人間とことなる姿をもち、人間を超越した力をもつものだとしても、やはり彼らはある種のいちじるしく人間的な感情を経験することが可能であった。たとえばレウクトラの戦いでテバイ人がスパルタ人を（クセノフォンによれば宗教的な原因で——後述）撃破したとき、テッサリアのフェライの僭主イアソンは、テバイ人にむかって増長せぬよう警告してこういったという。「なぜなら、思うに神は弱小なるものを興隆させ、強大なるものを没落させるのを楽しみとし給うからだ」（『ギリシア史』六巻四章二三節）。もっとも、その強大なる権力者イアソンみずからが、まもなく暗殺によって打倒されたというところに、明らかに作者の意図的な皮肉が込められていたわけである。

クセノフォンはこの話を、たんなる修辞的文飾として語ったのではない。『ギリシア史』の中で神が擬人的にとらえられていることを示す事例が、もう一つある。この事例によってとりわけ明瞭に立証されるのは、たとえどれほど敬虔で神を恐れるギリシア人でも、どう行動したらいいか極限まで迷うときには、人間の価値観を投影するための格好の媒体として神々をとらえていた、ということである。コリントス戦争中の前三八八年、スパルタ王アゲシポリス二世は、アルゴス侵攻の作戦行動の任にあった（『ギリシア史』四巻七章）。彼は先任の共同統治王、アゲシラオスの偉大な勲功の向こうをはろうと意欲を燃やしていたので、アルゴスが見せかけに聖なる休戦（エケケイリア）を宣言してきても、それによって功を断念する気はなかった。アルゴスがこのような計略をしかけるのは、先のペロポネソス戦争にも例のあることだったからである（トゥキュディデス『戦史』五巻五四章）。そこで彼はスパルタの古式にのっとって

「国境越えの」供犠（ディアバテリア）を執行し、吉兆を得たので、北西へ進軍してアルカディアをとおりオリュンピアに向かった。そこのゼウス神殿で神託を訊こうとしたのである。わずか一〇年ほど以前、このオリュンピアのゼウス神殿の神官たちは別のスパルタ王に、神託を訊いてはならぬといい渡したことがあった。「ギリシア人がギリシア人に対し戦争することについて神託を求めることが許されぬのは、古来よりの定法であるから」というのが彼らの申し状であった（『ギリシア史』三巻二章二二節）。だがなぜかこの定法はこの前三八八年までに忘れ去られてしまい、アゲシポリスは礼式にしたがって犠牲を捧げたのち、神（ゼウス）から次のような神託を下された。「邪悪な意図をもって申し出られた休戦は、受諾せぬのが正当（ホシオン）である」と。

だがアゲシポリスは、自分の行動根拠に二重の確証を得るために、またおそらくは、なみはずれて信心深いスパルタ人兵士たちの心に疑念の生ずる余地をなからしむるためにも、別方向からこの神託をたしかめようと、デルフォイのアポロン神の神託をも仰ぐことにした。だがここで注意しなくてはならないのは、彼がその神託を問う方法を慎重に計算したことである。つまり彼はアポロンに、オリュンピアでゼウスにした質問をくりかえすのではなく、例の聖なる休戦の問題について、御神は父神ゼウスと同意見でしょうか、と問うたのである。ギリシア人の民衆道徳が命ずるところによれば（たとえばリュシアス弁論一九番五五節）、子が親にしたがわねばならぬという観念は、ちょうどユダヤ人のモーセ五書のように、石板に刻まれた戒律とほぼ同様のものであったから、これはアポロンに同意を迫ることと等しかった。

さてこれには後日譚があり、こうしてアゲシポリスが余分に神から保証を得ておいたことが、どれほど賢いことかが証明される。彼が軍をひきいて国境を越えアルゴス領内に入ったとたん、「かの神が大地を揺らした」。つまりポセイドンが地震を起こしたというわけである。迷信深いスパルタ兵たちは（アポロンにむかって）賛歌を歌い始め、さらなる神の怒りを避けようとした。彼らはアゲシポリスがただちに撤退するものと思いこんだが、彼はむしろ地震を吉兆と解釈しようといいだした。なぜならポセイドンは、彼らがアルゴス国境を越える前ではなく、越えた後で大地を揺らしたもうたから、というのがその理屈であった。兵士たちは、しぶしぶながら彼の見方にしたがうことを承知した。なにしろ彼には、ゼウスとアポロン両神の神託による権威が、あい重なって後ろ盾となっていたからである。そこで兵士たちもいっしょにポセイドンに犠牲を捧げたという。だが同じ立場に立たされれば（明らかにクセノフォンも含めた）大多数のギリシア人がおそらくそう考えたであろうように、兵士たちがまずこの地震を「なみはずれて大きな（そして激怒した）ギリシア人」の敵意にみちた行為であると無意識のうちに解釈したのはたしかであった。

ここで強調しなければならないのは、アゲシポリスのふるまいは、一見詭弁のようでありながら、その実そこにはなんら「非正統的」なものが見うけられず、まして無信仰などまったく感じられないということである。神々は（なみはずれて大きな）人間の姿に作られていたからこそ、個人どうしの人間関係に適用される標準的でとりとめのないさまざまな対処法にしたがうと見なされていたのであった。だが、もしそのような方法で神意との関係をうまく処理するのであれば、このように度外れた自信と意志の力、あるいは圧倒的な現世的野心が必要だったのもたしかである。アゲシポリスよりもはるかに一般ギリシア人の規範に近かったのは、トゥキュディデスに描かれるニキアスである。「神のお告げ（テイアスモス）などのたぐいを過度に信ずる傾向があった」（トゥキュディデス『戦史』七巻五〇章四節）ニキアスを、合理主義者トゥキュディデスはかなり嫌っていた。ニキアスが迷信に溺れたことによって、アテナイが現実に大敗北を被る結果となったことがその嫌悪の主な理由である。

しかしながら、次の事実はおおいに注目にあたいしよう。神々は人事に対して有効に介入するものだという一般民衆の信仰に対して、トゥキュディデスが最大限譲歩している箇所は、アテナイで疫病が猖獗《しょうけつ》をきわめていた最中にペリクレスが語ったとされる最後の演説の中に、このように見いだされる。「ダイモニア「ダイモネスすなわち超自然的摂理によってもたらされたこと」は、なすすべなく耐えるしかない［つまり、われわれにはそれをどうしようもないから］。しかし敵によってもたらされたことがらは、男らしく不屈の精神で耐えなくてはならない」（トゥキュディデス『戦史』二巻六四章二節）。だがこの箇所でさえも、擬人化された神々による介入の話はいっさい出てこず、ダイモニアという抽象的な観念だけが語られる。ダイモニアは、トゥキュディデスその人のみならず実在のペリクレスにとっても、たんなる修辞句にすぎなかったのである。

しかし、これがヘロドトスになると、われわれはクセノフォン的思考世界に再突入する。擬人化された神々の介入が支配する世界である。それを示す事例はいくらでも考えられるが、ここでは三例を選ぶにとどめたい。まず第一に、人間の病というテーマを探求する中でヘロドトスが、キュレネの女王フェレティマの悲惨な最期についてふれるくだりがある。彼女は、腸内にわいたうじ虫によって生きながら食い殺されたというのであるが、この死に様は、ヘロドトスにいわせれば「苛酷な復讐は神々の嫉妬深い返報をまねく」（四巻二〇五章）ということを、神々が目に見える形で人類に証明してみせたものだという。

二番目の事例は、前四八〇―四七九年にギリシア人が奇跡的とも思える勝利をペルシア人から勝ちとったことに由来する、祭祀上の多くの革新の一つである。前四八〇年、アテナイ人は「汝の義理の息子に救援を求めよ」と命ずる神託を授かるのであるが、さてそれはいったい誰のことか、ということになった。そこでアテナイ人の神話を調べたところ、それは北風を人格化した神、ボレアスであることがわかった。

ボレアスはアテナイ建国の王エレクテウスの娘と結婚していたからである。そこでアテナイ人は、ボレアスに犠牲を捧げた。その後「異民族軍は激しい北風に襲われた」（七巻一八九章）。それがボレアスに供犠したおかげである、とまではヘロドトスも断言しようとしないが、アテナイ人はまさにそのようにいい伝えていた。そして約束どおり、彼らはイリッソス河岸にボレアスの社を建てたので、それによってアテナイ人公認の神々の中にもう一人新たな神が加わることになった。作法はかなりことなるものだったにせよ、風に犠牲を捧げたのはペルシア人だけではなかったのである。

ヘロドトスの『歴史』に「なみはずれて大きなギリシア人」として神々が現れる、最後の事例を見てみよう。サラミスの海戦の直前に地震が起こり、その揺れは岸でも海上でも感知されたという。大きな合戦が起こる際には、この種の神による前兆と称するものが、蜜壺にたかる蠅のように集中発生するのが常であった。だがこれよりもっと異常で、刺激的で、それゆえヘロドトスが叙述するにあたいするとみなしたほどの予兆が、さらにもう一つ起こったと伝えられる。しかもその予兆は、ペルシア軍がすぐにも敗退することをまぎれもなく予言していたという（ヘロドトス『歴史』八巻六五章）。事実ヘロドトスは、それがあまりに常軌を逸したできごとだっただけに、その話を伝えた人物の名前をあげる必要があると考えた。それはアテナイからペルシアに亡命した人物で、おかしなことにディカイオス（「正義者」）という名前であった。このように情報提供者の名をあげて話が引用されるケースは、『歴史』全編をとおしても三例しかなく、これはその一つである。

さてそのディカイオスが語るところによれば、アッティカ西部のトリア平原の上空に一群の砂煙が沸き起こり、エレウシス方面からアテナイにむかって東へと進んだ。すでにアッティカ全土からは人々が避難した後だったから、このような幻影的なほどの砂煙を起こしたのが人間の所業であるはずはなかった。しかしその砂煙から発する音は、エレウシスの秘儀の入信者たちが秘儀で歌うイアッコス（ディオニュソス）への賛歌のように聞こえた。それゆえ、あれはアッティカの神々（デメテル、ペルセフォネ、ディオニュソス）自身が、アテナイの聖所を冒瀆する異民族からみずからの聖域を守るために行進していたのだ、との推測がおのずとなされた。そしてヘロドトスもまた、これを暗黙のうちに認めたのである。

神の手をおしとどめる

さて最後に、「神々対人間」という両極対立の第三の側面を考えてみよう。この側面はまた、古典期ギリシアのあらゆる歴史記述の中で、唯一にしてもっとも重要と思われる問題を提起する。それは、ヘロドトス、トゥキュディデスそしてクセノフォンそれぞれが、歴史における宗教の役割をどのように概念構成し、解釈していたかという問題である。神々（もしくは神あるいは神的なもの）が歴史に何か「影響をおよぼす」ということを、彼らはどの程度まで信じていたのだろうか。人間界のできごととなりゆきをある特定の方法で「生起せしむる」のは神々であり、かりにもし神々の超人的な介入がなければ、それらのできごとはまったくちがった結果になっていたか、あるいはそもそも起こらなかったであろうということを、彼らはどこまで本気で信じていたのだろう。その背景を考える上で想起すべきは、古典期ギリシアにおける宗教上の信念と慣習では、聖界と俗界との厳密な区別の観念がまったく欠如しており、それゆえ世俗的歴史記述と宗教的歴史記述との理論上の区別もまた存在しなかったということである。西欧歴史学の伝統において、過去をこのように区分するようになったのはキリスト教の影響によるものであり、この断裂がふたたび癒合するのは、ヴォルテールとギボンがその縫合を啓蒙主義的歴史記述における中心課題にすえてからのことである。

ここでは、古典期の歴史家の中でももっとも端的に神の差配を重視していたクセノフォンにまず注目し、その一般的方法論を典型的に表す記述を見るところから議論を始めたい。前三八二年スパルタ人は、神々の名において他のギリシア諸ポリスの独立を認めると誓った宣誓を破って、平時にもかかわらずテバイのアクロポリスを占領した。かくてスパルタは最大級の、まぎれもない誓約違反を犯したのである。クセノフォンによれば、まさにその罪ゆえに、スパルタ人はのち前三七一年のレウクトラの戦いでテバイに決定的敗北を喫したのであるという。「神々は不敬なる者（アセブンテス）も邪悪な（アノシア）行為を働く者も、見過ごしにはしないということを証明する事例は、ギリシア人・異民族双方の歴史から多くあげることができる」（『ギリシア史』五巻四章一節）とクセノフォンはいう。これはその中の一つの事例にすぎなかった。

この広範な一般化原則を、シニカルな読み方にもとづいて、次のように解釈する向きもあるかもしれない。つまりクセノフォンは、スパルタ没落のほんとうの原因がその軍事的弱体化であると考えており、ただそれを神々のあらがいがたい力に置きかえてみせただけなのだ、と。だが余人は知らずクセノフォンならば、親しいスパルタ人を誓約違反の罪で断罪することまでして、そんなことをしてみせることはなかったはずだ。したがって明らかにクセノフォンは、彼自身ひとなみ以上に顕著な敬神の念の持ち主であるゆえに、人間の歴史においては神の手がいたるところで作用すると考えていた。そしてそれが重要な事件を生起させ、それも気まぐれではなしにある特定の生起のし方をさせるという厳密な意味で、神の手が作用すると認識していたのである。

事実クセノフォンの敬神はことのほか篤く、それゆえ彼は、同じ神々を同じ方法で崇拝するギリシア人の間でなぜ内乱（スタシス）が起こるのかという問題すらも、神々の介入という観点から説明しようとし、またおそらくは説明せねばならぬと考えていた。たとえば前三九二年、コリントスの現体制である寡頭政権に反対する勢力が、ある宗教的祭典に乗じて、無実の人々（とクセノフォンには思われた）を虐殺し、クーデターを起こすというできごとがあった。こうしてできたコリントスの新体制はアルゴスと緊密な連合を締結し、それがスパルタのアゲシラオス王を刺激して、スパルタはコリントス戦争にいっそうのエネルギーを傾注することになった。そこで事件が起こる。コリントスの長城壁付近での戦闘中に「神は彼ら［スパルタ人］に、願ってもみなかった功業（エルゴン）をなしとげさせた」。つまり、反スパルタのコリントス人が、反対に大量虐殺されたのである。ここでクセノフォンは修辞的に問いかける、「この事件が神の配剤（テイオン）ではなかったと、どうして考えることができようか」（『ギリシア史』四巻四章一二節）と。もちろん、この虐殺を神の思し召しと考えない人々もあるいはいたかもしれないから、この問いはそれに対するクセノフォンの激しい反駁だったのかもしれない。だがもっとありそうな可能性として、この問いかけは、神々が不敬神を罰すべく御みずから介入したもうという、彼や他の多くのギリシア人の認識を、何よりまざまざと呼び覚ますための手段だったと考えられる。もっとも、より広い歴史記述の観点からいえば、「神の手をもちだす説明は、真実の探究を鈍磨させてしまう」（コークウェル Cawkwell 1979: 45）ということになろうが。

だが、神を離れた歴史的事実などというものは、何でも倫理に還元するクセノフォンにしてみれば、第一に優先されるべきものではなかった。この点、彼はトゥキュディデスのみならずヘロドトスからもへだたりをみせる。しかしヘロドトスは、神や神意を歴史記述の中心にすえる点で、クセノフォンと一致をみせる。長い節であればどこでも、かならず神々に対するなんらかの言及が見られたり、神々への人間の態度やふるまいが役割を果たしていたりするのである。むしろ問題なのは、神々による介入と因果関係に関する、やや単純とも思えるようなクセノフォンの考え方を、ヘロドトスも共有しているか、ということである。ようするにヘロドトスからみて、ペルシア戦争の経緯や結末を説明するのは、主としてもしくはもっぱら、神意という要因だったのであろうか。

神託のみならず（前述）、奇瑞《きずい》や（一巻七八章一節）前兆（六巻二七章）そして夢というものも（一巻三四章一―二節）、もっぱら未来を予言するために神々より下された顕示であるということを、ヘロドトスはまちがいなく信じていた。のみならず、すでに見たとおり彼は、神々がとくに正当なる復讐をとげる目的で、人間界に直接かつ効験あらたかな介入をするということを請け合う姿勢まで見せた。たとえば『歴史』の主要な登場人物の中には、リュディア王クロイソスのように（一巻一三章二節、一巻九一章一節）、「かならず」悲惨な結末を迎える運命にあると語られる者がある。そしてその同じクロイソスに対して、ヘロドトス描くソロンは、「神意（ト・テイオン）は嫉妬深く、人間界を混迷に陥れるのを好むものなのです」（一巻三二章一節）という、典型的な擬人主義的意見を述べる。またある箇所でヘロドトスは、クロイソスの口を借りて、人間界のできごとは一つの車輪であり、その動きは止むことなく、片時たりとも人々を幸福な状態のまま安んじさせておくことがないと、明らかに機械論的な観点から語ったりもしている（一巻二〇七章二節）。

だが以上のことにもかかわらず、注目すべきことにヘロドトスは、運命論的・摂理的決定論者ではなかった。つまり、人間の関与と歴史における責任をまったく認めず神だけで歴史を説明するような立場には立たなかった。もしくはかりにそうだったとしても、それにとどまらなかったのである。すでにジョン・グールドが鋭く指摘したように（Gould 1989: 80）、「神意をヘロドトスがどう考えていたかを理解するには、特定の個人に降りかかる特定の事件を超自然的に説明するということと、歴史における因果論一般とを、別のものとして区別することが必要である」。

その区別を検証するために絶好の事例として、前四八一／〇年にクセルクセスがギリシア侵攻を決意する際のヘロドトスの記述を見てみよう。ヘロドトスはこの決意にいたるまでのいくつかの契機を、クセルクセスが見た一連の夢の話によって脚色し（七巻一二―一九章）、ペルシアが敗北しそうな予兆などいっさいなかったことを強調する。だがそれらの夢は、神によってもたらされたものとはいえ、それ自体が遠征を起こした原因ではない。むしろクセルクセスの夢見は、たんに「すでに心に抱いていた遠征計画の放棄を思いとどまらせたにすぎない」のであり、その計画とはすべて人間のもくろみからくわだてられたわけであって、ここには今日のわれわれでさえ「完全無欠の因果関係の構図」（ド・サント・クロワ Ste. Croix 1977 : 143–5）を認めることができる。

ようするにヘロドトスは、その気になれば重要な歴史的事件を純粋に人間界のこととして説明することができたわけであるが、ただし彼はその敬神の念ゆえに、そうした説明をそれ自体十分納得のいくものと見なすには、ためらいを感じていたわけである。たとえば、サラミスの海戦におけるギリシア軍の勝利について、ヘロドトスがテミストクレスに語らせている次のことばは――あれほどの策略家テミストクレスが、かならずしも自分自身それを信じていたわけではないということを、努めて示唆しているとはいえ――ヘロドトス自身の考え方をこの上なくみごとに凝集したものといえよう。「この偉業をなしとげたのはわれらにあらず、神々と半神たちだ。なぜなら彼らは、不敬神（アノシオス）で慎みを知らぬ（アタスタロス）一人の人間が、アジアとヨーロッパにまたがる支配者となることを妬みたもうたのだから」（八巻一〇九章三節）。

そこで最後に、ふたたびトゥキュディデスに登場願おう。彼のいう「人間界のことがら（ト・アントロピノン)」(一巻二二章四節)ないし「人間の本性(ヘ・アントロポン・フュシス)」(三巻八二章二節)が厳密には何を意味していたかはともかく、こうした表現が事実の経緯を説明する重要な箇所で用いられているところをみると、その修辞的効果が意図することは見まがうべくもない。つまりトゥキュディデスはペロポネソス戦争を、神ではなく人間界の観点から意識的に説明しようと試みているのである。もちろんこれは、人間が自分の運命を完全に支配できるとトゥキュディデスが考えていたという意味ではない。先見の明にかけては並ぶものがなかったあのペリクレスでさえ、アテナイでの疫病の大流行のような、運命(テュケ)の一撃を予見することなどできなかったではないか。しかしながら、トゥキュディデスは「ペリクレス」にかの疫病をダイモニオンと表現させているが、これはけっしてヘロドトスのように神々による介入と因果関係を認めているわけではなく、ましてクセノフォンからははるかにへだたった認識によるものなのだ。トゥキュディデスの『戦史』全体が強い悲劇的な色調におおわれているにもかかわらず、ペリクレスは、予期や予測のつかない運命の作用の真っただ中にあっても、けっして人間の合理性への信頼を失わない。あるいはもっと重要なのは、このペリクレスの態度が、トゥキュディデス自身のものでもあるということだ。

さらに例のメロス対談のくだりでトゥキュディデスは、「美名(カラ・オノマタ)」(五巻八九章)の虚飾をはぎとり、人間界における国際関係のかけ値ない真実を暴露する役どころをアテナイ側対談者に与えているが、そこでトゥキュディデスは、神々がいたところで歴史の流れに変わりはないということを、自分自身の声をほぼ代弁させてこのようにいわせている。「どこであれ支配できる場所を支配するのは、自然が求める必然である。われらは神々(ト・テイオン)の神威からも、人間界(ト・アントロペイオン)の明らかな証拠からも、それを確信している」(五巻一〇五章二節)。メロス側が自分たちを破滅から救ってくれるよう神々の介入を祈願したのに対して、アテナイ側はこのように血も涙もない返答を与えたのである。そしてその破滅はまもなく、アテナイとその同盟諸国によって、メロス人の身にふりかかることとなった。ここではいわば神々すらも、この必然によって、この普遍的な自然の「理法（ノモス）」によって、束縛されると考えられているのである。

ある虚構の対談中ながら、このように「アテナイ人」が神意を拒絶したということの、意義と迫力を裏づける事実がある。それは、トゥキュディデスが『戦史』の中で語る地の部分において、宗教に関する言及が、一貫しておどろくほど少ないということである。さらにこれら数少ない言及の中でも、トゥキュディデスが実際の歴史記述をする上で、神々の介入をまったくかたくなに信じなかったわけではないことを示しているらしい箇所は、ただの一か所しかない（二巻一七章一―二節）。トゥキュディデスと同時代には、ヒポクラテス学派の立場から「神聖病について」と題して癲癇に関する医学論文が書かれたが、ようするに、おそらくトゥキュディデスはこの論文の筆者と意見を同じくしたにちがいない。その論文の筆者は、論文の冒頭に自分の知的な手の内をうちあけて次のように述べる。いわゆる神聖病には特別神聖な面があるわけではない、なぜならどんな病でも等しく神聖である――もしくは等しく神聖でない――からだと。同様にトゥキュディデスが賛意を示したであろう、もう一人のヒポクラテス学派の学者は、処女の疾病に関する論文の中でこう断言する。十代の女性の月経不順の治療法は、アルテミスに供物を捧げることではなく、結婚することだと（『処女の病について』四六八章一七節以下。E・リトレ編）。これらの著述家にとって、神的な要素は因果関係を左右する要因でなく、それゆえ物事を説明する上では無視して差し支えないのであった。その意味で――だがけっしてそれ以上の意味ではなく――トゥキュディデスを「科学的」歴史記述の父と呼んでもよかろう。

エピローグ

われわれはみなギリシア人である。われわれの法律、文学、宗教、芸術、それらの起源はギリシアにある。

（P・B・シェリー『ヘラス』〔1822〕の序文より）

他者性対古典主義

本書における私の目的は、ヘロドトス流にいえば、古典ギリシア人の「偉大かつ驚異にあたいする功業」を、みくびったり、けなしたりすることではけっしてなかった。歴史記述、政治、演劇、哲学、その他共同体が知的努力を払った多くの分野において、ギリシア人がなしとげたものは巨大である。また私は、「古典《クラシカル》」という添え名のもつ説得力を否定したりおとしめたりしたいなどとは、つゆほども思わない。たとえば

ギリシア文明の特徴をいい表す際には、「古典《クラシカル》」という概念がよく用いられる。つまり多くの人々の模範という意味である。ポリス世界という狭い限界の中で、みごとな才芸と知的な問題設定、その問題の克服、そして実際に生起したできごとに匹敵する人間の偉大さ、といった点においてギリシア人

がなしとげ、経験し、表現したすべてのことに、その模範の魅力は存在した（マイヤー Meier 1990：25)。

私が主張したいことは、「われわれ」と「古代ギリシア人」とが文化的にほぼ完全に同質であるという自己同定を、前提にしたり主張したりすることに、いったい何ほどの有効性や有用性があるのだろうか、ということなのだ。私はシェリーに称賛を惜しまぬが、彼は古代ギリシア人に対して情熱を傾けたあまり、誤謬に陥ってしまった。なぜなら「アイデンティティ」と「起源」との間には天地ほどの差があるもので、アイデンティティは生得のものというより、かなりの程度概念として構築されたものだからだ。事実、本書の主要なねらいの一つは、古典ギリシア文明をいわばよそよそしいものにすること、かくも欺瞞的なまでに安易なギリシア人との自己同一化を粉砕することであった。こうしたギリシア人との自己同一化は、啓蒙期後のドイツ、フランス第二帝政、イギリスのヴィクトリア朝で最高潮に達し、そして今日なおそれに固執する人々が残存する。こうした事情の一端は、純粋に学問的というよりは、明らかに政治的な理由によるものである。

他方、だからといって極端にその反対に走るのもまた危険である。われわれがある文化からの重要な遺産を構築しようとしてきたのが事実である以上、その文化の「他者性」をあまりに強調するのは誤謬の恐れがある。たしかに人間の心はつねに同じものとは限らぬのだが（かつて十八世紀啓蒙主義の、草創期の社会歴史学者たちはそれが同じであると信じようとした。さらに驚くべきことに現代でも、古典古代研究者の中には同じ信念をもつ人々がいる）、少なくとも自由、平等、民主主義といったイデオロギーやレトリックに対してわれわれが抱く強い愛着の中には、古代ギリシア人の影響が十分見てとれるわけで、それゆえギリシアとわれわれ近代西欧人との間の文化的つながりは、誰が見ても明瞭なのである。

にもかかわらず、やはり私は結論に際して、われわれ近代西欧人のメンタリティ、われわれの心的枠組みが、全体として見た場合、古典ギリシア人とは本質的に「異質」であるということを主張したい。そしてこの逆説的な結論を、アテナイの演劇という領域を例にとって展開しようと思うのである。これはシェリーもかかわりをもった領域であるし、より近年ではイーノック・パウエル（政界入りする前はギリシア語の教授であった）が焦点をあてたテーマでもある。もちろんアテナイすなわちギリシアではないし（ただしアテナイ人自身は、アテナイこそギリシアであるかのようにふるまうのが好みであったが）、本書をとおして私はいわゆる「アテナイ中心史観」に抵抗してきたつもりである。だがアテナイの演劇が、ギリシア人の経験における普遍的なものを、意識的にとらえようと志向したのは事実だし、アテナイ市民だけでなくアテナイ人以外のギリシア人もこれを観覧し、またある程度までは非アテナイ人観客をも視野に入れて脚本が書かれたのであった。アテナイ古典演劇、とくにその悲劇を現代において「再経験すること」（ジョージ・スタイナーのことば）によって、ギリシア人の遺産の真実の側面とそうでない側面とをほぼ等分に、要約して見せることができるかもしれない。

宗教としての演劇

「古典」という添え名に示唆されるとおり、アテナイ演劇はそのテーマの選び方において、そしてある程度はそのテーマのあつかい方においても、たしかにある意味で文化のへだたりを超越している。たとえば最近数十年の間に、エウリピデスの『メデイア』とアリストファネスの『リュシストラテ』は、さまざまな形でフェミニスト運動の目的に寄与し、エウリピデスの『バッコスの信女たち』は対抗文化的な解放と抵抗活動の賛歌として演じられてきた。そして（いうまでもなく）ソフォクレスの『アンティゴネ』は、内乱と全体主義についての思索にインスピレーションを与え続けている。ようするにギリシア（あるいはアテナイ）古典演劇は今日なお、さまざまに有用な形で、ともかくもわれわれの心に訴えかけることには成功しているのである。事実それは、一見するとわれわれにたいへん親しみぶかくなじんできたものであるから、現代では学者だけではなく演出家も、ギリシア演劇が本来異質なものであることをことさら強調するという作業が必要なほどである。この作業を最初からやりやすくするためには、アテナイ演劇の中心次元を必然的に宗教という要素が占めていることを見逃せないし、見逃すべきでない。

前章で強調したように、古典ギリシア人の宗教は、例のシェリーの警句には失礼ながら、われわれに遺産として伝わってはいないし、われわれもそれを受けついではいない。なぜならそれがポリスの宗教だったからで、ギリシア都市国家すなわちポリスは文化に縛られた創造物であったため、その後のローマによるギリシア世界征服、そしてローマ帝国のキリスト教化を越えて生きながらえることができなかったのである。したがって、アテナイ古典演劇は、本来ディオニュソス神に捧げるために、アテナイというポリスが運営した宗教的祭典という文脈の中で上演されるのが常だったから、その本質である宗教的内容と意味とが、現代の舞台演劇という異質な文脈の中に「伝来する」ことなど、とうてい不可能だったはずである。かつてロンドンの王立国民劇場で上演された、日本の伝統歌舞伎についてのある劇評の見出しに、「文化的他者性を知るための短期特訓コース」というのがあったが、これなどこの最終章の副題にもぴったりかもしれない。

もちろん、アテナイ演劇の宗教的側面といっても、けっして単純ではない。まずはその守護神が、一見逆説的とも思われるアイデンティティをもっていることについて考えてみよう。というのは、ディオニュソスが守護神であるにもかかわらず、アテナイの演劇、少なくとも悲劇は、この神とほとんどまったく関係がないのである。事実、「ディオニュソスとは関係ない」という成句は、古代にあっては「見当ちがいもはなはだしい！」というほどのことを意味したくらいである。だから、ディオニュソス崇拝と悲劇との強い内在的連関を主張したい学者であれば、別の観点から議論を進めなくてはならない。たとえば、両者ともに自己疎外という要因を含むものである、などという論拠だ。様態はことなるにせよ、ディオニュソス祭儀の入信者も演劇の出演者たちも、ともに「エクスタシー状態」になる。エクスタシーという語の原義は「外に立っている」ということ、つまり仮面など人工的な装置に助けられて、日常の自己以外の者になることを意味したのであった。もっとも、ディオニュソスと喜劇とのつながりは、これよりもっと明瞭で、事実、語源的連関さえある。コメディーという語の語源コモイディアは、文字どおりにはディオニュソス信仰につきものの、酒に酔った勢いで行なわれるコモス、すなわち「浮かれ騒ぎ」にともなう歌を意味したのである。ただし、喜劇が大ディオニュシア祭、すなわち市のディオニュシア祭の演目に正式に導入されたのは、悲劇が導入されてから少なくとも一五年後のことであった。

だがしかし、かりになんらかの内在的連関を認めるとしても、悲劇と喜劇の歴史的起源がどこにあるのか、またそれらがサテュロス劇（アテナイ演劇の中のもっともディオニュソス的要素の強い部分）と組み合わさって単一の宗教的祭典となっているのはなぜか、といったやっかいな問題は、依然として残されたままである。同じく——少なくともアテナイの慣習に不慣れな者にとって——やっかいなのは、喜劇の舞台でディオニュソスに扮する役者が登場したという問題である。たとえばアリストファネスの『蛙』を考えてみよう。初演は前四〇五年春、毎年アテナイで行なわれるもう一つの演劇祭、レナイア祭でのことである。この劇では、祭の守護神であるディオニュソスが、演劇と政治とのつながりをテーマとしたメタ演劇の主役を演じる。現実のアテナイがきわめて深刻な危機に立たされていたこの時（ペロポネソス戦争敗北は目の前だった）、ディオニュソスはポリスを代表して黄泉の国に降りてゆき、すでに死んだアテナイの悲劇作家のうちもっとも偉大な者を地上に連れ帰って、その優れた助言によってポリスを「救って」もらおうとくわだてる。劇中二つの合唱隊があり、一つは題名にもなった蛙による補助合唱隊、もう一つがエレウシス秘儀のアテナイ人入信者からなる主合唱隊である（アリストファネスが後者を合唱隊に選んだのは、秘儀に加入すれば黄泉の国で幸福な後世を送ることができると彼らが信じていたからである）。さてアリストファネスは一度たりとも、この秘儀入信者の合唱隊をからかいのネタにはしていない。また劇作家が国家の教師であるという考えを、自嘲的ユーモアとして笑い種にすることもけっしてない。それなのに、ディオニュソスを物笑いの種にする戯れ言は、とどまることを知らないのだ。ここでのディオニュソスは肝っ玉の小さい臆病者で、その上アイスキュロスやエウリピデスの微妙な悲劇作法もわきまえぬ粗野な野郎、という役回りなのである。

こうしたディオニュソスのあつかわれ方を、往々にして現代の学者は、前五世紀末アテナイにおける無神論、不可知論、あるいはより一般的にいえば合理主義の拡大という観点から説明することがある。つまりそれらの動きを、プロタゴラスのようなソフィストの影響と結びつける議論である（ソフィストがヘロドトスやトゥキュディデスの歴史記述に与えた影響についてはすでに見たとおりである）。だが、前四一五年のアテナイにおける宗教的冒瀆事件、とくにエレウシスの秘儀をけがしたとされる事件が引き起こしたパニック的恐慌状態とそれに続く冒瀆者狩りの嵐を考えると、この説明はつじつまが合わなくなる。あるいは事実、アリストファネスが『蛙』の中で、この秘儀に敬意を払っていることにしても同じである。これよりましな説明を求めるとすれば、ある種の喜劇的許容というものが前提となる。つまり、日常の価値基準や敬神観念が一時的に停止あるいは逆転する宗教的祭典という文脈にあっては、厳しい制限つきながら、神々を罵倒する特権が喜劇に許容されたという説明である。だがこの説明にも反論が提起される。つまり、喜劇における人間（同時代の政治家）の罵倒を禁止もしくは制限する立法措置が少なくとも二度成立したことがわかっており、それならば神々が、それも他ならぬその祭典の守護神が、同様の法による保護を認められなかったはずがあるだろうか、という反論である。ことばを換えていうならば、ここで議論の対象となっているのはアテナイ宗教の奥深くに根を下ろした特質であって、それは近代的な範疇の宗教理解による説明を、容易には受けつけないのである。

もう一つわれわれにとって困難な問題は、信仰についての一般のアテナイ人の認識と表現に、かの三大悲劇詩人たちが与えた影響を、どのようにとらえ、評価するかということである。アイスキュロス、ソフォクレスそしてエウリピデスが題材に選んだのは、歴史上のできごとと考えられてはいるが、はるか昔の、しかも多くはアテナイ以外の国の過去に場面を設定された神話である。だが彼らは、その神話という媒体をとおして、名誉、正義、そしてなかんずく敬神といった、同時代のアテナイ社会の中核的価値観をめぐって、劇の中で論争を提起しようと試みたのである。アイスキュロスの『オレステイア』三部作で繰り広げられる、果てしのない復讐が示唆する倫理的・政治的含意。ソフォクレスの『アンティゴネ』に表された、血のつながった人間に対する義務と神々に対する義務の葛藤。エウリピデスの『メデイア』における女性と異民族の地位。これらの例は、そのごく一部にすぎない。さらに彼らはこうした議論を劇中で提起しただけではなく、それらの価値観を危険にさらすことまでしてのけた。彼らは、それらの価値観がはたしていつまでも有効なのかと文字どおり問いかけ、そしてそれに疑義を呈したのである。

現代の学者たちの間では、悲劇詩人たちによるこうした神話の再加工を、おおむね芸術的・心理的な分析の枠組みの中に位置づけ、とくにその宗教的・儀礼的側面を低く見積もるのが、これまで標準的な学問手続きであった。しかしアテナイの宗教は聖典や教義にもとづくものではなく、そして劇作家は、他の市民たちと同様に、神々と人間との関係にかかわることがらについて教え、また「説教する」資格があったし、むしろ職業としてそれを期待されていた。場合によっては、劇作家は新しい宗教的祭祀の提唱をすることすらあった（たとえばアイスキュロスは宥められた「怒りの女神たち」を、エウメニデスすなわち「慈しみの女神たち」という姿に変容させ、それを同タイトルの悲劇に上演して、首尾よくこの新しい女神たちの擁護者となったのである）。正直にいって、現代ではこのような役割を果たすことが期待される悲劇作家はまれであるし、シェイクスピアがエリザベス朝、ジェームズ朝イングランドでそれを果たしていたなどとは、想像だにできない。

政治としての演劇

他方、シェイクスピアが政治性をもった劇作家であったということには、われわれはさほどの違和感を感じない。だがそう考えた場合でも、厳密な意味で国家公認の、公的で市民的なアテナイ演劇の性格と、私的事業としてのシェイクスピアの演劇とは区別する必要がある。前者は完全な意味で国家による演劇だが、後者は同時代の公的な政治活動とはかならずしも本質的なかかわりをもってはいなかったからである。とすれば、古代アテナイの演劇と現代演劇との間の断絶は、なおさら果てしなく広がることになる。

なんらかの形の悲劇・喜劇がアテナイで上演されたのは、おそくとも前五三〇年代のことで、俳優で劇作家のテスピスが活躍していたとされる時代である。だが最近の有力説によれば、大ディオニュシア祭あるいは市のディオニュシア祭が、悲劇を上演する毎年の国家的祭典としてはじめて組織されたのは、前五〇八／七年に民主政が樹立された後のことであった。具体的にいえば、国内的にはペイシストラトス家の僭主政支配（前五四五年ごろ―五一〇年）からの解放、対外的にはスパルタとペルシアの支配の脅威からの解放を祝って、宗教的政治的祭典がこのときに創設されたというわけである。喜劇が演目に加えられたのが前四八六年だったことはたしかで、この前年にアルコンの任命方法が、貴族政的とされていた選挙から民主政特有の方法である抽籤に変わっていたことは、おそらく偶然ではあるまい。

ディオニュシア祭悲劇の第一世代でひときわ光を放つ劇作家といえば、フリュニコスとアイスキュロスであった。彼らはともに、神話の再加工という従来からのテーマに加えて、ペルシアへの抵抗ということに結びついた、明らかに同時代的な政治テーマをとり上げようと試みたのである。だがフリュニコスは、悲劇『ミレトスの陥落』によって人々をあまりに悲嘆に暮れさせた罪で、罰金刑に処せられた（ヘロドトス『歴史』六巻二一章）。おそらくその判決はアテナイ民会で下されたもので、おそくともこの事件以降、祭典の直後に民会がディオニュソス劇場で開催される定めとなった。つまりフリュニコスは、表現と現実との境を越えすぎてしまったのである。二〇年後、アイスキュロスはこの轍を踏まぬように用心し、現実のできごとよりはやや遅れて悲劇『ペルシア人』を発表した際には、テミストクレスとサラミスの海戦とが事実上この劇の主人公であったにもかかわらず、テミストクレスの名前を出すことを避けたのであった。同じように前四六三年（推定）の『救いを求める女たち』と前四五八年の『オレステイア』三部作でも、アイスキュロスはみずからの個人的な政治見解をほとんど表には出していない。ただし一方で、それを望む向きに対しては、アテナイの対外・国内政策における根本的な変革を全般的に支持する姿勢をほのめかしてもいる。政治悲劇の様式は、このころまでに確立された。

他方、政治喜劇は悲劇よりもやや遅れて創造されたが、その出現の画期をなす重要な喜劇作家が前四五

○年代のクラティノスだったことは明らかである。だが遅れて出現したにもかかわらず、当時盛んに論じられた政治的諸問題が、喜劇にいろいろな筋立てや多彩な社会的・イデオロギー的判断基準を提供したため、政治喜劇は悲劇よりもはるかに急速な発展を見せた。現存するいわゆる古喜劇の代表格としては、アリストファネスがひときわぬきんでた存在であるように見えるが、彼には競合するライバルたちもいたし――先輩格にあたるクラティノスや同年配のエウポリスがよく知られている――、また彼に続く世代の喜劇作家たちもあった。ところが、前三八〇年ごろにアリストファネスが世を去るころには、彼の『騎士』(前四二四年)や『蜂』(前四二二年)に代表されるたぐいの、政治性むきだしで露骨に個人攻撃をするような喜劇は、すでに状況喜劇に道を譲り始めていた。その状況喜劇も、前四世紀終わりまでには、メナンドロスの様式喜劇にとって代わられた。西洋喜劇の伝統の主流は、この様式喜劇に由来している。

しかしながら演劇全体としては、前四世紀になっても政治性を失うことはなかったし、事実、アテナイ民主政の一つの中心的特徴であり続けた。観劇手当(祭典に際して最下層市民にもわずかな観劇料が払えるよう支給された手当金)をめぐって民会ではげしく論争が繰り広げられたという事実が、それを十分証明するだろう。あるいはまたプラトンが、『法律』(七〇一a)の中でアテナイ大衆の「観客支配(テアトロクラティア)」[訳註55]に軽侮をこめて言及していたり、あるいはデモステネスが、劇場で競争相手の興行主(にして彼の政敵)メイディアスに暴行されたことを告発して、真偽のほどはわからない長大な法廷弁論を書いたのも、同様にそれを裏づける。

けれども、劇作品をそっくりそのまま政治的・儀式的背景全体の中に位置づけることができるのは、やはり前五世紀アテナイの演劇に限られるのである。その背景とは、次のような段取りから成り立つ。まず担当の役人が当該年度の演劇祭の作品、合唱隊奉仕者、俳優を選定する。そして長期間のリハーサル。祭典を前にして広告が行なわれる。祭典開催にあたってはまず、ディオニュソスの神像が、祭の行列をしたがえて神殿に隣接する祀堂に帰ってくる。市民や同盟市民が参加する宗教儀礼が執り行なわれ、それに続いて演劇が始まる。劇の上演は、三日かそれ以上にもおよぶ。ごくふつうの市民の観客からなるにわかじたての審査委員会が、劇の審査にあたる。そして閉幕にあたっては劇場で民会が開かれ、祭典全体の運営を吟味評価するのである。このように演劇をその背景の中に位置づけて全体的にとらえる見方が、少なからず有益なのは、それによって、劇作品の言説とその周囲の市民的儀礼の言説との間に起きる不協和音、場合によっては矛盾対立を心に刻むことができるからである。市民的儀礼の言説が、市民の団結・調和・統一を強調することを志向するのに対し、「悲劇と喜劇は……いくつかの重要な意味において、そうした市民的言説の表現に異議を唱えることにつながるのである」(ゴールドヒル Goldhill 1990 : 126)。

開かれた社会?

それではアテナイは、言論の自由が純粋に保証された、ほんとうに「開かれた」社会だったのだろうか。それはほんとうに、われわれが称賛し、見習うにあたいする模範なのだろうか。悲しいかな、かならずしもそうとはいえない。なぜなら、正確を期していえば、このアテナイの自由とは狭義の市民のための自由であり、いわば供給を厳しく制限することで価値が維持される貴重資源のようなものだったからである。その自由を手に入れることができたのは、アッティカ住民のごく少数、すなわち成年男子市民という世襲的特権集団に限られていた。全人口が二〇万ないし二五万と推定される中で、彼らは平均して三万人ばかりの人数にすぎなかった。

のみならずその自由は、他者を犠牲にするという、高い代償を払ってあがなわれたものであった。これはアテナイのみならず、何百という古典期ギリシアのポリスすべてに、程度の差こそあれ該当した。他者とはすなわち排除された多数者であり、彼らを構成するのは、自由身分の外国人と（ギリシア人・異民族の）女性、そして誰よりも（大多数は異民族だが一部はギリシア人の）すべての奴隷たちであった。事実、これら「部外者集団」、すなわち集団的他者を排除することは、古典ギリシア人のさまざまな文化的功績——とくに歴史記述の創造と応用——の条件そのものであり、基本的前提であったといえよう。したがって、シェリーには申し訳ないが「われわれはみなギリシア人である」というのがもしほんとうでないとしたら、それはいささか残念ではあるけれども、同時にまた、われわれみずから喜びとしてもよいことなのではないだろうか。

訳註

（1） ギリシア人は、おもに方言の差から、ドーリア人、イオニア人、アイオリス人などに分かれていた。これらの分派をここでは種族と訳しておく。
（2） 言うまでもなく、本書全体をとおして「われわれ」とは、近現代西欧人の意味である。
（3） DWEM (Dead White European Males)：ヨーロッパの文学・思想・芸術の伝統的規範を形成した著名な歴史上の人物（プラトンやシェークスピアなど）を、軽蔑的にいい表す新語。過去の偉大な著作家とされる人物の中で、ヨーロッパの白人男性が圧倒的に優位を占めていることが、一九八〇年代、とくにアメリカ思想界で批判の対象となり、人種や性別のゆえに主潮流に加われなかった者たちが意図的に無視されてきた証拠であるとされた。
（4） ギリシア神話に登場する怪物で、ライオンの頭、山羊の胴、竜の尾をもつと信じられた。
（5） 近代歴史学の父とされるレオポルト・フォン・ランケ（一七九五―一八八六）のことばで、いわゆる実証史学が本来探求すべきことをこのようにいい表したもの。歴史家は厳密に客観的事実の記述のみを行なうべきであるという立場を表現した標語。
（6） 著者によれば、ある人間もしくは事物の本質がその本性を決定すると考えるのが本質主義者であるのに対して、本性と文化とを混同視するのが構成主義者であるという(訳者宛書簡による)。彼らは実際には文化的要素にすぎないものを本性と呼ぶ。したがってこの場合の構成主義とは、本来相互に結合していないものを概念の上で結合し統一する思想的立場の意味に用いているようである。
（7） アテナイの最有力貴族の一つで、前七―五世紀にかけて政界で重要な役割を果たした。前六世紀の貴族の政権争いの時代には、同家のメガクレスが海岸党をひきいてペイシストラトス一族と争った。スパルタの援助によって僭主政を打倒した後、同じくクレイステネスが民主的改革を行なう。民主政の時代になっても指導層として影響力をおよぼし続け、クレイステネスの姪アガリステが生んだペリクレスは民主政の骨組みを完成へと導いた。

（8）　アテナイの外港。前四六〇年以降、いわゆる「長城壁」によって市域と結ばれた。アテナイ海軍の拠点としてまた穀物の輸入港として、きわめて重要であった。

（9）　ギリシア人が定住する以前からギリシアに住んでいたとされる先住民。その民族的系統など、正確なことは不明。

（10）　アッティカ半島東南部ブラウロンにあったアルテミス女神の神域で毎年行なわれた国家的祭典。六歳以上九歳以下の「熊」と呼ばれる少女たちが集団で舞踏した。

（11）　前四九〇年のマラトンの戦いでアテナイを勝利に導いた将軍。前六世紀の末ごろ、レムノス島を占領してアテナイの植民地とした。

（12）　ヘロドトスによれば、ペラスゴイ人たちはアテナイ人の娘たちが水汲みに来るのをねらっては暴行を働いたという（六巻一三七章）。

（13）　前六三二／一年（もしくは六三六／五年）、アテナイの貴族キュロンが僭主政樹立を試みて失敗、本人は逃亡するが、その一党は当時アルコン（執政官）であったアルクメオン家のメガクレスの命令によりアクロポリスで殺された。この行為により後にアルクメオン家は、神域を殺人の血でけがした瀆神罪の判決を受け、以後同家は代々神々の呪詛を背負うものとされた。

（14）　ペイシストラトスが前五六一／〇年に最初に僭主政を樹立したのち反対派に追放され、その後第一回目の帰国を果たしたときのエピソード。彼はアルクメオン家のメガクレスの娘をめとる条件で帰国したが、このときメガクレス一派の発案により、パイアニア区のフュエという大柄で美しい女性にアテナ女神の衣装を着せて車に乗せ、女神がペイシストラトスをアテナイに連れもどしたと触れさせて、彼とともに市内に入らせた。市民たちはこれに感嘆してうやうやしく迎えたという。

（15）　本文にもあるとおり、トゥキュディデスがペロポネソス戦争史を記述するに先立って、ギリシアに人が定住した太古から、ペルシア戦争に勝利したアテナイが大国になるにいたるまでのギリシア史を概説している部分を、慣例的に「考古学」と呼ぶ。

(16) ギリシア人の自称。神話によれば、ゼウスが起こした大洪水の後、方船に乗って助かったデウカリオンの子ヘレンがギリシアの地を子供たちに分配したことから、ギリシア人はみずからを「ヘレンの一族（ヘレネス）」と呼ぶようになったという。なお本文後述のミノスも神話上の人物でクレタの王、また同じくテセウスは都市国家アテナイを統一した英雄とされる。

(17) 本文第三章参照。

(18) オクシュリンコスは古代エジプトの都市。ここから発掘された大量のパピルス文書の中から、前四世紀前半のギリシア史を記述したと思われる史書が発見され、「オクシュリンコスのギリシア史」と呼ばれるようになった。その作者を慣例的にこのように呼ぶ。内容的にはクセノフォンの『ギリシア史』と同時代をあつかいながら、なおかつ独自の記述を展開している点で貴重である。

(19) プラトンは『国家』（六一四b以下）において、人の霊魂が輪廻転生するという来世観をこの物語に仮託した。パンフュリアの人エルは、戦場で戦って倒れたが十二日後に生き返り、あの世で見聞きしたことを語った。人はみな、死後あの世で裁きを受け、善人は天上でこの上なく幸福な生活を送るが、悪人は地獄で業苦を受ける。そののちどの霊魂もふたたびある場所に集まり、くじ引きで次の生命を選びとってから、現世に生まれかわるという。

(20) 市のディオニュシア祭ともいう。毎年エラフェボリオンの月（三月後半―四月前半）にアテナイ市域で行なわれる、ぶどうと酒の神ディオニュソスのための国家的祭典。アクロポリス南麓のディオニュソス劇場で、三日間にわたり悲劇や喜劇の上演が行なわれた。

(21) ジェームズ・トムソン（一七〇〇―四八）作詞のイギリス愛国歌。第一節の終りに「英国人はいかなることあろうとも、ゆめ奴隷になることなかるべし」と歌われる。今日でもイギリスで広く愛唱される。

(22) 前四一一年夏、「四百人」と呼ばれる寡頭派によってアテナイ民主政が転覆され、寡頭政権が樹立された事件。この四百人政権はわずか数か月で崩壊し、アンティフォンら首謀者は捕らわれ処刑された。

(23) T・B・マコーリー(一八〇〇―五九)はイギリスの政治家、歴史家、評論家。「学童でも知っているように」というのが口癖だったという。

(24) 『ヨハネによる福音書』一八章三八節。

(25) 前四四九年もしくは四四八年。アテナイとペルシア両国の勢力範囲画定と相互不可侵を定めたものとされる。ペルシア戦争以来のギリシアとペルシア間の戦争状態を終結させ、以後アテナイは後顧の憂いなくエーゲ海に覇権を築くことができるようになった。ただし、この条約の史実性を疑う説もある。

(26) 前五二二年、ダレイオスらが王位簒奪者ガウマタを倒した後、ペルシアの政体をどのようにすべきかについてペルシア人貴族の間でたたかわされたとされる架空の論争。オタネスは民主政を、メガビュゾスは寡頭政を主張したが、結局君主政を主張したダレイオスの意見が通ったという。

(27) ミレトス出身の在留外人でヘタイラ(遊女)。ペリクレスの内縁の妻となった。教養ある女性で、彼の精神的支えとなり、また政策ブレインの一人でもあった。彼との間に男子一人(小ペリクレス)を生む。

(28) ペロポネソス戦争開戦二年目の前四三〇年春、アテナイを襲った伝染病。激烈な全身症状と強烈な感染力、そして高い死亡率が特徴で、市民の三人に一人は死んだという。その正体は今も不明。トゥキュディデス『戦史』二巻四七―五四章にくわしい。

(29) デーモス:アテナイ民主政における行政の末端組織。従来からの村落や街区をもとにクレイステネスの改革(前五〇八/七年)のときに民主政の制度の中に組みこまれた。各区は区長などの役職と区民総会をもち、また市民の家に生まれた男子は十八歳になると一定の審査をへて区に市民として登録された。

(30) 前四七〇・六〇年代にアテナイの政界を指導した貴族派の政治家。ペリクレスとライバル関係にあった。

(31) シェイクスピア『ロミオとジュリエット』第二幕第二場のジュリエットのせりふ。

(32) 前五世紀後半から前四世紀はじめにかけてアテナ=ポリアス女神の女神官を六四年も務めた女性。『リュシストラテ』の女主人公のモデルであるとする説もある。

(33) 邦題は『女の平和』。

(34) 邦題は『女の議会』。

(35) ディオニュソス神に捧げられるアテナイの国家的祭典。毎年ガメリオンの月（一月後半―二月前半）に行なわれ、喜劇が上演された。

(36) 古代ブリタニアのイケニ部族の王プラスタグスの妻。前六一年ローマに抵抗して反乱を起こすが失敗、自殺もしくは病死した。

(37) クセルクセスはアルテミシアが突撃した味方船を敵船とかんちがいして感心したのである。ヘロドトス『歴史』八巻八八章。

(38) イギリスには、男性によって語られる、義母をあしざまにいうジョークがある。

(39) ギリシア語ポリテスは男性名詞である。

(40) 前四八〇年、クセルクセスがギリシアへの遠征途上、トラキアのドリスコスで全軍の閲兵を行なったとき、ギリシア人はこれほどの大軍にあえて反抗するだろうか、とダマラトスに尋ねた。彼は「ギリシア人は絶対にペルシアへの隷属を拒むだろうし、少なくともスパルタ人だけはかならず抵抗して戦いを挑むだろう」と警告するが、クセルクセスはこれを信用しなかったという（ヘロドトス『歴史』七巻一〇一―一〇三章）。

(41) 前四一一年の「四百人」による寡頭政権が数か月で崩壊した後（訳註22参照）、自費で武装できる五〇〇〇人のみに参政権を与える穏和な政体が一時的に成立した。これを「五千人の国制」と呼ぶが、その具体的な姿は史料の欠如・錯綜により解明が困難である。この政体もわずかのうちに倒れ、翌年初夏には完全な民主政が復活した。

(42) ペロポネソス戦争中のいわゆるデマゴーグの一人。ヒュペルボロスはニキアスかアルキビアデスのどちらかを追放しようとくわだてて陶片追放を提議したが、二人が勢力をまとめて逆に彼を追放してしまった。アテナイ市民は彼のようなつまらぬ人物にこの制度を用いてしまったことに嫌気を感じ、以後陶片追放を二度と用いなくなったという。前四一五年のことと考えられている。

(43) 前四一五年、アルキビアデスの提案によりアテナイは空前の規模の遠征軍を地味豊かなシチリアに派遣するが、結局失敗、遠征軍は全員投降して壊滅した。遠征に反対したニキアスは、こころならずも指揮官として参加するが、投降後敵に処刑された。アテナイがペロポネソス戦争に敗北する遠因の一つ。

(44) ペロポネソス戦争の勝利後ギリシアの覇権国となったスパルタと、それに反抗した諸ポリスとの戦争。テバイ、コリントス、アテナイなどが反スパルタ側に立った。前三八六年の「大王の和約」(「アンタルキダスの和約」)により終結、ペルシアの影響力の傘下でスパルタは覇権を一応維持した。

(45) イヴリン・ウォーの小説『スクープ』より。ある新聞社の社主コッパー卿のご機嫌を損ねるのを恐れた社員たちは、「それはまちがっています」と反駁するかわりに「ある程度まではそうかもしれません、コッパー卿」と婉曲にいうのが常であったという。

(46) 前四六〇年代に活躍したアテナイの民主派指導者。ペリクレスと協力して、前四六二/一年いわゆる「エフィアルテスの改革」を行ない、貴族派の牙城であったアレオパゴス評議会から政治上の実権を奪って民主政の基本的なしくみを完成に導いたが、改革後まもなく暗殺された。

(47) 前四〇四年春、アテナイはスパルタに降伏、まもなくスパルタ軍の後押しで「三十人」が指導する寡頭政権が樹立され、民主政は再度転覆された。後述のテラメネス(第六章)ははじめこの三十人政権に協力していたが、やがてそれが暴政化すると首領クリティアスをはじめとする「三十人」一派と対立し、処刑された。この寡頭政権も長続きせず、民主派との内戦に敗れて崩壊、翌年民主政が復活した。

(48) ローマの詩人ホラティウス(前六五―前八)の詩句。

(49) 正しくはライオン。『士師記』一四章五―九節より。

(50) 前三九八年、「劣格者」として完全市民権を剝奪されたスパルタ人キナドンが、ヘイロタイ、ペリオイコイ、ネオダモデイスと結託して体制転覆をくわだてたが計画は露見、捕らわれて処刑された。

(51) ヘロドトスによれば、パニオニオスは容姿のよい少年を買い入れて去勢し、異民族に宦官として高く売りつけていたという。

(52) 『ギリシア碑文集成(*IG*)』一巻三版四二一―四三〇番。

(53) 「言論の自由平等」が原義。本文第五章参照。

（54）前三三六年のいわゆるエウクラテス法を指す。『ギリシア碑文補遺（*SEG*）』一二巻、一九五五年、八七番。民主政を転覆しあるいはそれをくわだて、または僭主政を樹立した者を殺害しても罪に問われぬとする法。大国マケドニアとその同調勢力からアテナイ民主政を防衛する意図で立法されたものと思われる。法を刻んだ碑文は一九五二年、アゴラから発掘された。

（55）本文で後述の合唱隊奉仕者（コレゴス）のこと。私財を投じて演劇や合唱祭に出場する合唱隊を募集、衣装や練習場を提供する役職。アテナイ民主政はこの役目を富裕市民にほぼ強制的にわりあてた。なおメイディアスは前三五一／〇年の大ディオニュシア祭でデモステネスとともにこの役職にあったが、合唱祭の当日、劇場でデモステネスに暴行を加えたため告発された。その裁判で陳述しようとデモステネスが書いたのが弁論二一番『メイディアス弾劾』である。

訳者あとがき

本書の著者ポール・A・カートリッジは、一九四七年英国に生まれ、オクスフォード大学ニュー・コレッジで古代史と哲学を学んだのち、一九七五年に同大学より哲学博士号を授与された。一九七九年よりケンブリッジ大学で教鞭をとり、現在同大学のギリシア史教授、および古典学部長の職についている。一九九一年からは母校であるセントポールスクールの理事をも務めていて、本書の献辞と謝辞には、十六世紀に創設されたこの名門パブリック・スクールに対する著者の愛着の念が示されている。

著者は、史料に恵まれず謎の多いスパルタ史から研究をはじめ、以後しばらくは社会経済史および政治史の分野で研究活動を続けてきた。だが「プロローグ」に述べられているように、本書の執筆を依頼された前後から、彼の学問的関心の対象は古代ギリシア人の心性とイデオロギーへと移行していった。本書はその意味で、著者の研究の転換点となった記念すべき業績であるといえる。

これまでに刊行されたカートリッジの著作は、本書を含めて昨年までにすでに十四点を数え、さらに今年（二〇〇一年）には六点が出版される予定であり、またその学術論文は五十編ちかくに上る。処女作 *Sparta and Lakonia: a Regional History 1300–362 BC*, Routledge 1979 は、今日のスパルタ史研究の標準となる労作で、今年には第二版が刊行予定であると聞く。また編著 *NOMOS. Essays in Athenian Law, Politics and Society*, Cambridge U. P. 1990 は、アテナイ法社会史研究における画期的業績というべき論文集である。また最新の研究成果を盛り込んだギリシア史概説書である編著 *The Cambridge Illustrated History of Ancient Greece*, Cambridge U. P. 1997 では、一般読者を魅了する本造りにも優れたクリエイターとして才能を見せている。著者は、今日のイギリスにおけるギリシア古代史学界を代表する一人といってまちがいなく、中堅というよりはむしろ重鎮と呼ぶにふさわしい実績の持ち主だが、彼の学問的名声を、専門研究者のみならず、一般の読書界にも広くとどろかせたのが、一九九三年に出版された本書であった。

本書における著者の主たる問題関心とそれを書くにいたった経緯は、「日本語版への序文」および「プロローグ」で彼自身がくわしく述べているからくりかえさないが、ようするにここで行なわれているのは、古代ギリシア人のイデオロギーの構造的分析である。著者によれば、イデオロギーとは、ある社会内部の支配的な権力関係を補強する諸観念のシステムであり、それらの観念には、真実も虚偽も、意識されたものもされないものも、ともに含まれるという。当然そこには、心性、心的枠組み、あるいは集団的アイデンティティなどが重要な契機としてかかわってくるのである。わが国の西洋史学界では、中世史や近代史の領域でこそ、かなり以前から関心をもたれてきた心性史研究であるが、古代史の分野でその種の（学問的業績と呼ぶにあたいする）研究が現れることは、まだまだめずらしい。他方欧米にあっては、近年とくに若い世代の古典学者たちのあいだで、イデオロギーやアイデンティティが流行のテーマとなっているが、それにしても二五〇〇年も昔の、すでに失われた文明の担い手である、それもごくふつうのギリシア人の心の内側をのぞきこむということは、けっして容易な作業ではない。

著者は、既存の古典のテキストをこれまでにない視角から読み解き、同時に構造主義人類学の理論モデルを応用するというやり方で、この問題を説き明かすことに成功している。本書は、ある時代の代表的知識人の思想を分析するという伝統的なスタイルの思想史ではなく、無意識の領域をも含めて、一般の古代ギリシア人を支配していた思考構造を明るみに出そうとする試みなのである。それと同時に、本書のもう一つの魅力は、専門外の読者にも積極的に語りかけ、問題を提起しようとする著者の姿勢であり、さらには、現在われわれを取り巻いている状況に背を向けることなく、むしろそれを受け止めるところから議論をスタートさせ、最終的には読者にめいめいの自意識を問い直させようとする、著者の問題意識の広さと深さである。

とはいえ、原著の言葉づかいは、おそらく内容そのものがときに複雑かつ深遠であることにもよるのだろうが、かならずしも平易とはいえず、多くの疑問点は直接著者に問いあわせるなどして解明に努めたが、それでもなお誤訳や読みまちがいがあるとすれば、それはすべて訳者としての私の力量不足に起因するものである。さらに、（イギリスの研究者の間ではつとに有名らしいが）じつは著者は、学問的な文章を書く場合でも、洒落や語呂合わせがたいへん得意（というよりは、好き）らしく、そうした粋な英語を日本語におきかえることは至難の業で、しばしばそれを断念せざるをえなかったこともいい添えておく。

本書を翻訳するにさいしては、多くの方々から助力と励ましをいただいた。とくに、最初に著者および出版社との仲介の労を取っていただき、この翻訳の機会を与えてくださった東京大学大学院教授桜井万里子氏に、まず心より謝意を表したい。著者が「日本語版への序文」のなかで氏の役割に言及しているのは、このような事情による。また本書をテキストに用いた原書講読演習に参加し、多くの有益な示唆をしてくれた大阪外国語大学の学生諸君にも、この場を借りて謝辞を呈する。そして誰より、幾度となく翻訳上の疑問点を問いただした私に（なかには明らかな愚問もあったにちがいない）、そのたびにじつに懇切丁寧に、しかもすばやく回答を示し、また昨年にはケンブリッジを訪れた私をあたたかく迎え、「日本語版への序文」執筆をこころよく引き受けてくれた著者本人に、敬意をこめてあつい感謝の念をささげる。

最後になったが、翻訳原稿が完成するのを足かけ三年にもわたって辛抱強く見守り、はじめて経験する翻訳という仕事になにかと戸惑う私を督励し、編集作業にあたってはこの上なく誠実に御尽力いただいた白水社編集部の芝山博氏に、衷心より感謝したい。

二〇〇一年六月

橋場　弦

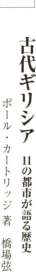

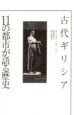

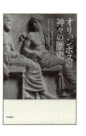

訳者略歴
橋場　弦（はしば・ゆづる）
一九六一年札幌生まれ
東京大学大学院人文科学研究科博士課程修了　博士（文学）
東京大学大学院人文社会系研究科教授

主要著訳書
『アテナイ公職者弾劾制度の研究』（東京大学出版会）
『民主主義の源流――古代アテネの実験』（講談社学術文庫）
『賄賂とアテナイ民主政――美徳から犯罪へ』（山川出版社）
『古代オリンピック』（共編、岩波新書）
ポール・カートリッジ『古代ギリシア――11の都市が語る歴史』（白水社）

本書は二〇〇一年に小社より刊行された。

古代ギリシア人
自己と他者の肖像《新装復刊》

二〇一九年　五月　五日　印刷
二〇一九年　五月二五日　発行

著　者　ポール・カートリッジ
訳　者 © 橋　場　　弦
発行者　及　川　直　志
印刷所　株式会社　理　想　社
発行所　株式会社　白　水　社

東京都千代田区神田小川町三の二四
電話　営業部〇三（三二九一）七八一一
　　　編集部〇三（三二九一）七八二一
振替　〇〇一九〇-五-三三二二八
郵便番号　一〇一-〇〇五二
www.hakusuisha.co.jp
乱丁・落丁本は、送料小社負担にてお取り替えいたします。

株式会社 松岳社

ISBN978-4-560-09704-5

Printed in Japan

索引

太字で示したページは，その項目が主に扱われている箇所を示す。

ス

セ

ソ

主要参考文献目録

この目録にあげた文献の大半は、本文の中で著者名および刊行年により引用してあるものである。ただし本文では引用されていないが、主として歴史学関係の文献も多数ある。学術雑誌のタイトルをあらわす略記号は、古典学の研究年報である *L'Anné philologique* にしたがった。

Ackerman, R. (1973), 'Writing about Writing about Myth', *JHI* 34: 147–55.

Adair, G. (1986), *Myths & Memories* (London).

Anderson, B. (1991), *Imagined Communities* (London).

Anderson, J. K. (1974), *Xenophon* (London).

Andrewes, A. (1961), 'Thucydides and the Persians', *Historia* 10: 1–18.

Archer, L. J. (1988) (ed.), *Slavery and Other Forms of Unfree Labour* (London).

Ardener, E. (1989), 'Comprehending Others' (1st pub. 1977), in *The Voice of Prophecy and Other Essays*, ed. M. Chapman, 159–85 (Oxford).

Arens, W. (1979), *The Man-Eating Myth: Anthropology and Anthropophagy* (New York).

Arthur, M. B. (1984), 'The Origins of the Western Attitude to Women' (1st pub. 1973), in Peradotto and Sullivan (1984): 7–58.

Atkinson, R. F. (1978), *Knowledge and Explanation in History: An Introduction to the Philosophy of History* (London).

Auberger, J. (1991) (ed.), *Ctésias: Histoires de l'Orient* (Paris).

Austin, M. M., and Vidal-Naquet, P. (1977), *Economic and Social History of Ancient Greece: An Introduction* (London).

Aymard, A. (1948), 'L'Idée de travail dans la Grèce archaïque', *Journal de Psychologie* 41: 29–50.

—— (1967*a*), *Études d'histoire ancienne* (Paris).

—— (1967*b*), 'Hiérarchie de travail et autarcie individuelle dans la Grèce archaïque' (1st pub. 1943), in Aymard (1967*a*): 316–33.

Backhaus, W. (1976), 'Der Hellenen-Barbaren Gegensatz und die hippokratische Schrift *peri Aëron Hudaton Topon*', *Historia* 25: 170–85.

BACON, H. (1961), *Barbarians in Greek Tragedy* (New Haven, Conn.).
BADIAN, E. (1994), 'Herodotus on Alexander I of Macedon: a study in some subtle silences', in Hornblower (1994): 107–30.
BALDRY, H. C. (1965), *The Unity of Mankind in Greek Thought* (Cambridge).
BARKER, F. (1985) (ed.), *Europe and its Others: Proceedings of the Essex Conference on the Sociology of Literature*, 2 vols. (Colchester).
BARNES, J. (1980), 'Aristotle and the Methods of Ethics', *Revue Internationale de Philosophie* 34: 490–511.
—— SCHOFIELD, M., and SORABJI, R. (1977) (eds.), *Articles on Aristotle*, ii. *Ethics and Politics* (London).
BASLEZ, M.-F. (1984), *L'Étranger dans la Grèce antique* (Paris).
—— (1986), 'Le Péril barbare, une invention des Grecs?', in Mossé (1986): 284–99.
DE BEAUVOIR, S. (1953). *The Second Sex* (London) (1st pub. in French, Paris, 1949).
BÉRARD, C. (1989*a*) (ed.), *A City of Images: Iconography and Society in Ancient Greece* (Princeton, NJ) (1st pub. in French, Lausanne, 1984).
—— (1989*b*), 'The Order of Women', in Bérard (1989*a*): 89–108.
BERGER, S. (1992), *Revolution and Society in Greek Sicily and Southern Italy* (Stuttgart).
BERLIN, I. (1980), 'The Concept of Scientific History' (1st pub. 1960), in his *Concepts and Categories*, 103–42 (Oxford).
BERNAL, M. (1987–91), *Black Athena: The Afroasiatic Roots of Classical Civilization*, 2 vols. to date (London).
BICKERMAN, E. J. (1952), 'Origines Gentium', *CP* 47: 65–81.
BIERSACK, A. (1989), 'Local Knowledge, Local History: Geertz and Beyond', in Hunt (1989): 72–96.
BLOCH, MARC (1954), *The Historian's Craft* (Manchester) (1st pub. in French, Paris, 1947).
BOEGEHOLD, A. L. (1994), 'Perikles' citizenship law of 451/0. B.C.', in Boegehold and Scafuro (1994): 57–66.
—— and SCAFURO A. C. (1994) (eds.), *Athenian Identity and Civic Ideology* (Baltimore & London).
BORDES, J. (1982), *'Politeia' dans la pensée grecque jusqu'à Aristote* (Paris).
BOVON, A. (1963), 'La Représentation des guerres perses et la notion de barbare dans la 1re moitié du Ve siècle', *BCH* 87: 579–602.
BOWERSOCK, G. W. (1965), 'The Personality of Thucydides', *Antioch Review* 25: 135–46.
BRADLEY, K. R. (1994), *Slavery and Society at Rome* (Cambridge).

BRAUDEL, F. (1980), *On History* (London) (1st pub. in French, Paris, 1969).

BREMMER, J. (1987*a*) (ed.), *Interpretations of Greek Mythology* (London).

—— (1987*b*), 'What Is a Greek Myth?' in Bremmer (1987*a*): 1–9.

—— (1994), *Greek Religion* (*G&R* New Surveys in the Classics, 24) (Oxford).

BRIANT, P. (1982), *État et pasteurs au Moyen-Orient ancien* (Cambridge).

BRILLANTE, C. (1984), 'Fra storia e mito', *QUCC* 16: 175–87.

BROWNING, R. (1989), 'Greeks and Others: From Antiquity to the Renaissance,' in his *History, Language and Literacy in the Byzantine World*, ch. 2 (Northampton).

BRUIT ZAIDMAN, L., and SCHMITT PANTEL, P. (1992), *Religion in the Ancient Greek City* (Cambridge) (1st pub. in French, Paris, 1989).

BUCKLAND, W. W. (1908), *The Roman Law of Slavery* (Cambridge).

BURKERT, W. (1979), *Structure and History in Greek Mythology and Ritual* (Berkeley, Calif.).

—— (1982), 'Herodot über die Namen der Götter: Polytheismus als historisches Problem', *MH* 39: 121–32.

—— (1983), *Homo Necans: The Anthropology of Ancient Greek Sacrificial Ritual and Myth* (Berkeley, Calif.) (1st pub. in German, Berlin, 1972).

—— (1985), *Greek Religion: Archaic and Classical* (Oxford) (1st pub. in German, Stuttgart, 1977).

—— (1987), 'Oriental and Greek Mythology: The Meeting of Parallels' in Bremmer (1987*a*): 10–40.

—— (1992 [1984]), *The Orientalizing Revolution: Near Eastern Influence on Greek Culture in the Early Archaic Age* (Cambridge, Mass.).

BURN, A. R. (1978), *The Lyric Age of Greece* (1st pub. 1960), repr. with bibliographical add. (London).

BURY, J. B. (1909), *The Ancient Greek Historians* (London).

BUXTON, R. G. A. (1980), 'Blindness and Limits: Sophokles and the Logic of Myth', *JHS* 100: 22–37.

—— (1994), *Imaginary Greece: The Contexts of Mythology* (Cambridge).

CAMBIANO, G. (1987), 'Aristotle and the Anonymous Opponents of Slavery', in Finley (1987): 22–41.

CAMERON, A., and KUHRT, A. (1983) (eds.), *Images of Women in Antiquity* (London) (repr. with add., 1993).

Canary, R. H., and Kozicki, H. (1978) (eds.), *The Writing of History: Literary Form and Historical Understanding* (Madison, Wis.).

Canfora, L. (1977), 'La Préface de Thucydide et la critique de la raison historique', *REG* 90: 455–61.

Carlier, P. (1978), 'L'Idée de monarchie impériale dans la *Cyropédie* de Xénophon', *Ktema* 3: 133–63.

Carlier-Detienne, J. (1980), 'Les Amazones font la guerre et l'amour', *Ethnographie* 76: 11–33.

Carr, E. H. (1986), *What is History?* (2nd edn., London).

Cartledge, P. A. (1979), *Sparta and Lakonia: A Regional History 1300–362 BC* (London).

—— (1981*a*) 'The Politics of Spartan Pederasty', *PCPS* 27: 17–36 (repr. with add. in Siems (1988): 385–415).

—— (1981*b*), 'Spartan Wives: Liberation or Licence?', *CQ* 31: 84–105.

—— (1985*a*), 'The Greek Religious Festivals', in Easterling and Muir (1985): 98–127.

—— (1985*b*), 'Rebels and Sambos in Classical Greece: A Comparative View', in Cartledge and Harvey (1985): 16–46.

—— (1987), *Agesilaos and the Crisis of Sparta* (London).

—— (1990*a*), *Aristophanes and his Theatre of the Absurd* (Bristol) (new edn., 1995).

—— (1990*b*), 'Herodotus and "the Other": A Meditation on Empire', *EMC/CV* 9: 27–40.

—— (1990*c*), 'Fowl Play: A Curious Lawsuit in Classical Athens (Antiphon XVI, frr. 27–9 Thalheim)', in Cartledge, Millett, and Todd (1990): 41–61.

—— (1993), 'The Silent Women of Thucydides: 2. 45. 2 Re-Viewed', in R. M. Rosen and J. Farrell (eds.), *Nomodeiktes. Fest. M. Ostwald*, 125–32 (Ann Arbor, Mich.).

—— (1993*a*), '"Like a Worm i' the Bud"? A Heterology of Greek Slavery', in *G&R* 40. 2: 163–80.

—— (1993*b*), 'Xenophon's Women: A Touch of the Other', in H. D. Jocelyn and H. Hurt (eds.), *Tria Lustra. Fest. J. Pinsent* (Liverpool): 5–14.

—— (1995), '"We are all Greeks"?: Ancient (especially Herodotean) and modern contestations of Hellenism', *BICS* 40: 75–82.

—— (forthcoming) (ed.), *The Cambridge Illustrated History of Ancient Greece* (Cambridge).

—— and Harvey, F. D. (1985) (eds.), *CRUX: Essays in Greek History Presented to G. E. M. de Ste. Croix on his 75th birthday* (Exeter and London).

CARTLEDGE, P. A., MILLETT, P. C., and TODD, S. C. (1990) (eds.), *NOMOS: Essays in Athenian Law, Society and Politics* (Cambridge).
CAWKWELL, G. L. (1972) (ed.), *Xenophon: 'The Persian Expedition'* (Harmondsworth).
—— (1979) (ed.), *Xenophon: 'A History of My Times'* (Harmondsworth).
CHAMBERS, M. H. (1991), 'Cornford's *Thucydides Mythistoricus*', in W. M. Calder III (ed.), *The Cambridge Ritualists Reconsidered* (*ICS* Suppl. 2; Atlanta, Ga.), 61–77.
CHIAPELLI, A., BENSON, M. J. B., and CHIAPELLI, R. L. F. (1976) (eds.), *First Images of America: The impact of the New World on the Old* (Berkeley, Calif.).
CHRISTIANSEN, J., and MELANDER, T. (1988) (eds.), *Proceedings of the 3rd Symposium on Ancient Greek and Related Pottery* (Copenhagen).
CLARK, G. (1989), *Women in Antiquity* (*G&R* New Surveys in the Classics, 21; Oxford).
CLARK, S. R. L. (1975), *Aristotle's Man: Speculations upon Aristotelian Anthropology* (Oxford).
—— (1982), 'Aristotle's Woman,' *HPT* 3: 71–91.
—— (1985), 'Slaves and Citizens', *Philosophy* 60: 27–46.
CLARKE, G. W. (1989) (ed.), *Rediscovering Hellenism: The Hellenic Inheritance and the English Imagination* (Cambridge).
COGAN, M. (1981), *The Human Thing: The Speeches and Principles of Thucydides's History* (Chicago).
COHEN, D. (1991), *Law, Society and Sexuality: The Enforcement of Morals in Classical Athens* (Cambridge).
COHEN, P. S. (1969), 'Theories of Myth', *Man* ns 4: 337–53.
COLLINGWOOD, R. G. (1946), *The Idea of History* (Oxford).
—— (1993), *The Idea of History*, rev. edn. of Collingwood 1946 (Oxford).
CONNOR, W. R. (1977), 'A Post-Modernist Thucydides?', *CJ* 72: 289–98.
—— (1984), *Thucydides* (Princeton, NJ).
—— (1990), 'City Dionysia and Athenian Democracy', in J. R. Fears (ed.), *Aspects of Athenian Democracy* (*CetM* Diss. XI, Copenhagen), 7–32.
—— (1991), 'Polarization in Thucydides' in Lebow and Strauss (1991): 53–69.
CONSTANT, B. (1988), *Political Writings*, ed. B. Fontana (Cambridge).
COOK, A. S. (1976), 'Herodotus: The Act of Inquiry as a Liberation from Myth', *Helios* 3: 23–66.
—— (1988), *History/Writing: The Theory and Practice of History in Antiquity and in Modern Times* (Cambridge).

Cook, J. M. (1983), *The Persian Empire* (London).
Cook, R. M. (1955), 'Thucydides as Archaeologist', *ABSA* 50: 266–70.
Cornford, F. M. (1907), *Thucydides Mythistoricus* (London).
Coventry, L. J. (1989), 'Philosophy and Rhetoric in the *Menexenus*', *JHS* 109: 1–15.
Davies, J. K. (1977/8), 'Athenian Citizenship: The Descent-Group and the Alternatives', *CJ* 73: 105–21.
Davis, D. B. (1984), *Slavery and Human Progress* (New York).
—— (1988), *The Problem of Slavery in Western Culture* (rev. edn., New York).
Day, J. W. (1985), 'Epigrams and History: The Athenian Tyrannicides, A Case in Point', in Jameson (1985): 25–46.
Dean-Jones, L. (1991), 'The Cultural Construct of the Female Body in Classical Greek Science', in Pomeroy (1991): 111–37.
—— (1994), *Women's Bodies in Classical Greek Science* (Oxford).
Degler, C. N. (1983), 'Can the American People be Put Together Again?', *History Today* (Aug.): 3–4.
Detienne, M. (1981), 'Between Beasts and Gods' (1st pub. 1972), in Gordon (1981): 215–28.
Detienne, M. (1986), *The Creation of Mythology* (Chicago) (1st pub. in French, Paris, 1981).
—— and Vernant, J. P. (1989) (eds.), *The Cuisine of Sacrifice among the Greeks* (Chicago) (1st pub. in French, Paris, 1979).
Dewald, C. (1981), 'Women and Culture in Herodotus's *Histories*', in Foley (1981): 91–125.
—— (1987), 'Narrative Surface and Authorial Voice in Herodotus's *Histories*', *Arethusa* 20: 147–70.
—— (1990), Review of Hartog (1988), in *CP* 85: 217–24.
—— and Marincola, J. (1987), 'A Selective Introduction to Herodotean Studies', *Arethusa* 20: 9–40.
Di Donato, R. (1990), *Per una antropologia storica del mondo antico* (Pisa).
Dihle, A. (1962), 'Herodot und die Sophistik', *Philologus* 106: 207–20.
Diller, A. (1937), *Race Mixture among the Greeks before Alexander* (Urbana, Ill.).
Dillery, J. (1995), *Xenophon and the History of his Times* (London & New York).
Dodds, E. R. (1951), *The Greeks and the Irrational* (Berkeley, Calif.).
—— (1973*a*), *The Ancient Concept of Progress and Other Essays* (Oxford).
—— (1973*b*), 'The Religion of the Ordinary Man in Classical Greece' in Dodds (1973*a*): 140–55.

Dodds, E. R. (1973*c*), 'The Sophistic Movement and the Failure of Greek Liberalism' (1st pub. 1937), in Dodds (1973*a*): 92–105.

Dover, K. J. (1973), *Thucydides* (*G&R* New Surveys in the Classics, 7; Oxford).

—— (1974), *Greek Popular Morality in the time of Plato and Aristotle* (Oxford).

—— (1980), *The Greeks* (Oxford).

—— (1988*a*), *The Greeks and their Legacy: Collected Papers*, ii (Oxford).

—— (1988*b*), 'The Freedom of the Intellectual in Greek Society' (1st pub. 1976), in Dover (1988*a*): 135–58.

—— (1988*c*), 'Thucydides "as History" and Thucydides "as Literature"', (1st pub. 1983), in Dover (1988*a*): 53–64.

—— (1988*d*), 'Thucydides on Oracles' (1st pub. 1987), in Dover (1988*a*): 65–73.

—— (1992), (ed.), *Perceptions of the Ancient Greeks* (Oxford: Blackwell).

Drews, R. (1973), *The Greek Accounts of Eastern History* (Washington, DC).

Dubisch, J. (1986) (ed.), *Gender and Power in Rural Greece* (Princeton, NJ).

duBois, P. (1982), *Centaurs and Amazons* (Chicago).

—— (1988), *Sowing the Body: Psychoanalysis and Ancient Representations of Women* (Chicago).

Du Boulay, J. (1974), *Portrait of a Greek Mountain Village* (Oxford).

—— (1986), 'Women—Images of their Nature and Destiny in Rural Greece', in Dubisch (1986): 139–68.

Ducat, J. (1990), *Les Hilotes* (*BCH* Suppl. 20, Paris).

—— (1994), *Les Pénestes de Thessalie* (Paris).

Due, B. (1989), *The 'Cyropaedia': A Study of Xenophon's Aims and Methods* (Aarhus).

Dundes, A. (1985), 'Nationalistic Inferiority Complexes and the Fabrication of Fakelore: A Reconsideration of Ossian, the *Kinder- und Hausmärchen*, the *Kalevala*, and Paul Bunyan', *Journal of Folklore Research* 22: 5–18.

Dunn, J. (1979), *Western Political Theory in the Face of the Future* (Cambridge).

—— (1993), *Western Political Theory in the Face of the Future*, 2nd edn. (Cambridge).

—— (1996), *History of Political Theory* (Cambridge).

Dunn, J. (1992) (ed.), *Democracy The Unfinished Journey 508 BC to AD 1993* (Oxford).
Easterling, P. E. (1989), *The Survival of Greek* (London) (1988 Inaugural Lecture, University College London).
—— and Muir, J. V. (1985) (eds.), *Greek Religion and Society* (Cambridge).
—— (forthcoming) (ed.), *The Cambridge Companion to Greek Tragedy* (Cambridge).
Edmunds, L. (1990) (ed.), *Approaches to Greek Myth* (Baltimore).
Ehrenberg, V. (1962), *The People of Aristophanes: A Sociology of Old Attic Comedy* (3rd edn., New York).
—— (1974*a*), *Man, State and Deity: Essays in Ancient History* (London).
—— (1974*b*), 'Remarks on the Meaning of History', in Ehrenberg (1974*a*): 143–82.
—— (1974*c*), 'Some Aspects of the Transition from the Classical to the Hellenistic Age', in Ehrenberg (1974*a*): 52–63.
Evans, J. A. S. (1965), 'Despotes Nomos', *Athenaeum* 43: 142–53.
—— (1969), 'Father of History or Father of Lies: The Reputation of Herodotus', *CJ* 64: 11–17.
—— (1991), *Herodotus Explorer of the Past: Three Essays* (Princeton, NJ).
Evans-Pritchard, E. E. (1937), *Witchcraft, Oracles and Magic among the Azande* (Oxford) (abridged repr. 1976).
—— (1965), *Theories of Primitive Religion* (Oxford).
Fahr, W. (1969), '*Theous nomizein*': *Zum Problem der Anfänge des Atheismus bei den Griechen* (Hildesheim).
Fantham, E., *et al.* (1994), *Women in the Classical World* (New York).
Farrar, C. (1988), *The Origins of Democratic Thinking: The Invention of Politics in Classical Athens* (Cambridge).
Fehling, D. (1989), *Herodotus and his 'Sources': Citation, Invention and Narrative Art* (Leeds) (1st pub. in German, Berlin, 1971).
Finley, M. I. (1968) (ed.), *Slavery in Classical Antiquity* (2nd edn., Cambridge).
—— (1979), 'Slavery and the Historians', *Histoire sociale/Social History* 12: 247–61.
—— (1980), *Ancient Slavery and Modern Ideology* (London).
—— (1981*a*), *Economy and Society in Ancient Greece*, ed. B. D. Shaw and R. P. Saller (London).
—— (1981*b*) 'Between Slavery and Freedom' (1st pub. 1964), in Finley (1981*a*): 116–32.

Finley, M. I. (1981*c*), 'Debt-Bondage and the Problem of Slavery' (1st pub. 1965), in Finley (1981*a*): 150–66.
—— (1981*d*) 'The Freedom of the Citizen in the Greek World' (1st pub. 1976), in Finley (1981*a*): 77–95.
—— (1981*e*), 'The Servile Statuses of Ancient Greece' (1st pub. 1960), in Finley (1981*a*): 133–49.
—— (1981*f*), 'The Slave Trade in Antiquity: The Black Sea and Danubian Regions' (1st pub. 1962), in Finley (1981*a*): 167–75.
—— (1981*g*), 'Sparta and Spartan Society' (1st pub. 1968), in Finley (1981*a*): 24–40.
—— (1981*h*), 'Technical Innovation and Economic Progress in the Ancient World' (1st pub. 1965), in Finley (1981*a*): 176–95.
—— (1981*i*), 'Was Greek Civilization based on Slave Labour?' (1st pub. 1959), in Finley (1981*a*): 97–115.
—— (1981*j*) (ed.), *The Legacy of Greece: A New Appraisal* (Oxford).
—— (1982), 'Problems of Slave Society: Some Reflections on the Debate', *OPVS I*: 201–11.
—— (1983), *Politics in the Ancient World* (Cambridge).
—— (1985*a*), *The Ancient Economy* (2nd edn., London).
—— (1985*b*), *Democracy Ancient and Modern* (2nd edn., London).
—— (1986*a*), *The Use and Abuse of History* (2nd edn., London).
—— (1986*b*), 'The Ancient Greeks and their Nation' (1st pub. 1954), in Finley (1986*a*): 120–33, 233–6.
—— (1986*c*), 'Myth, Memory and History' (1st pub. 1965), in Finley (1986*a*): 11–33, 215–17.
—— (1987) (ed.), *Classical Slavery* (London).
Fisher, N. R. E. (1992), *Hybris* (Warminster).
Flory, S. (1980), 'Who Read Herodotus's Histories?', *AJP* 101: 12–28.
Foley, H. P. (1981) (ed.), *Reflections of Women in Antiquity* (New York).
Fondation Hardt (1952), *La Notion du divin depuis Homère jusqu'à Platon* (Entretiens Hardt, 1; Vandœuvres-Geneva).
—— (1958), *Histoire et historiens dans l'antiquité* (Entretiens Hardt, 4; Vandœuvres-Geneva).
—— (1962), *Grecs et Barbares* (Entretiens Hardt, 8, Vandœuvres-Geneva).
—— (1964), *La 'Politique' d'Aristote* (Entretiens Hardt, 11; Vandœuvres-Geneva).
—— (1981), *Le Sacrifice dans l'Antiquité* (Entretiens Hardt, 27; Vandœuvres-Geneva).

FONDATION HARDT (1990), *Hérodote et les peuples non-Grecs* (Entretiens Hardt, 35; Vandœuvres-Geneva).
FONTAINE, P. F. M. (1986–7), *The Light and the Dark: A Cultural History of Dualism*, 2 vols. (Leiden).
FORNARA, C. W. (1971), *Herodotus: An Interpretative Essay* (Oxford).
—— (1983), *The Nature of History in Ancient Greece and Rome* (Berkeley, Calif.).
FORTENBAUGH, W. W. (1977), 'Aristotle on Slaves and Women', in Barnes, Schofield, and Sorabji (1977): 135–9.
FOUCAULT, M. (1985/7), *The History of Sexuality*, ii. *The Use of Pleasure* (New York) (1st pub. in French, Paris, 1984).
FRIEDL, E. (1986), 'The Position of Women: Appearance and Reality' (1st pub. 1967), in Dubisch (1986): 42–52.
VON FRITZ, K. (1936), 'Herodotus and the Growth of Greek Historiography', *TAPA* 67: 315–40.
FROIDEFOND, C. (1971), *Le Mirage égyptien dans la littérature grecque d'Homère à Aristote* (Paris).
GALLO, L. (1984), 'La donna greca e la marginalità', *QUCC* 18: 7–51.
GARDNER, J. F. (1989), 'Aristophanes and Male Anxiety—The Defence of the *oikos*', *G&R* 36: 51–62.
GARLAN, Y. (1988), *Slavery in Ancient Greece* (Ithaca, NY) (1st pub. in French, Paris, 1982).
—— (1989*a*), *Guerre et économie en Grèce ancienne* (Paris).
—— (1989*b*), 'A propos des esclaves dans l'*Économique* de Xénophon' in *Mélanges P. Lévêque*, ii. 237–43 (Besançon).
GARLAND, R. (1992), *Introducing New Gods: The Politics of Athenian Religion* (London).
GEARHART, S. (1984), *The Open Boundary of History and Fiction: A Critical Approach to the French Enlightenment* (Princeton, NJ).
GEERTZ, C. (1973*a*), *The Interpretation of Cultures: Selected Essays* (New York).
—— (1973*b*), 'Religion as a Cultural System' (1st pub. 1966), in Geertz (1973*a*): 87–125.
—— (1982), *Local Knowledge: Further Essays in Interpretive Anthropology* (New York).
—— (1985), 'Waddling In', *TLS* (7 June): 623–4.
—— (1987), '"From the Native's Point of View": On the Nature of Anthropological Understanding' (1st pub. 1974), in Gibbons (1987): 133–47.
—— (1988), *Works and Lives: The Anthropologist as Author* (Oxford).
GELLNER, E. (1983), *Nations and Nationalism* (Oxford).

GELLNER, E. (1985*a*) *Relativism and the Social Sciences* (Cambridge).
—— (1985*b*), 'What is Structuralisme?' (1st pub. 1982), in Gellner (1985*a*): 128–57.
GEORGES, P. (1994), *Barbarian Asia and the Greek Experience. From the Archaic Period to the Age of Xenophon* (Baltimore & London).
GERA, D. L. (1993), *Xenophon's Cyropaedia* (Oxford).
GERNET, L. (1968), *Anthropologie de la Grèce antique*, ed. J.-P. Vernant (Paris).
—— and BOULANGER, A. (1932), *Le Génie grec dans la religion* (Paris) (repr. 1970).
GIBBONS, M. T. (1987) (ed.), *Interpreting Politics* (Oxford).
GILL, C. and WISEMAN, T. P. (1993) (eds.), *Lies and Fiction in the Ancient World* (Exeter).
GIRAUDEAU, M. (1984), *Les Notions juridiques et sociales chez Hérodote: Études sur le vocabulaire* (Paris).
GLAZER, N., and MOYNIHAN, D. P. (1975) (eds.), *Ethnicity: Theory and Experience* (Cambridge, Mass.).
GNOLI, G., and VERNANT, J.-P. (1982) (eds.), *La Mort, les morts dans les sociétés anciennes* (Cambridge).
GOLDEN, M. (1984), 'Slavery and Homosexuality at Athens', *Phoenix* 38: 308–24.
—— (1985), '*Pais*, "Child" and "Slave"', *AC* 65: 91–104.
—— (1992), 'The uses of cross-cultural comparison in ancient social history', *ECM/CV* n.s. 11: 309–31.
GOLDHILL, S. (1986), *Reading Greek Tragedy* (Cambridge) (corr. impression 1988).
—— (1990), 'The Great Dionysia and Civic Ideology', in Winkler and Zeitlin (1990): 97–129.
GOMME, A. W. (1954), *The Greek Attitude to Poetry and History* (Berkeley, Calif.).
—— ANDREWES, A., and DOVER K. J. (1945–56bis–70–81), *A Historical Commentary on Thucydides*, 5 vols. (Oxford).
—— Goody, J., AND Watt, I. (1968), 'The Consequences of Literacy' (1st pub. 1962/3) in Goody (ed.), *Literacy in Traditional Societies*, 27–68 (Cambridge).
GORDON, R. L. (1981) (ed.), *Myth, Religion and Society: Structuralist Essays by M. Detienne, L. Gernet, J.-P. Vernant, and P. Vidal-Naquet* (Cambridge).
GOULD, J. P. A. (1980), 'Law, Custom and Myth: Aspects of the Social Position of Women in Classical Athens', *JHS* 100: 38–59.

Gould, J. P. A. (1985), 'On Making Sense of Greek Religion', in Easterling and Muir (1985): 1–33.

—— (1989), *Herodotus* (London).

Gray, V. J. (1989), *The Character of Xenophon's 'Hellenica'* (London).

Green, P. (1972), *The Shadow of the Parthenon* (London).

Green, T. (1989), 'Black Athena and Classical Historiography', in Peradotto and Levine (1989): 55–65.

Griffin, J. (1986), *The Mirror of Myth: Classical Themes and Variations* (London).

Grote, G. (1873), 'Grecian Legends and Early History', in *Minor Works*, ed. A. Bain, 73–134 (London).

—— (1888), *A History of Greece*, 10 vols. (London).

Guthrie, W. K. C. (1950), *The Greeks and their Gods* (London).

Haldane, J. B. S. (1985), 'God-Makers' (1st pub. 1932), in *On Being the Right Size and Other Essays*, ed. J. Maynard Smith, 85–100 (Oxford).

Hall, E. (1989), *Inventing the Barbarian: Greek Self-Definition through Tragedy* (Oxford).

—— (1992), 'When is a Myth not a Myth? Bernal's "Ancient Model"', *Arethusa* 25: 181–200.

Hall, J. M. (1995*a*), 'How Argive was the "Argive" Heraion? The political and cultic geography of the Argive plain, 900–400 BC', *AJA* 99: 577–613.

—— (1995*b*), 'The role of language in Greek ethnicities', *PCPhS* 41: 83–100.

Halperin, D. M., Winkler, J. J., and Zeitlin, F. I. (1990) (eds.), *Before Sexuality: The Construction of Erotic Experience in the Ancient Greek World* (Princeton, NJ).

Hanke, L. (1959), *Aristotle and the American Indians: A Study in Race Prejudice in the Modern World* (Bloomington, Ill.).

Hansen, M. H. (1993) (ed.), *The Ancient Greek City-State* (Copenhagen).

Hanson, A. E. (1991), 'Continuity and Change: Three Case Studies in Hippocratic Gynecological Therapy and Theory', in Pomeroy (1991): 73–110.

Harding, P. (1985) (ed.), *From the End of the Peloponnesian War to the Battle of Ipsus* (Cambridge).

Harmatta, J. (1990), 'Herodotus, Historian of the Cimmerians and the Scythians', in *Fondation Hardt* (1990): 115–30.

Hart, J. (1982), *Herodotus and Greek History* (London).

Hartog, F. (1982), 'La Mort et l'Autre: Les funérailles des rois

Scythes', in Gnoli and Vernant (1982): 143–52.
HARTOG, F. (1986), 'Les Grecs égyptologues', *Annales (ESC)* 41: 953–67.
—— (1988), *The Mirror of Herodotus: The Representation of the Other in the Writing of History* (Berkeley, Calif.) (1st pub. in French, Paris, 1980; rev. and augmented edn. 1992).
—— (1996), *Mémoire d'Ulysse. Récits sur la frontière en Grèce ancienne* (Paris).
HARVEY, F. D. (1984), 'The Wicked Wife of Ischomachos', *EMC/CV* 3: 68–70.
—— (1985), 'Women in Thucydides', *Arethusa* 18: 67–90.
—— (1988*a*), 'Herodotus and the Man-Footed Creature', in Archer (1988): 42–52.
—— (1988*b*), 'Painted Ladies: Fact, Fiction and Fantasy', in Christiansen and Melander (1988): 242–54.
HEADLAM, J. W. (1933), *Election by Lot at Athens* (2nd edn., Cambridge).
HEINIMANN, F. (1945), *Nomos und Physis: Herkunft und Bedeutung einer Antithese im griechischen Denken des 5. Jahrhunderts* (Basle).
HEISERMAN, A. J. (1977), *The Novel before the Novel* (Chicago).
HELGELAND, J. (1986), 'Their World and Ours: Ancient and Modern', *Helios* 13.1: 3–15.
HENIGE, D. P. (1982), *Oral Historiography* (London).
HENRY, W. P. (1967), *Greek Historical Writing: A Historiographical Essay based on Xenophon's 'Hellenica'* (Chicago).
HERMAN, G. (1987), *Ritualised Friendship and the Greek City* (Cambridge).
—— (1990), 'Patterns of Name Diffusion within the Greek World and Beyond', *CQ* 40: 349–63.
HERZFELD, M. (1986), 'Within and Without: The Category of "Female" in the Ethnography of Modern Greece', in Dubisch (1986): 215–33.
—— (1987), *Anthropology through the Looking Glass: Critical Ethnography in the Margins of Europe* (Cambridge).
HIGGINS, W. E. (1977), *Xenophon the Athenian: The Problem of the Individual and the Society of the Polis* (Albany, NY).
HIRSCH, S. W. (1985), *The Friendship of the Barbarians: Xenophon and the Persian Empire* (Hanover).
HOBSBAWM, E. J. (1992), *Nations and Nationalism since 1870*, 2nd edn. (Cambridge).
HOFFMANN, E. (1989), *Lost in Translation: Life in a New Language* (New York).

HORNBLOWER, S. (1982), *Mausolus* (Oxford).
—— (1987), *Thucydides* (London).
—— (1992), 'The Religious Dimension to the Peloponnesian War or, What Thucydides Does Not Tell us', *HSCP* 94: 160–97.
—— (1994) (ed.), *Greek Historiography* (Oxford).
—— (1994*a*), 'Narratology and narrative techniques in Thucydides', in Hornblower (1994): 131–66.
HOROWITZ, M. C. (1979), 'Aristotle and Woman', *Journal of the History of Biology* 9: 183–213.
HORTON, R., and FINNEGAN, R. (eds.) (1973), *Modes of Thought: Essays on Thinking in Western and Non-western Societies* (London).
HOW, W. W., and WELLS, J. (1928), *A Commentary on Herodotus*, 2 vols. (Oxford).
HOWIE, J. G. (1984), 'Thukydides' Einstellung zur Vergangenheit: Zuhörerschaft und Wissenschaft in der *Archäologie*', *Klio* 66: 502–32.
HUNT, L. (1989) (ed.), *The New Cultural History* (Berkeley, Calif.).
HUXLEY, G. L. (1972), 'On Aristotle's Historical Methods', *GRBS* 13: 157–69.
—— (1973), 'Aristotle as Antiquary', *GRBS* 14: 271–86.
—— (1979), *On Aristotle and Greek Society* (Belfast).
—— (1980), 'Aristotle, Las Casas and the American Indians', *PRIA* 80C: 57–68.
IGGERS, G. (1984/5), *New Directions in European Historiography*, rev. edn. (Middletown, Conn.).
IGNATIEFF, M. (1993), *Blood and Belonging: Journeys into the New Nationalism* (London).
IMMERWAHR, H. R. (1966), *Form and Thought in Herodotus* (Cleveland).
IRWIN, T. H. (1989), *Classical Thought* (Oxford).
JACOBY, F. (1949), *Atthis: The Local Chronicles of Ancient Athens* (Oxford).
JAMES, S. (1984), *The Content of Social Explanation* (Cambridge).
JAMESON, M. H. (1977/8), 'Agriculture and Slavery in Classical Athens', *CJ* 73: 122–45.
—— (1985) (ed.), *The Greek Historians: Literature and History; Papers Presented to A. E. Raubitschek* (Saratoga, Calif.).
—— (1994), 'Class in the ancient Greek countryside', in Doukellis, P. N. and Mendoni, L. G. (eds.), *Structures rurales et sociétés antiques* (Paris), 55–63.
JONES, A. H. M. (1957), 'The Athenian Democracy and its Critics' (1st pub. 1953), in his *Athenian Democracy*, 41–72 (Oxford).

JONES, J. W. (1962), *On Aristotle and Greek Tragedy* (London).

JORDANOVA, L. (1980), 'Natural Facts: A Historical Perspective on Science and Sexuality', in MacCormack and Strathern (1980): 42–69.

JUST, R. (1973), 'Conceptions of Women in Classical Athens', *Journal of the Anthropological Society of Oxford* 6: 153–70.

—— (1985), 'Freedom, Slavery and the Female Psyche', in Cartledge and Harvey (1985): 169–88.

—— (1989), *Women in Athenian Law and Life* (London).

KABBANI, R. (1986), *Europe's Myths of Orient: Devise and Rule* (Basingstoke).

KEULS, E. (1985), *The Reign of the Phallus: Sexual Politics in Ancient Athens* (New York).

—— (1986), 'History without Women: Necessity or Illusion?', *DHA* 12: 125–45.

KEYT, D., and MILLER, F. D. (1991) (eds.), *A Companion to Aristotle's 'Politics'* (Oxford).

KIRK, G. S. (1970), *Myth: Its Meaning and Functions in Ancient and Other Cultures* (Cambridge).

—— (1972), 'Greek Mythology: Some New Perspectives', *JHS* 92: 74–85.

—— (1974), *The Nature of Greek Myths* (Harmondsworth).

—— (1981), 'Some Methodological Pitfalls in the Study of Ancient Greek Sacrifice (in particular)', in *Fondation Hardt* (1981): 41–80.

—— RAVEN, J. E., and SCHOFIELD, M. (1983) (eds.), *The Presocratic Philosophers* (2nd edn., Cambridge).

KIRK, I. (1987), 'Images of Amazons: Marriage and Matriarchy', in S. MacDonald (ed.), *Images of Women in Peace and War: Cross-Cultural and Historical Perspectives*, 27–39 (London).

KNOX, B. M. W. (1979), 'Myth and Attic Tragedy', in *Word and Action: Essays on the Ancient Theater*, 3–24 (Baltimore).

—— (1990*a*), *Essays Ancient and Modern* (Baltimore).

—— (1990*b*), 'The Greek Conquest of Britain' (1st pub. 1981), in Knox (1990*a*): 149–61.

KRAMER, L. S. (1989), 'Literature, Criticism and Historical Imagination: The Literary Challenge of Hayden White and Dominick La Capra', in Hunt (1989): 97–128.

KULLMANN, W. (1991), 'Aristotle as a Natural Scientist', *Acta Classica* 34: 137–50.

LA CAPRA, D. (1983), *Rethinking Intellectual History: Texts, Contexts, Language* (Ithaca).

LACHENAUD, G. (1978), 'Mythologies, religion et philosophie de l'histoire dans Hérodote' (diss.) (Lille).

LANE FOX, R. (1986), *Pagans and Christians in the Mediterranean World from the Second Century AD to the Conversion of Constantine* (New York).

LANZA, D. (1979), *Lingua e discorso nell'Atene delle professioni* (Naples).

LAQUEUR, T. (1989), *Making Sex: Body and Gender from the Greeks to Freud* (Cambridge, Mass.).

LARSEN, J. A. O. (1962), 'Freedom and its Obstacles in Ancient Greece', *CP* 57: 230–4.

—— (1968), *Greek Federal States: Their Institutions and History* (Oxford).

LASSERRE, F. (1976), 'Hérodote et Protagoras: Le débat sur les constitutions', *MH* 33: 65–84.

LATEINER, D. W. (1989), *The Historical Method of Herodotus* (Toronto).

LATTIMORE, R. (1939*a*), 'Herodotus and the Names of Egyptian Gods', *CP* 34: 357–65.

—— (1939*b*), 'The Wise Adviser in Herodotus', *CP* 34: 24–35.

LEACH, E. R. (1967) (ed.), *The Structural Study of Myth and Totemism* (London).

—— (1969), *Genesis as Myth and Other Essays* (London).

LEBOW, R. N., and STRAUSS, B. S. (1991) (eds.), *Hegemonic Rivalry: From Thucydides to the Nuclear Age* (Boulder, Colo.).

LEFKOWITZ, M. (1981), *Heroines and Hysterics* (London).

—— (1986), *Women in Greek Myth* (London).

LEONTIS, A. (1995), *Topographies of Hellenism* (Princeton, N.J.).

LEVINAS, E. (1989), *A Levinas Reader*, ed. S. Hand (Oxford).

LÉVI-STRAUSS, C. (1964–71), *Mythologiques*, i–iv (Paris).

—— (1976), 'The Story of Asdiwal' (1st pub. 1958), modified repr. with postscript, in *Structural Anthropology*, ii. 146–97 (New York) (1st pub. in French, Paris, 1973).

LÉVY, ED. (1980), 'Cité et citoyen dans la *Politique* d'Aristote', *Ktema* 5: 228–39.

—— (1983) (ed.), *La Femme dans les sociétés anciennes* (Strasbourg).

VAN LEYDEN, W. (1949–50), 'Spatium historicum: The Historical Past as Viewed by Hecataeus, Herodotus and Thucydides', *DHJ* 11: 89–104.

LINFORTH, I. M. (1926), 'Greek Gods and Foreign Gods in Herodotus', *University of California Publications in Classical Philology* 7: 1–25.

LINFORTH, I. M. (1928), 'Named and Unnamed Gods in Herodotus', *University of California Publications in Classical Philology* 9: 201–43.
LINTOTT, A. W. (1982), *Violence, Civil Strife and Revolution in the Classical City* (London).
LISSARRAGUE, F. (1992), 'Figures of Women', in Schmitt Pantel (1992): 139–229.
LIVINGSTONE, R. (1921) (ed.), *The Legacy of Greece* (Oxford).
LLOYD, A. B. (1990), 'Herodotus on Egyptians and Libyans', in *Fondation Hardt* (1990): 215–44.
LLOYD, G. E. R. (1966), *Polarity and Analogy: Two Types of Argumentation in Early Greek Thought* (Cambridge) (repr. Bristol 1987).
—— (1968), *Aristotle: The Growth and Structure of his Thought* (Cambridge).
—— (1973), 'Right and Left in Greek Philosophy' (1st pub. 1962), in Needham (1973): 167–86; also repr. in G. E. R. Lloyd (1991*a*): 27–48.
—— (1979), *Magic, Reason and Experience: Studies in the Origins and Development of Greek Science* (Cambridge).
—— (1983), *Science, Folklore and Ideology: Studies in the Life Sciences in Ancient Greece* (Cambridge).
—— (1987), *The Revolutions of Wisdom: Studies in the Claims and Practice of Ancient Greek Science* (Berkeley, Calif.).
—— (1990), *Demystifying Mentalities* (Cambridge).
—— (1991*a*), *Methods and Problems in Greek Science: Selected Papers* (Cambridge).
—— (1991*b*), 'Science and Morality in Greco-Roman Antiquity' (1st pub. 1985), in G. E. R. Lloyd (1991*a*): 352–71.
LONG, T. (1986), *Barbarians in Greek Comedy* (Carbondale, Ill.).
LONIS, R. (1988) (ed.), *L'Étranger dans le monde grec* (Besançon).
LORAUX, N. (1980), 'Thucydide n'est pas un collège', *QS* 12: 55–81.
—— (1981), *Les Enfants d'Athéna: Idées athéniennes sur la citoyenneté et la division des sexes* (Paris) (new edn., 1984).
—— (1982), 'Mourir devant Troie, tomber pour Athènes' in Vernant and Gnoli (1982): 27–43.
—— (1986*a*), *The Invention of Athens: The Funeral Oration in the Classical City* (Cambridge, Mass.) (1st pub. in French, Paris, 1981).
—— (1986*b*), 'Thucydide et la sédition dans les mots', *QS* 23: 95–134.
—— (1988), *Tragic Ways of Killing a Woman* (Cambridge, Mass.) (1st pub. in French, Paris, 1985).
—— (1989*a*), *Les Expériences de Tirésias: Le féminin et l'homme grec* (Paris).

LORAUX, N. (1989*b*), 'La "Belle Mort" spartiate' (1st pub. 1977), in Loraux (1989*a*): 77–91.
—— (1989*c*) 'Le Naturel Féminin dans l'histoire' in Loraux (1989*a*): 273–300.
—— (1989*d*) 'Le Lit, la guerre' (1st pub. 1981), in Loraux (1989*a*): 29–53.
—— (1991), 'Reflections of the Greek City on Unity and Division', in Molho, Raaflaub, and Emlen (1991): 33–51.
—— (1993 [1984]), *The Children of Athena. Athenian ideas about citizenship and the division between the sexes* (Princeton, N.J.) (translation of Loraux 1981).
—— (1995), *The Experiences of Tiresias. The Feminine and the Greek Man* (Chicago) (translation of Loraux 1989*a*).
LORD, C., and O'CONNOR, D. K. (1991) (eds.), *Essays on the Aristotelian Foundations of Political Science* (Berkeley, Calif.).
LOTZE, D. (1959), *Metaxy eleutheron kai doulon: Studien zur Rechtsstellung unfreier Landbevölkerungen in Griechenland im 4. Jahrhundert v. Chr.* (Berlin).
LOVEJOY, A. O., and BOAS, G. (1935), *Primitivism and Related Ideas in Antiquity* (Baltimore).
MACCORMACK, C. P., and STRATHERN, M. (1980) (eds.), *Nature, Culture and Gender* (Cambridge).
MACLEOD, C. W. (1983*a*), *Collected Essays* (Oxford).
—— (1983*b*), 'Thucydides on Faction (3.82–3)' (1st pub. 1978), in Macleod (1983*a*): 123–39.
MCNEAL, R. A. (1985), 'How Did Pelasgians Become Hellenes?', *ICS* 10: 11–21.
MCNEILL, W. H. (1986), *Mythistory and Other Essays* (Chicago).
MANOPOULOS, L. (1991), *Stasis-Epanastasis, Neoterismos-Kinesis* (Thessaloniki).
MARANDA, P. (1972) (ed.), *Mythology* (Harmondsworth).
MARINATOS, N. (1981*a*), *Thucydides and Religion* (Königstein).
—— (1981*b*), 'Thucydides and Oracles', *JHS* 101: 138–41.
MASON, P. G. (1984), *The City of Men: Ideology, Sexual Politics and Social Formation* (Göttingen).
—— (1990), *Deconstructing America: Representations of the Other* (London).
MATTHEWS, J. F. (1989), *The Roman Empire of Ammianus* (London).
MEIER, C. (1990), *The Greek Discovery of Politics* (Cambridge, Mass.) (1st pub. in German, Frankfurt am Main, 1980).
MEIGGS, R. (1972), *The Athenian Empire* (Oxford).

Meister, K. (1990), *Die griechische Geschichtsschreibung* (Stuttgart).
Mélèze-Modrzejewski, J. (1975), 'Hommes libres et bêtes dans les droits antiques', in Poliakov (1975): 75–102.
Meyer, B. F., and Sanders, E. P. (1982) (eds.), *Jewish and Christian Self-Definition*, iii. *Self-Definition in the Graeco-Roman World* (London).
Mikalson, J. D. (1983), *Athenian Popular Religion* (Chapel Hill, NC).
—— (1984), 'Religion and the Plague in Athens 431–423 B.C.', *Fest. Sterling Dow*, ed. K. J. Rigsby (*GRBS* Monograph 10), 217–25 (Durham, NC).
—— (1991), *Honor Thy Gods: Popular Religion in Greek Tragedy* (Chapel Hill, NC).
Moi, T. (1985), *Sexual/Textual Politics* (London).
—— (1989), *Feminist Theory and Simone de Beauvoir* (Oxford).
Molho, A. Raaflaub, K., and Emlen, J. (1991) (eds.), *City States in Classical Antiquity and Medieval Italy* (Stuttgart).
Momigliano, A. D. (1966*a*), *Studies in Historiography* (London).
—— (1966*b*), 'The Place of Herodotus in the History of Historiography' (1st pub. 1958), in Momigliano (1966*a*): 127–42.
—— (1975), *Alien Wisdom: The Limits of Hellenization* (Cambridge).
—— (1977), *Essays in Ancient and Modern Historiography* (Oxford).
—— (1978), 'The Historians of the Classical World and their Audience: Some Suggestions', *ASNP*[3] 8: 59–75.
—— (1979), 'Persian Empire and Greek Freedom', in A. Ryan (ed.), *The Idea of Freedom. Fest. I. Berlin*, 139–51 (Oxford).
—— (1980), 'The Place of Ancient Historiography in Modern Historiography', in W. Den Boer (ed.), *Les Études classiques aux* XIX*e* *et* XX*e* *siècle: Leur place dans l'histoire des idées*, 127–53 (Entretiens Hardt, 26, Vandœuvres-Geneva).
—— (1981), 'The Rhetoric of History and the History of Rhetoric: On Hayden White's Tropes', *Comparative Criticism: A Year Book*, iii, ed. E. S. Shaffer, 259–68 (Cambridge).
—— (1991), *The Classical Foundations of Modern Historiography* (Berkeley, Calif.).
Morgan, E. S. (1975), *American Slavery, American Freedom* (New York).
Morris, I. (1994) (ed.), *Classical Greece: Ancient histories and modern archaeologies* (Cambridge).
Morris, S. P. (1992), *Daidalos and the Origins of Greek Art* (Princeton, NJ).
Mossé, C. (1967), 'La Conception du citoyen dans la *Politique* d'Aristote', *Eirene* 6: 17–21.

MOSSÉ, C. (1985), '*Aste kai politis*: La dénomination de la femme athénienne dans les plaidoyers démosthéniens', *Ktema* 10: 77–9.
—— (1986) (ed.), *La Grèce ancienne* (Paris).
MOST, G. W. (1989), 'The Stranger's Stratagem: Self-Disclosure and Self-Sufficiency in Greek Culture', *JHS* 109: 114–33.
MULGAN, R. R. (1977), *Aristotle's Political Theory: An Introduction for Students of Political Theory* (Oxford).
MÜLLER, C. W. (1967), 'Protagoras über die Götter', *Hermes*, 95: 140–59.
MUNSON, R. V. (1988), 'Artemisia in Herodotus', *CA* 7: 91–106.
MURNAGHAN, S. (1988), 'How a Woman can be more like a Man: The Dialogue between Ischomachus and his Wife in Xenophon's *Œconomicus*', *Helios* 15: 9–18.
MURRAY, G. (1921), 'The Value of Greece to the Future of the World', in Livingstone (1921): 1–23.
MURRAY, O., (1987), 'Herodotus and Oral History', in Sancisi-Weerdenburg and Kuhrt (1987): ii. 93–115.
—— (1988), 'The Ionian Revolt' in *CAH*² iv: 461–90.
MYRES, J. L. (1953), *Herodotus: The Father of History* (Oxford).
NEEDHAM, R. (1973) (ed.), *Right and Left: Essays on Dual Symbolic Classification* (Chicago).
—— (1987), *Counterpoints* (Berkeley, Calif.).
NICKEL, R. (1979), *Xenophon* (Darmstadt).
NILSSON, M. P. (1940), *Greek Popular Religion* (New York).
—— (1948), *Greek Piety* (Oxford).
—— (1951), *Cults, Myths, Oracles and Politics in Ancient Greece* (Lund) (repr. Göteborg, 1986).
NIPPEL, W. (1990), *Griechen, Barbaren und 'Wilde': Alte Geschichte und Sozialanthropologie* (Frankfurt am Main).
NOCK, A. D. (1972*a*), *Essays on Religion and the Ancient World*, ed. Z. Stewart, 2 vols. (Oxford).
—— (1972*b*), 'The Cult of Heroes' (1st pub. 1944), in Nock (1972*a*): ii. 575–602.
—— (1972*c*), 'Religious Attitudes of the Ancient Greeks' (1st pub. 1942), in Nock (1972*a*): ii. 534–50.
NORTH, H. F. (1977), 'The Mare, the Vixen and the Bee: *Sophrosyne* as the Virtue of Women in Antiquity', *ICS* 2: 35–49.
NUSSBAUM, G. B. (1978), 'Plato and Xenophon—Political Theory and Political Experiment', *LCM* 3: 279–84.
OBER, J. and HEDRICK, C. W. (1996) (eds.), *Demokratia: A Conversation on Democracies* (Princeton, NJ).

Ollier, F. (1933–43), *Le Mirage spartiate: Étude sur l'idéalisation de Sparte dans l'Antiquité grecque*, 2 vols. (Paris).

Oost, S. I. (1975), 'Thucydides and the Irrational: Sundry Passages', *CP* 70: 186–96.

—— (1977), 'Xenophon's Attitude toward Women', *CW* 71: 225–36.

Ortner, S. (1974), 'Is Female to Male as Nature is to Culture?', in Rosaldo and Lamphere (1974): 67–87.

Ostwald, M. (1982), *Autonomia: Its Genesis and Early History* (Chico, Calif.).

—— (1986), *From Popular Sovereignty to the Sovereignty of the Law: Law, Society and Politics in Fifth-Century Athens* (Berkeley, Calif.).

Owen, G. E. L. (1986), '*Tithenai ta phainomena*' (1st pub. 1961), in his *Logic, Science and Dialectics*, ed. M. Nussbaum, 239–51, (London).

Pagden, A. (1986), *The Fall of Natural Man: The American Indian and the Origins of Comparative Ethnography* (2nd edn., Cambridge).

Parke, H. W. (1932), 'The tithe of Apollo and the Harmost at Decelea, 413 to 404 B.C.', *JHS* 52: 42–6.

Parker, R. (1983), *Miasma: Pollution and Purification in Early Greek Religion* (Oxford).

—— (1989), 'Spartan Religion' in A. Powell (ed.), *Classical Sparta: Techniques behind her Success*, 142–72 (London).

Parry, A. (1981), *Logos and Ergon in Thucydides* (New York) (diss. Harvard 1957).

Patterson, C. B. (1981), *Perikles' Citizenship Law of 451–450 B.C.* (New York).

—— (1986), '*Hai Attikai*: The Other Athenians', *Helios* 13/2: 49–68.

Patterson, O. (1982), *Slavery and Social Death: A Comparative Study* (Cambridge, Mass.).

—— (1991), *Freedom in the Making of Western Culture* (London).

Pearson, L. (1939), *Early Ionian Historians* (Oxford).

Pečirka, J. (1967), 'A Note on Aristotle's Definition of Citizenship', *Eirene* 6: 23-6.

Pembroke, S. G. (1965), 'Last of the Matriarchs: A Study in the Inscriptions of Lycia', *Journal of the Economic and Social History of the Orient* 8: 217–47.

—— (1967), 'Women in Charge: The Function of Alternatives in Early Greek Tradition and the Ancient Idea of Matriarchy', *JWCI* 30: 1–35.

Peradotto, J., and Levine, M. M. (1989) (eds.), *The Challenge of 'Black Athena'* (*Arethusa* Special Issue) (Buffalo).

—— and Sullivan, J. P. (1984) (eds.), *Women in the Ancient World: The Arethusa Papers* (Buffalo).

PERLMAN, S. (1976), 'Panhellenism, The Polis and Imperialism', *Historia* 25: 1–30.

POCOCK, J. G. A. (1985), *Virtue, Commerce, and History: Essays on Political Thought and History, chiefly in the Eighteenth Century* (Cambridge).

POLIAKOV, L. (1975) (ed.), *Hommes et bêtes: Entretiens sur le racisme* (Paris).

POMEROY, S. B. (1975/6), *Goddesses, Whores, Wives and Slaves: Women in Classical Antiquity* (New York and London).

—— (1991) (ed.), *Women's History and Ancient History* (Chapel Hill, NC).

—— (1994), *Xenophon, Oeconomicus: A Social and Historical Commentary* (Oxford).

POWELL, A. and HODKINSON, S. J. (1994) (eds.), *The Shadow of Sparta* (Cardiff and London).

PRICE, S. R. F. (1984), *Rituals and Power: The Roman Imperial Cult in Asia Minor* (Cambridge).

PRITCHETT, W. K. (1991), *The Greek State at War*, v (Berkeley, Calif.).

RAAFLAUB, K. (1983), 'Democracy, Oligarchy and the Concept of the Free Citizen in Late Fifth-Century Athens', *Political Theory* 11: 517–44.

—— (1985), *Die Entdeckung der Freiheit; zur historischen Semantik und Gesellschaftsgeschichte eines politischen Grundbegriffes der Griechen* (Munich).

—— (1987), 'Herodotus, Political Thought and the Meaning of History' *Arethusa* 20: 221–48.

RADKE, G. (1936), *Die Bedeutung der weissen und schwarzen Farbe im Kult und Brauch der Griechen* (Berlin) (diss.).

RAHE, P. A. (1984), 'The Primacy of Politics in Classical Greece', *AHR* 89: 265–93.

RANKE-HEINEMANN, U. (1990/1), *Eunuchs for the Kingdom of Heaven: The Catholic Church and Sexuality* (New York) (1st pub. in German, Hamburg, 1988).

RAWSON, E. (1969), *The Spartan Tradition in European Thought* (Oxford) (repr. 1991).

REDFIELD, J. M. (1977/8), 'The Women of Sparta', *CJ* 73: 146–61.

—— (1985), 'Herodotus the Tourist', *CP* 80: 97–118.

REEDER, E. D. (1995) (ed.), *Pandora. Women in Classical Greece* (Baltimore and Princeton, N.J.).

RHODES, P. J. (1986), *The Greek City-States: A Source Book* (London).

Ridley, R. T. (1981), 'Exegesis and Audience in Thucydides', *Hermes* 109: 23–46.
Rohde, E. (1925), *Psyche* (London) (1st pub. in 1925; 8th edn, Berlin 1909).
de Romilly, J. (1989), *La Grèce antique à la découverte de la liberté* (Paris).
—— (1992), *The Great Sophists in Periclean Athens* (Oxford) (1st pub. in French, Paris, 1988).
Rosaldo, M. Z., and Lamphere, L. (1974) (eds.), *Woman, Culture and Society* (Stanford).
Rosellini, M., and Saïd, S. (1978), 'Usages des femmes et autres *nomoi* chez les "sauvages" d'Hérodote', *ASNP*[3] 8: 949–1005.
Rosivach, V. J. (1987), 'Autochthony and the Athenians', *CQ* 37: 294–306.
Rousselle, A. (1980), 'Observation féminine et idéologie masculine: Le corps de la femme d'après les médecins grecs', *Annales (ESC)* 35: 1089–1115.
Rudhardt, J. (1958), *Notions fondamentales de la pensée religieuse et actes constitutifs du culte dans la Grèce ancienne* (Geneva).
—— (1966), 'Considérations sur le polythéisme', *Revue Théologique et Philologique*, 99: 353–64.
—— (1981*a*), *Du mythe, de la religion grecque et de la compréhension d'autrui* (Geneva).
—— (1981*b*), 'Sur la possibilité de comprendre une religion étrangère' (1st pub. 1964), in Rudhardt (1981*a*): 13–32.
Said, E. (1978), *Orientalism* (London).
—— (1985), 'Orientalism Reconsidered', in Barker (1985): i. 14–27.
—— (1995), *Orientalism*, new edn. with 'Afterword' (Harmondsworth).
Saïd, S. (1983), 'Féminin, femme et femelle dans les grands traités biologiques d'Aristote', in Lévy (1983): 93–123.
Ste. Croix, G. E. M. de (1954/5), 'The Character of the Athenian Empire', *Historia* 3: 1–41.
—— (1970), 'Some Observations on the Property Rights of Athenian Women', *CR* 20: 273–8.
—— (1972*a*), *The Origins of the Peloponnesian War* (London).
—— (1972*b*), 'The Religion of the Roman World', *Didaskalos* 4: 61–74.
—— (1975*a*), 'Aristotle on History and Poetry (*Poetics* 9, 1451a36–b11)', in B. Levick (ed.), *The Ancient Historian and his Materials* (*Fest. C. E. Stevens*), 45–58 (Farnborough).
—— (1975*b*) 'Early Christian Attitudes to Property and Slavery', *Studies in Church History* 12: 1–38.

STE. CROIX, G. E. M. DE (1977), 'Herodotus', *G&R* 24: 130–48.

—— (1981), *The Class Struggle in the Ancient Greek World: From the Archaic Age to the Arab Conquests* (London) (corr. impr. 1983).

SAMUEL, R., and THOMPSON P. (1990) (eds.), *Myths We Live By* (London).

SANCISI-WEERDENBURG, H. (1983), 'Exit Atossa: Images of Women in Greek Historiography on Persia', in Cameron and Kuhrt (1983): 20–33.

—— and KUHRT, A. (1987) (eds.), *Achaemenid History*, 3 vols. (Leiden).

SANDAY, P. G., and GOODENOUGH, R. G. (1990) (eds.), *Beyond the Second Sex: New Directions in the Anthropology of Gender* (Philadelphia).

SAWYER, R. (1986), *Slavery in the Twentieth Century* (London).

SCHAPS, D. (1977), 'The Woman Least Mentioned: Etiquette and Women's Names', *CQ* 27: 323–30.

—— (1982), 'The Women of Greece in Wartime', *CP* 77: 193–213.

SCHLAIFER, R. (1968) 'Greek Theories of Slavery from Homer to Aristotle' (1st pub. 1936), in Finley (1968): 93–132.

SCHMITT PANTEL, P. (1992) (ed.), *A History of Women in the West*, i. *From Ancient Goddesses to Christian Saints* (Cambridge, Mass.). (1st pub. in Italian, Rome, 1990).

SCHNAPP, A. (1988), 'Why Did the Greeks Need Images?', in Christiansen and Melander (1988): 568–74.

SCHOFIELD, M. S. (1990), 'Ideology and Philosophy in Aristotle's Theory of Slavery' in G. Patzig (ed.), *Aristoteles' "Politik": Akten des XI. Symposium Aristotelicum*, 1–27 (Göttingen).

SCOTT, J. WALLACH (1988), *Gender and the Politics of History* (New York).

SEGAL, C. P. (1982), 'Afterword: J.-P. Vernant and the Study of Ancient Greece', *Arethusa* 15: 221–34.

—— (1986), 'Greek Tragedy: Writing, Truth and the Representation of the Self', in his *Interpreting Greek Tragedy: Myth, Poetry, Text*, 75–109 (Ithaca, NY).

—— (1995), 'Spectator and Listener', in Vernant (1995): 184–217.

SIEMS, A. K. (1988) (ed.), *Sexualität und Erotik in der Antike* (Darmstadt).

SISSA, G. (1990), 'Maidenhood without Maidenhead: The Female Body in Ancient Greece' (1st pub. 1984/7), in Halperin, Winkler, and Zeitlin (1990): 339–64.

—— (1992), 'The Sexual Philosophies of Plato and Aristotle', in Schmitt Pantel (1992): 46–81.

SMITH, N. D. (1991), 'Aristotle's Theory of Natural Slavery' (1st pub. 1983), corr. repr. in Keyt and Miller (1991): 142–55.

SNOWDEN, F. M., jun. (1970), *Blacks in Antiquity: Ethiopians in Greco-Roman Experience* (Cambridge, Mass.).

—— (1983) *Before Color Prejudice* (Cambridge, Mass.).

SORDI, M. (1950–1), 'I caratteri dell' opera storiografica di Senofonte nelle Elleniche', *Athenaeum* 28–9: 3–53, 273–348.

SOURVINOU-INWOOD, C. (1988), *Studies in Girls' Transitions: Aspects of the 'Arkteia' and Age Representation in Attic Iconography* (Athens).

—— (1989), 'Assumptions and the Creation of Meaning: Reading Sophocles' *Antigone*', *JHS* 109: 134–48.

STAHL, H.-P. (1966), *Thukydides: Die Stellung des Menschen im geschichtlichen Prozess* (Munich).

STALLEY, R. F. (1995) (ed.), *Aristotle Politics* (trans. E. Barker) (Oxford).

STAMPP, K. M. (1956), *The Peculiar Institution: Slavery in the Ante-Bellum South* (New York).

STARR, C. G. (1968), *The Awakening of the Greek Historical Spirit* (New York).

STEDMAN JONES, G. (1972), 'History: The Poverty of Empiricism', in R. Blackburn (ed.), *Ideology in Social Science: Readings in Critical Social Theory*, 96–115 (London).

STEINER, D. T. (1994), *The Tyrant's Writ: Myths and Images of Writing in Ancient Greece* (Princeton, NJ).

STEINER, G. (1984), *Antigones* (Oxford).

STOCKS, J. L. (1936), '*Skhole*', *CQ* 30: 177–87.

SYME, R. (1962), 'Thucydides', *PBA* 48: 39–56.

TAAFFE, L. K. (1993), *Aristophanes and Women* (London and New York).

TAPLIN, O. (1989), *Greek Fire* (London).

TARN, W. W., and GRIFFITH, G. T. (1952), *Hellenistic Civilisation* (3rd edn., London).

TATUM, J. (1989), *Xenophon's Imperial Fiction* (Princeton, NJ).

TAYLOR, M. W. (1981), *The Tyrant Slayers: The Heroic Image in Fifth-Century B.C. Athenian Art* (New York) (diss. Harvard 1975).

THOM, M. (1995), *Republics, Nations and Tribes* (London).

THOMAS, C. G. (1988) (ed.), *Paths from Ancient Greece* (Leiden).

THOMAS, R. (1989), *Oral Tradition and Written Record in Classical Athens* (Cambridge).

—— (1992), *Literacy and Orality in Ancient Greece* (Cambridge).

THOMSON, J. A. K. (1935), *The Art of the Logos* (London).
TONKIN, E., MCDONALD, M., and CHAPMAN, M. (1989) (eds.), *History and Ethnicity* (London).
TOSH, J. (1991), *The Pursuit of History* (2nd edn., London).
TOURRAIX, A. (1976), 'La Femme et le pouvoir chez Hérodote', *DHA* 2: 369–86.
TOYNBEE, A. J. (1969), *Some Problems of Greek History* (Oxford).
TUPLIN, C. J. (1985), 'Imperial Tyranny: Some Reflections on a Classical Greek Political Metaphor', in Cartledge and Harvey (1985): 348–75.
TYRRELL, W. B. (1984), *Amazons: A Study of Athenian Mythmaking* (Baltimore).
VANSINA, J. (1973), *Oral Tradition: A Study in Historical Methodology*, 2nd edn. (Harmondsworth).
—— (1985), *Oral Tradition as History* (London).
VEESER, H. ARAM (1989) (ed.), *The New Historicism* (London).
VERDENIUS, W. J. (1960), 'Traditional and Personal Elements in Aristotle's Religion', *Phronesis*, 5: 56–70.
VERNANT, J.-P. (1980*a*) *Myth and Society in Ancient Greece* (London) (1st pub. in French, Paris, 1974).
—— (1980*b*), 'Between the Beasts and the Gods' (1st pub. 1972), in Vernant (1980*a*): 130–67.
—— (1980*c*), 'Marriage' (1st pub. 1973), in Vernant (1980*a*): 45–70.
—— (1980*d*), 'The Reason of Myth' (1st pub. 1974), in Vernant (1980*a*): 186–242.
—— (1983*a*), *Myth and Thought among the Greeks* (London) (1st pub. in French, Paris, 1965).
—— (1983*b*), 'From Myth to Reason: The Formation of Positivist Thought in Archaic Greece' (1st pub. 1957), in Vernant (1983*a*): 343–74.
—— (1983*c*), 'Some Psychological Aspects of Work in Ancient Greece' (1st pub. 1953), in Vernant (1983*a*): 271–8.
—— (1983*d*), 'Space and Political Organization in Ancient Greece' (1st pub. 1965), in Vernant (1983*a*): 212–34.
—— (1991*a*), *Mortals and Immortals: Collected Essays*, ed. F. I. Zeitlin (Princeton, NJ).
—— (1991*b*), 'The Birth of Images' (1st pub. 1975), in Vernant (1991*a*): 164–85.
—— (1991*c*), 'A General Theory of Sacrifice and the Slaying of the Victims in the Greek *thusia*' (1st pub. 1981), in Vernant (1991*a*): 290–302.
—— (1991*d*), 'Greek Religion, Ancient Religions' (1st pub. 1975), in Vernant (1991*a*): 269–89.

VERNANT, J.-P. and DETIENNE, M. (1978), *Cunning Intelligence in Greek Culture and Society* (Hassocks) (1st pub. in French, Paris, 1974).
—— and VIDAL-NAQUET, P. (1988), *Myth and Tragedy in Ancient Greece*, 2 vols. (in 1) (Cambridge, Mass.) (1st pub. in French, Paris, 1972–86).
—— (1995) (ed.), *The Greeks* (Chicago) (1st pub. in Italian, Rome, 1991).
VERSNEL, H. S. (1987), 'Wife and Helpmate: Women of Ancient Athens in Anthropological Perspective', in J. Blok and P. Mason (eds.), *Sexual Asymmetry: Studies in Ancient Society*, 59–86 (Leiden).
VEYNE, P. (1984), *Writing History: Essay on Epistemology* (Manchester) (1st pub. in French, Paris, 1971).
—— (1988), *Did the Greeks Believe in their Myths? An Essay on the Constitutive Imagination* (Chicago) (1st pub. in French, Paris, 1983).
VIDAL-NAQUET, P. (1975), 'Bêtes, hommes et dieux chez les Grecs', in Poliakov (1975): 129–42.
—— (1986*a*), *The Black Hunter: Forms of Thought and Forms of Society in the Greek World* (Cambridge, Mass.) (1st pub. in French, Paris, 1981).
—— (1986*b*), 'Epaminondas the Pythagorean, or the Tactical Problem of Right and Left' (written with P. Lévêque and 1st pub. 1960), in Vidal-Naquet (1986*a*): 61–82.
—— (1986*c*), 'Greek Rationality and the City' (1st pub. 1967), in Vidal-Naquet (1986*a*): 249–62.
—— (1986*d*), 'Reflections on Greek Historical Writing about Slavery' (1st pub. 1973), in Vidal-Naquet (1986*a*): 168–88.
—— (1986*e*), 'Slavery and the Rule of Women in Tradition, Myth, and Utopia' (1st pub. in French 1970; French rev., 1979), in Vidal-Naquet (1986*a*): 205–23.
VLASTOS, G. (1968), 'Slavery in Plato's Thought' (1st pub. 1940), repr. with postscript in Finley (1968): 133–49.
VOGT, J. (1974), *Ancient Slavery and the Ideal of Man* (Oxford) (1st pub. in German, Wiesbaden, 1972).
WALBANK, F. W. (1985*a*), *Selected Papers on Greek and Roman History and Historiography* (Cambridge).
—— (1985*b*), 'The Problem of Greek Nationality' (1st pub. 1951), in Walbank (1985*a*): 1–19.
WALCOT, P. (1973), 'The Funeral Speech: A Study of Values', *G&R* 20: 111–21.
—— (1985), 'Greek Attitudes towards Women: The Mythological Evidence', *G&R* 31: 37–47.

WALLACE, R. W. (1994), 'Private lives and public enemies: freedom of thought in Classical Athens', in Boegehold and Scafuro (1994): 127–55.

WARDMAN, A. E. (1960), 'Myth in Greek Historiography', *Historia* 9: 403–13.

WASSERMANN, F. M. (1947), 'Thucydides and the Disintegration of the *polis*', *TAPA* 78: 18–36.

WATERS, K. H. (1985), *Herodotus the Historian: His Problems, Methods and Originality* (London).

WEIL, R. (1960), *Aristote et l'histoire: Essai sur la 'Politique'* (Paris).

—— (1976), 'Artémise, ou le monde à l'envers', in *Recueil A. Plassart*, 215–24 (Paris).

WEIL, S. (1986), 'The *Iliad* or the poem of force' (1st pub. in French, 1940–1), repr. in *Simone Weil: An Anthology*, ed. S. Miles, 182–215 (London).

WEILER, I. (1968), 'The Greek and Non-Greek World in the Archaic Period', *GRBS* 9: 21–9.

WELWEI, K.-W. (1974–7), *Unfreie im antiken Kriegsdienst*, 2 vols. (Mainz).

WESTERMANN, W. L. (1968*a*), 'Athenaeus and the Slaves of Athens' (1st pub. 1941), in Finley (1968): 73–92.

—— (1968*b*), 'Slavery and the Elements of Freedom' (1st pub. 1943), in Finley (1968): 17–32.

WHITE, H. (1973), *Metahistory: The Historical Imagination in Nineteenth-Century Europe* (Baltimore).

—— (1978), 'The Historical Text as Literary Artifact', in Canary and Kozicki (1978): 41–72.

—— (1989), *The Content of the Form: Narrative Discourse and Historical Representation* (Baltimore).

WHITEHEAD, D. (1975), 'Aristotle the Metic', *PCPS* 21: 94–9.

—— (1977), *The Ideology of the Athenian Metic* (Cambridge).

—— (1980), 'Thucydides: Fact-Grubber or Philosopher?', *G&R* 27: 158–65.

—— (1984), 'Immigrant Communities in the Classical Polis: Some Principles for a Synoptic Treatment', *AC* 53: 47–59.

—— (1986), 'The Ideology of the Athenian Metic: Some Pendants and a Reappraisal', *PCPS* 32: 145–58.

—— (1991), 'Norms of Citizenship in Ancient Greece', in Molho, Raaflaub, and Emlen (1991): 135–54.

WIEDEMANN, T. (1983), 'Thucydides, Women and the Limits of Rational Analysis', *G&R* 30: 163–70.

WIEDEMANN, T. (1987), *Slavery* (*G&R* New Surveys in the Classics, 19; Oxford).
WIESEN, D. (1980), 'Herodotus and the Modern Debate over Race and Slavery', *AncW* 3: 3–14.
WILDE, OSCAR (1909), 'The Rise of Historical Criticism' (1879), in *Essays and Lectures*, 1–108 (London).
—— (1954), 'The Decay of Lying: An Observation' (1889), repr. in '*De Profundis' and Other Writings*, ed. H. Pearson, 55–87 (Harmondsworth).
WILSON, P. J. (1991), 'Demosthenes 21 (*Against Meidias*): Democratic Abuse', *PCPS* 37: 164–95.
WINCH, P. B. (1987), 'Understanding a Primitive Society' (1st pub. 1964), in Gibbons (1987): 32–63.
WINKLER, J. J. (1990), *The Constraints of Desire: The Anthropology of Sex and Gender in Ancient Greece* (London).
—— and ZEITLIN, F. I. (1990) (eds.), *Nothing to Do with Dionysos? Athenian Drama in its Social Context* (Princeton, NJ).
WOOD, E. M. (1988), *Peasant-Citizen and Slave: The Foundations of Athenian Democracy* (London).
WOODMAN, A. J. (1988), *Rhetoric in Classical Historiography* (London).
ZEITLIN, F. I. (1984), 'The Dynamics of Misogyny: Myth and Mythmaking in the "Oresteia"' (1st pub. 1978), in Peradotto and Sullivan (1984): 159–94.
—— (1986*a*), 'Configuration of Rape in Greek Myth', in S. Tomaselli and R. Porter (eds.), *Rape*, 122–51 (London).
—— (1986*b*), 'Thebes: Theater of Self and Society in Athenian Drama', in J. P. Burian (ed.), *Greek Tragedy and Political Theory*, 101–41 (Berkeley, Calif.).
—— (1989), 'Mysteries of Identity and Designs of the Self in Euripides' *Ion*', *PCPS* 35: 144–97.
—— (1990), 'Playing the Other: Theater, Theatricality and the Feminine in Greek Drama' (1st pub. 1985), in Winkler and Zeitlin (1990): 63–96.
—— (1996), *Playing the Other* (Chicago).

ここに所載の文献で、邦訳のあるもののうち主なものを以下に掲げる。

de Beauvoir (1953)：S. de ボーヴォワール『第二の性』井上たか子他訳、新潮社、1997 年
Carr (1986)：E. H. カー『歴史とは何か』清水幾太郎訳、岩波新書、

1962年
Dodds (1951) : E. R. ドッズ『ギリシァ人と非理性』岩田靖夫、水野一訳、みすず書房、1972年
Dover (1980) : K. ドーヴァー『私たちのギリシア人』久保正彰訳、青土社、1982年
Finley (1985b) : M. I. フィンレイ『民主主義：古代と現代』柴田平三郎訳、刀水書房、1991年
Foucault (1985/7) : M. フーコー『快楽の活用：性の歴史2』田村俶訳、新潮社、1986年
Geertz (1982) : C. ギアツ『ローカル・ノレッジ：解釈人類学論集』梶原景昭他訳、岩波書店、1991年
Geertz (1988) : C. ギアツ『文化の読み方／書き方』森泉弘次訳、岩波書店、1996年
Iggers (1984/5) : G. イッガース『ヨーロッパ歴史学の新潮流』中村幹雄他訳、晃洋書房、1986年
Said (1978) : E. サイード『オリエンタリズム』今沢紀子訳、平凡社、1993年
Veyne (1984) : P. ヴェーヌ『歴史をどう書くか：歴史認識論についての試論』大津真作訳、法政大学出版局、1982年
Veyne (1988) : P. ヴェーヌ『ギリシア人は神話を信じたか』大津真作訳、法政大学出版局、1985年